PETRA BOCK

MINDFUCK LOVE

Wie wir uns in der Liebe
selbst sabotieren und
was wir dagegen tun können

KNAUR

Besuchen Sie uns im Internet:
www.knaur.de

FSC
www.fsc.org
MIX
Papier aus verantwortungsvollen Quellen
FSC® C083411

Ein Imprint der Verlagsgruppe
Droemer Knaur GmbH & Co. KG, München

Redaktion: Antje Nissen
Covergestaltung: ZERO Werbeagentur, München
Coverabbildung: FinePic®, München
Autorenfoto: © Constanze Wild
Satz: Veronika Preisler, München
Druck und Bindung: CPI books GmbH, Leck
ISBN 978-3-426-65547-4

4 5

Für Irene Pientka

Inhaltsverzeichnis

Liebe Leserin, lieber Leser,

was Sie in diesem Buch und den beiden vorangegangenen Büchern zu MINDFUCK erfahren und direkt für Ihr eigenes Leben nutzen können, ist das Ergebnis eines mehr als zehn Jahre dauernden, sehr aufregenden Suchprozesses. Ich wollte für mich und meine Klienten einen Weg finden, wie wir das, was uns augenscheinlich immer wieder blockiert, endlich verstehen und dauerhaft überwinden können. Was auch immer Ihnen in diesem Moment schwierig und vielleicht sogar unlösbar in Ihrem Leben erscheint, kann dadurch ein neues Licht und eine neue, lösbare Perspektive bekommen. Ich bin sehr zuversichtlich und erlebe es jeden Tag, dass es für jeden Menschen möglich ist, ein wirklich erfülltes Liebesleben zu erfahren. Vielleicht sind wir in unserer Zeit sogar die ersten, die das volle Potenzial der Liebe wirklich erleben können. Ich lade Sie deshalb ein, sich selbst, den anderen und die Liebe mit neuen Augen zu betrachten.

Bevor wir beginnen, erlauben Sie mir noch einen Hinweis, der mir sehr am Herzen liegt. MINDFUCK ist ein Ansatz der Selbst-Aufklärung und -Befreiung von Menschen in unserer Zeit. Es geht um eine weitere Dimension der »Befreiung aus der selbstverschuldeten Unmündigkeit«, wie der Philosoph Immanuel Kant es vor fast dreihundert Jahren genannt hat. Meine Bücher zu MINDFUCK werden derzeit in zahlreiche Sprachen der Welt übersetzt und werden, wie es aussieht, auch in Ländern erscheinen, in denen die Freiheit des Einzelnen momentan stark gefährdet ist oder noch niemals durchgängig möglich war. Was ich schreibe, auch über die Liebe, schreibe ich für jeden Menschen, egal, welchen Geschlechts, welcher Hautfarbe und welcher sexuellen Identität und Orientierung. Ich halte die Freiheit zu lieben und volle bürgerliche Rechte für Partnerschaften jeder Art zwischen Erwachsenen für ein Menschenrecht.

Ich habe mich deshalb entschieden, einen Teil der Einnahmen, die ich aus diesem Buch erhalte, Organisationen zu spenden, die sich mit Mut, Herz und Verstand genau dafür einsetzen. Mehr über dieses Engagement erfahren Sie auf der Website www.mindfuck-coaching.com.

Dr. Petra Bock, Berlin, im Juni 2014

Wie wir uns in der Liebe selbst sabotieren

Ich coache und berate seit vielen Jahren Menschen, die sich ein deutliches Plus an Lebensqualität wünschen. Häufig sind dies Menschen, die nicht nur beruflich weiterkommen wollen, sondern auch in der Liebe etwas anderes suchen, als ihnen bisher möglich war. Schließlich gibt es weniges, das uns so stärkt und unser Leben so lebenswert macht wie eine glückliche Partnerschaft, eine gelungene Begegnung, eine tiefe Verbindung und wirklich guter Sex. Und doch scheint es keinen Bereich zu geben, in dem wir uns selbst mehr im Weg stehen als in der Liebe. Die Liebe ist geradezu ein Eldorado für die gesamte Bandbreite der Selbstsabotage.

Da sind zum Beispiel die unfreiwilligen Singles, die sich immer wieder in »die Falschen« verlieben. In Verheiratete, Vergebene oder Verschrobene. *Ich weiß genau, dass er mir nicht guttun wird. Aber es ist immer der gleiche Typ Mann, in den ich mich verliebe. Unter dreißig Männern im Raum suche ich mir garantiert den aus, mit dem es schwierig wird.* Andere haben den Eindruck, einfach niemanden zu finden. *In meiner Umgebung sind alle vergeben, und im Internet sind auch nur Idioten.* Wieder andere haben Probleme, sich überhaupt zu verlieben. *Bei mir klappt das einfach nicht, es fällt mir so schwer, wahrscheinlich sind meine Ansprüche einfach zu hoch, oder die Traumfrau/der Traummann muss erst noch geboren werden.* Manche wiederum bekommen kalte Füße, sobald es ernst wird. *»Zu viel Nähe macht mir Angst«*, sagen sie. Viele sind so resigniert, dass sie sich selbst das Zeugnis »nicht beziehungsfähig« ausstellen. *Das wird wohl nichts mehr in diesem Leben.*

Für diejenigen, die bereits in einer Beziehung leben, wird es manchmal schon bei den Definitionen schwierig: Sind wir ein Paar oder keines? Nur eine Liaison oder die große Liebe fürs Leben? Heiraten, ja oder nein? Den Ehepartner verlassen oder behalten? Geheim oder offen zusammen sein? Doch damit beginnt sich das weite Panorama der Liebesnöte erst zu öffnen.

Raus aus der Negativspirale

Viele Menschen halten Glück und Erfüllung in der Liebe für ungefähr so wahrscheinlich wie einen Sechser im Lotto. Sie glauben, die Liebe sei im Grunde nicht beeinflussbar, sie sei Schicksal. Oder sie denken, die Liebe sei lediglich ein Spiel unserer Hormone – schwierig und undurchsichtig. Ich glaube das nicht. Nachdem ich Menschen über Jahre begleitet und unzählige Spielarten geglückter und misslungener Begegnungen aus einem sehr persönlichen Blickwinkel kennengelernt habe, bin ich davon überzeugt, dass die Liebe selbst vielleicht ein unergründliches, wunderbares Mysterium sein mag, ein erfülltes Liebesleben dagegen ist es nicht. Es ist kein Mysterium, sondern eine Praxis, etwas, das man lernen, sich aneignen und kultivieren kann. Es gibt kaum ein aufregenderes und lohnenswerteres Projekt als die Entfaltung der eigenen Persönlichkeit als Liebender oder Liebende. Geht man dann noch einen Schritt weiter und entdeckt sein volles Potenzial als Paar, wird man etwas Aufregendes und Neues erleben, das an Intensität und Tiefe seinesgleichen sucht. Wenn man die wichtigsten Dinge, die Grundprinzipien und den fundamentalen Wechsel verstanden hat, den Liebe ohne Selbstsabotage bedeutet, dann ist ein erfülltes Liebesleben für jeden Menschen möglich.

Blockierende Denkmuster

Liebe und Beziehung – das soll einfach sein? Warum fühlt es sich dann oft so schwer, so unendlich kompliziert an? Ich glaube, es liegt daran, dass wir in der Regel unbewusst eine Menge dazu beisteuern, wenn etwas schiefläuft. Das größte Hindernis sind die Denkmuster, mit denen wir uns selbst und die Liebe sabotieren. Diese behindernden Denkmuster nenne ich MINDFUCK. Sie liegen zwischen uns und dem Liebesleben, das wir uns wünschen und für das wir eigentlich gemacht sind. Sie führen in unserem ganzen Leben und ganz besonders in unseren Liebesangelegenheiten zu Illusionen, Missverständnissen, dummen Fehlern, Streit und Dramen. Wir bleiben mit uns selbst und mit dem Menschen, den wir lieben, weit unter unseren Möglichkeiten. Die meisten Probleme, die wir in Liebe und Partnerschaft haben, hängen aus meiner Sicht mit MINDFUCK zusammen. Die gute Nachricht ist: Wir können diese Muster erkennen, verstehen und uns von ihnen verabschieden. Vielleicht sind wir in unserer Zeit sogar die erste Generation, die die Liebe in ihrem vollen Potenzial erleben kann. Ich nenne das Phänomen, mit dem wir uns selbst sabotieren, MINDFUCK, weil das ein Begriff ist, der locker und eigenwillig genug ist, um uns davor zu bewahren, das Ganze als eine Art Krankheit zu betrachten. MINDFUCKS sind Denkgewohnheiten, keine psychische Krankheit. Kurz gesagt: Sie sind nicht Ihr MINDFUCK, sondern Sie betreiben ihn höchstens. Was auch immer Ihnen in dem Moment, in dem Sie diese Zeilen lesen, schwierig und vielleicht sogar unlösbar oder schicksalhaft in Ihrem Leben erscheint, wird in ein neues Licht gestellt und eine neue, lösbare Perspektive bekommen. Denn betrachten wir die Liebe und die Probleme, die uns gerade beschäftigen, in einem neuen, MINDFUCK-freien Licht, kommen wir zu ganz neuen, äußerst befreienden Gedanken, Gefühlen und Handlungsmöglichkeiten.

Coaching für die Liebe

Im Gegensatz zu anderen Experten aus der Paar- und Sexualtherapie arbeite ich als Coach. Professionelles Coaching ist ein im Idealfall exzellentes, methodisch geführtes Gespräch, das einen Klienten entscheidend weiterbringt. Es stammt aus dem Leistungssport und wurde in seinen Grundlagen entwickelt, um sehr guten Sportlern dabei zu helfen, durch eine veränderte innere Haltung ihr volles sportliches Potenzial zu entfalten. »Der Gegner im Kopf«, sagt die Coaching- und Tennis-Legende Timothy Gallwey, »ist stärker als der Gegner auf der anderen Seite des Netzes.« Ähnlich wie einem Sportcoach geht es mir darum, meinen Klienten dabei zu helfen, ihr volles Potenzial in den Lebensbereichen zu entfalten, in denen sie eine andere Qualität erreichen wollen. Ein wesentlicher Unterschied zur klassischen Therapie ist, dass ich nicht nach Ursachen für Probleme suche und Diagnosen stelle, sondern gemeinsam mit meinen Klienten ermittle, was sie aktuell denken, fühlen und schließlich tun, wenn etwas nicht so läuft, wie sie es eigentlich beabsichtigen. Die Frage, die sich ganz natürlich anschließt, ist, was sie stattdessen denken, fühlen und tun können, um mit hoher Wahrscheinlichkeit zu anderen, besseren Ergebnissen zu kommen. Wenn Sie selbst wissen, worum es geht und was da genau passiert, werden Sie die Dinge in einem neuen Licht sehen und ganz automatisch Ihre innere Haltung verändern. Weniges kann Ihr Leben so stark verändern wie die Einsicht in diese Muster in Ihrem Kopf und Ihrem Herzen. Und weniges wird Sie so glücklich machen, wie den Menschen zu entdecken, der Sie in der Liebe heute wirklich sind, wenn Sie sich nicht mehr selbst stören.

Muster verstehen, das Missverständnis klären

Es sind zwei Schritte, die ich mit Ihnen gehen werde. Im ersten Schritt erkläre ich sieben Muster, mit denen Sie sich in der Liebe selbst sabotieren. Sie werden lernen, diese zu erkennen und zu verstehen, woher sie kommen. Eine Überraschung könnte sein, dass es sich im Grunde oft um ein winziges, aber weitreichendes Missverständnis handelt, das uns wie das berühmte Brett vor dem Kopf blockiert. Haben wir dieses Verwechslungsprinzip verstanden, verschwindet dieses Brett wie von selbst, und wir gewinnen eine ungeahnte, extrem befreiende Perspektive. Wahrscheinlich werden Sie nach der Lektüre des Buchs gar nicht anders können, als Beziehungsthemen ganz von selbst auf MINDFUCK zu untersuchen und dann sehr schnelle, elegante alternative Sichtweisen und wirklich funktionierende authentische Lösungen zu entwickeln.

In einem zweiten Schritt zeige ich Ihnen, wie Sie nicht nur typische Probleme lösen, sondern insgesamt eine neue Qualität in Ihr Liebesleben bringen können. Ich erarbeite mit Ihnen anhand konkreter Beispiele aus der Coaching-Praxis Wege, wie Sie aus der Liebe in Ihrem Leben das Erlebnis und die Erfüllung erschaffen, die sie heute für Sie tatsächlich sein kann. Hinter den MINDFUCKS steckt der Mensch, der Sie eigentlich sind, und dieser Mensch hat ein komplett anderes Potenzial als der, der Sie sind, wenn Sie sich mit MINDFUCK blockieren. Das hat Auswirkungen auf alle drei Ebenen, auf denen sich die Liebe abspielt. Diese sind: die Ich-Ebene, also unser Verhältnis zu uns selbst und das, was wir der Liebe in unserem Leben erlauben, die Du-Ebene, also unser Verhältnis zum anderen, und die Wir-Ebene, in der es für Paare auf das Verhältnis zueinander und zur gemeinsamen Verbindung ankommt.

Eine neue Qualität

Wenn wir die einfachen Prinzipien der heute möglichen Liebe auf allen drei Ebenen verstanden haben, leisten wir keine »Beziehungsarbeit« mehr, sondern befinden uns in einem ganz natürlichen Wachstumsprozess. Ihre Liebesgeschichte bekommt dann eine andere Qualität – sowohl geistig als auch emotional und körperlich. Ein Niveau, auf dem Sie keine Angst mehr davor haben müssen, falsch zu sein oder anders sein zu müssen. Weder jemanden zu verlieren, noch einsam zu bleiben oder erdrückt zu werden. Etwas werden Sie jedoch loslassen müssen, wenn Sie diesen Weg gehen, denn Menschen, die die Liebe ohne Selbstsabotage leben, sind nicht mehr bereit, dauerhaft Angst, Schmerz, Unsicherheit und Spielchen zu akzeptieren. Stattdessen setzen sie sich für ein vollständiges, erfülltes und intensives Leben auf allen Ebenen ein. Paare, die sich auf eine Beziehung ohne MINDFUCK einlassen, nennen diese Erfahrung häufig »Liebe in einer neuen Dimension«. Manchen mag das zu abgehoben klingen, aber aus meiner Sicht ist es genau das. Eine neue Dimension von Partnerschaft, die erst in unserer Zeit möglich ist.

Vom Wunder zur Wunde

Die Liebe ist die großartigste und schönste und manchmal zugleich die lächerlichste und schmerzhafteste Erfahrung unseres Lebens. Seit der Pubertät wissen wir, dass genau hier nicht immer alles, wenn nicht sogar das wenigste, nach Plan läuft. Wer nicht früh im Leben Scheuklappen aufgesetzt hat, weiß von sich und der Beobachtung seiner Mitmenschen, dass es auf diesem Planeten eine schier unendliche Anzahl an Möglichkeiten gibt, sich selbst und anderen, mit denen man sich eigentlich den Himmel auf Erden wünscht, eine wahre Hölle zu bereiten. Sehen wir uns diese »Hölle« genauer an, ordnet sich das Chaos, und es lassen sich ganz bestimmte Muster erkennen, die in allen Arten von Beziehungsproblemen immer wieder auftauchen, ja geradezu ihr Merkmal sind. Betrachten Sie die Problemzone Liebe durch die Brille des MINDFUCK-Ansatzes, lassen sich die neuralgischen Leidenspunkte klar und deutlich erkennen. Und Lösungen drängen sich geradezu auf. Das gilt nicht nur für Paare, sondern auch dann, wenn Sie vielleicht schon lange mehr oder weniger unfreiwillig Single sind.

Vor einigen Jahren arbeitete ich mit einem Paar, Katja und Bernd, das geradezu fassungslos war, wie ihre Liebe im Laufe der Jahre zu etwas verkommen war, das beide einen »Kleinkrieg« nannten. Es war ihnen kaum möglich, in meiner Praxis mehr als drei zusammenhängende Sätze zu sprechen, ohne einander ins Wort zu fallen. »Nein, das war ganz anders …«, unterbrach Katja ihren Partner Bernd. »Das ist doch gar nicht wahr, jetzt lügst du ja schon wieder«, fiel er ihr ins Wort. Wurde der eine laut, wurde der andere weinerlich und leise oder noch lauter als der andere. Hätte jemand die beiden gefilmt, hätte er den Eindruck gehabt, zwei Kinder streiten sich darum, wer recht hat und wer mehr Liebe und Aufmerksamkeit verdient hat als der andere. In Wirklichkeit saßen da aber zwei höchst attraktive erwachsene Menschen vor mir, die sich einmal eine Menge zu sagen hatten.
Ich fragte sie, wie es war, als sie sich kennenlernten. Sie hielten inne. Dann begannen sie zu erzählen, tauschten Blicke aus, lachten gemeinsam, hielten gemeinsam inne, erzählten ihre Geschichte und strahlten. Katja und Bernd hatten sich bei einem Oldtimer-Rennen kennengelernt. »Ich wusste sofort, sie ist meine Traumfrau«, sagte er. »Dieser oder keiner, das war mir klar«, sagte sie. Unglaubliche Wochen der Leidenschaft folgten, eine Reise zu den schönsten Orten der Côte d'Azur. »Eine Zeit wie im Traum.« Sie waren sich

wieder nah, als sie mir das erzählten. Doch die Trauer über das, was sie jetzt hatten, folgte auf dem Fuß: »Vielleicht waren es ja doch nur die Hormone«, sagte Katja. »Nichts als eine Illusion, frisch verliebt eben.« Er nickte und schwieg. Beide sahen zu Boden. Und ich wusste, dass sie und ich, dass wir alle im Raum wussten, dass das nicht stimmte.

In jeder Krise, egal, wie weit sie bereits fortgeschritten ist, spüren wir den Keim des Lebens, den es im innersten Kern einer wahren und tiefen Begegnung zwischen zwei Menschen gibt. Dieser Keim ist so stark, dass wir uns selbst manchmal wundern, wie weit wir miteinander zu gehen imstande sind. Wie groß der Schmerz, die Angst und die Unsicherheit sein können, und immer noch lebt etwas und lässt uns so sehr an die Liebe glauben wie an das Leben selbst. Und das Leben ist stark.

»Wissen Sie, was ich denke?«, fragte ich. »Ich glaube, Sie waren damals der Mann und die Frau, die Sie wirklich sind. Das Paar, das Sie sein können, wenn Sie sich nicht selbst sabotieren.« Die beiden blickten auf. »Viele Menschen denken, wir würden uns verstellen, wenn wir verliebt sind, ich aber bin überzeugt davon, dass wir unser wahres Selbst und seine Möglichkeiten genau dann erleben, wenn wir verliebt sind.«

Das Potenzial einer Liebe zeigt sich bereits ganz am Anfang. Es ist, als erhielten wir einen kleinen Ausblick auf die Zukunft, die uns gemeinsam möglich wäre. Der Anfang ist eine wertvolle Zeit, auf die wir immer wieder wie auf einen Schatz zurückgreifen können. Denn sie enthält wie eine kleine, wunderschöne Kastanie bereits das ganze Potenzial des großen, weit ausladenden Baums. Doch es liegt an uns, an beiden Partnern, ob aus dem Keim in unserer Hand etwas erwächst, ob wir für die richtigen Bedingungen sorgen und jeder seinen Teil dazu beiträgt. Nach der ersten großen Verliebtheit tragen wir selbst die Verantwortung, wie es weitergeht, doch viele verstricken sich genau dann in Muster, die zu einer

Abwärtsspirale führen und das eigentlich mögliche Wachstum der Liebe behindern. Häufig ist das der Anfang vom Ende.

»Aber warum sind wir so abgerutscht?«, fragten mich die beiden. Ja, diese Frage ist mehr als berechtigt. Warum sabotieren wir uns selbst, wenn es um das größte Wunder unseres Lebens, die Liebe, geht?

Wir spielen Spiele, die wir nicht gewinnen können, achten darauf, dass wir nicht zu kurz kommen, dass niemand besser dasteht als der andere. Da wir weder uns noch den anderen wirklich sehen können, führen wir einen Kampf weitab von unseren eigentlichen Wünschen und Ressourcen. Manche Paare flüchten sich dann in Aktionen. Heiraten plötzlich, bekommen Kinder oder kaufen sich ein Haus, weil dies nach außen hin eine Zusammengehörigkeit demonstriert, die es nach innen nicht mehr gibt bzw. noch nie gegeben hat. Andere suchen sich Nebenbeziehungen, Affären oder Ablenkungen verschiedenster Art. Ich habe von Männern gehört, die ihren Hobbykeller so gut wie nicht mehr verlassen haben. Und von Frauen, die kurzerhand ihren Arbeitsplatz zum Lebensmittelpunkt erklärt haben. Nur, um zu Hause nicht mit einem »wir« konfrontiert zu werden, in dem weder ein reales, anziehendes »ich« noch ein »du« vorkamen. Ein sicheres Zeichen für gravierende Störungen auf der Wir-Ebene ist, wenn sich ein Mensch in der Beziehung schlechter mit sich und dem Leben fühlt als allein, wenn es ihm oder ihr unangenehm ist, als Paar in Gesellschaft zu sein, oder wenn Angst, Dramen und Langeweile das gemeinsame Erleben prägen.

Ich beobachte vier Arten von Liebesbeziehungen, wenn das Wunder zu einer Wunde geworden ist. Da gibt es die völlig *verrückte Liebe*. Begegnungen, in denen sich beide schaden, unmöglich miteinander umgehen, sich quälen, sich lieben, sich hassen, nicht mit- und nicht ohne einander können.

Dann gibt es die Liebe, die *nicht passen will*: Beide haben völlig unterschiedliche Vorstellungen vom Leben und lassen das Gemeinsame zu einer ständigen Auseinandersetzung werden. Hintergrund, Werte und Zukunftsvisionen klaffen himmelweit auseinander. Der eine will Kinder, der andere keine. Der eine liebt das einfache Leben, der andere glamourösen Jetset. Jeder verbiegt sich, keiner ist wirklich ganz glücklich. Kompromisse muss man wohl doch machen dürfen, oder? Ja, aber nicht so lange, bis sich keiner mehr wiedererkennt oder die Liebe tot ist.

Eine *tote Liebe* ist wie ein totes Pferd, auf dem man trotzdem weiterreitet. Einer oder beide ahnen das, doch keiner weiß, wie es nun weitergehen soll. Wer stellt den Totenschein aus? Wie beerdigt man eine Liebe anständig? Wie trauert man ohne Selbstsabotage? Vor allem dann, wenn Kinder da sind?

Und dann gibt es noch das bei weitem größte Feld der *schwierigen Liebe.* Das Potenzial, das eigentlich da ist, wird mit Spielchen, Machtkämpfen oder Dauerstreitereien vergeudet, und Rechthabereien bestimmen die Tagesordnung. Innere Beziehungskonten werden eröffnet, und es wird abgerechnet: Wie du mir, so ich dir. Der andere soll sich ändern, man selbst fühlt sich auch nicht mehr gut. Am Anfang war doch alles noch anders. Was ist nur passiert? Warum verletzten wir den, den wir lieben? Warum werden wir verletzt? Das Gefühl ist noch da, aber es ist anstrengend geworden, und immer öfter stellt sich ein Gefühl von Resignation ein. Vielleicht taucht schon eine andere Liebe am Horizont auf. Das macht die Sache nicht einfacher. Warum schaffen wir es immer wieder, aus der Liebe eine Orgie an Selbstsabotage zu machen? Was geschieht, wenn aus dem Wunder eine Wunde wird?

Die große Liebes-Krise

Die Liebe steckt in einer echten Krise. Und wenn wir genauer hinsehen, ist die Liebe schon länger in der Krise. Wer von uns hat Eltern, die eine wirklich erfüllende, tiefe und intensive Beziehung leben? Wessen Mutter, wessen Vater war oder ist wirklich glücklich mit dem Partner? Viele können den Splitter im Auge der Eltern unschwer erkennen und sind trotzdem fassungslos über den Balken im eigenen Leben. »So wollte ich nie werden. Ich wollte alles besser machen.« Die Verwirrung, die an allen Ecken und Enden herrscht, ist fast schon dabei, das, was Liebe heute wirklich bedeuten kann, zu überschreiben. Es gibt die abenteuerlichsten Theorien, die die Liebe beinahe für tot erklären. Ist sie nicht nur eine Illusion? Ist sie nur ein Konstrukt, damit wir uns fleißig fortpflanzen? Oder ist sie doch eher so etwas wie ein weiterer Punkt auf unseren ohnehin schon langen To-do-Listen? Eine Aufgabe, die uns irgendein Karma oder ein kleinlich prüfender Gott aufs Lebenstablett gestellt hat? Die Verwirrung ist groß, und sie weist meines Erachtens auf den Kern des Problems hin, ohne ihn zu benennen. Die vielen, sich zum Teil widersprechenden Theorien über die Liebe sind ein Symptom des gesamten Problems. Ich glaube, wir leben in einem großen Zeitenwandel, der uns allen noch gar nicht ganz klar ist. Und der ganz natürlich auch das uns Nächste und Wichtigste unseres Lebens, die Liebe und unsere Beziehungen, betrifft. Die Welt um uns herum hat sich seit spätestens zwei bis drei Generationen so fundamental verändert, dass wir sie mit unseren alten Vorstellungen nicht mehr begreifen und deshalb auch nicht mehr gestalten können. Wir versuchen, mit unserem Denken unsere Realität zu verstehen und mit unseren Vorstellungen dafür zu sorgen, dass wir ein möglichst sicheres und gutes Leben führen. Wenn sich unsere Welt rasant verändert hat, dann müsste sich unser Denken ebenso rasant und grundlegend verändern. Das hat es aber bisher noch nicht getan. Wir leben als moderne Menschen, hinken aber in unserem Denken der Zeit hinterher. Wir sind antiquierter, als wir uns bisher vielleicht bewusst sind.

Für unsere Großeltern und Urgroßeltern war noch klar, wie es zu laufen hat in der Liebe. Was erlaubt ist und was nicht. Die Grenzen waren eng gesteckt und wurden scharf überprüft. Beziehungen beruhten auf Sicherheit, gegenseitiger Abhängigkeit und der Idee des gemeinsamen Überlebens in einer schwierigen, unfreien Welt.
Und was ist heute? Wir leben in der westlichen Hemisphäre in einer Sicherheit und Freiheit, von der unsere Vorfahren nur träumen konnten. Das hat auch dramatische Auswirkungen auf den Kern menschlicher Beziehungen, die Liebe. Wir dürfen lieben, wen wir wollen und wann wir wollen, dürfen heiraten oder auch nicht, zusammenleben oder auch nicht, Kinder haben oder auch nicht. Wir dürfen jederzeit aus einer Beziehung gehen, und wenn es auch ein großer Schmerz ist, so ist es doch keine Katastrophe. Die Rollen sind überhaupt nicht mehr klar definiert, und wenn Paare versuchen, sie künstlich wiederzubeleben, wirkt das wie ein gutgemeinter Versuch, der oft zum Scheitern verurteilt ist.
Wir befinden uns also mitten in einem fundamentalen Wandel der Liebe, den wir verstehen müssen, um aus den verrückten Erlebnissen, die wir heute haben, wieder echte, tragfähige Beziehungen zu machen, die den Namen Liebe wirklich verdienen.

Vollständig statt halb

Der griechische Philosoph Platon erzählt eine schöne Geschichte über die Liebe. Er meint, dass alle Menschen früher Kugelmenschen gewesen seien. Mit vier Armen und vier Beinen. Irgendwann seien wir von den Göttern getrennt geworden. Und seitdem irrten wir Menschen als getrennte, unvollständige Wesen durchs Leben und hoffen, irgendwo da draußen unser Gegenstück zu finden.
Ich glaube, Platon hat sich, was die Liebe betrifft, getäuscht.

Zumindest passt seine Geschichte nicht mehr in unsere Zeit. Vielleicht ist sie sogar das schönste Beispiel für die alte Vorstellung von Liebe. Denn heute funktioniert die Liebe nur als Liebe zwischen zwei vollständigen Wesen. Ich denke, wir werden vollständig und rund geboren, und dann machen wir irgendwann unvollständige Wesen aus uns – oder werden dazu gemacht. Und dann meinen wir, jemand anderen zu brauchen, um vollständig zu sein. Vielleicht besteht darin sogar das tiefste Geheimnis von MINDFUCK. Wir *sollten* uns unvollständig und damit ungenügend fühlen, denn dann passen wir uns eher an, machen uns klein, hassen andere und funktionieren auf eine Art, die frühere Generationen brauchten, um in einer autoritären und hierarchischen Welt zu überleben. In Wirklichkeit ist das, was wir uns im MINDFUCK-Modus einreden, eine riesengroße Illusion. Ein Trick der Macht, der einmal den wenigen nutzte, viele Menschen zu beherrschen. Ein Hirngespinst, etwas, das wir, leichter als wir denken, einfach hinter uns lassen können. Denn in Wahrheit sind wir vollständig und sind es immer gewesen. Ausgestattet mit allem, um auf diesem Planeten in einer wunderbaren, aufregenden Zeit ein gutes, erfülltes Leben zu führen. Und einen anderen Vollständigen zu finden, mit dem es einfach mehr Freude macht, dieses eine Leben zu erleben. Weil zwei vollständige Teile ein größeres Ganzes ergeben, eine ganz neue Qualität, mit der man gemeinsam Berge versetzen und neue Welten erkunden kann. Verbunden und frei, intensiv und leicht, spielerisch und tief, geborgen und nah, wahrhaftig, vertrauensvoll und voller Phantasie. Auf Augenhöhe. Das passiert, wenn sich zwei erwachsene Menschen, die sich von MINDFUCK befreit haben, in der Liebe begegnen.

Doch ist Liebe Arbeit? Müssen wir, wie wir so oft hören, an unserer Beziehung »arbeiten«? Ich glaube, nicht. Denn das ist eine Vorstellung aus dem Maschinenzeitalter. Wir sind kein Stück Technik, sondern Natur. Wir sind einer Pflanze ähnlicher als einem Hightech-Computer. Wenn wir uns selbst und ein paar grundlegende Prinzipien verstanden haben, müssen wir keine »Beziehungsarbeit leisten, sondern befinden uns in einem ganz natürlichen Wachstumsprozess. »Arbeiten« Sie mal an einer Pflanze, damit sie besser oder schneller wächst, und Sie werden den Unterschied sofort erkennen. Sie können an den Bedingungen arbeiten, aber nicht an der Pflanze selbst. Wenn Sie dennoch an der Arbeits-Metapher hängen, sollten wir vielleicht den Vergleich mit Gartenarbeit anstellen. Es kann schon einmal ins Kreuz gehen, all das Unkraut zu jäten und den Boden wirklich fruchtbar zu machen. Aber dann wächst alles von allein, und wir können neugierig zuschauen, wie etwas Wunderbares entsteht und gedeiht. Das ist eine lebensverändernde Erfahrung von Vertrauen und Selbstwirksamkeit auf einem Gebiet, dem sich viele von uns bisher ausgeliefert fühlen. Nichts ist attraktiver als ein Mensch, der weiß, wer er ist und was er vom Leben will. Unabhängig davon, ob Sie ein Mann oder eine Frau sind und wen Sie in der Liebe bevorzugen: Sobald Sie bei sich selbst angekommen sind, werden Sie keine unfreiwillige Einsamkeit, keine Nullnummern oder Krücken-Beziehungen mehr suchen oder akzeptieren. Sie sind offen für das Leben, und es wird sich Ihnen öffnen. Sie haben Ihre eigene Würde und können dem anderen die seine lassen. Da Sie selbst vollständig sind, wünschen Sie sich jemanden, der es auch ist. Zwei vollständige Menschen aber erleben Liebe in einer anderen Qualität. Sie ist tief, wahrhaftig, intensiv und lebendig. Sie ermöglicht jedem von beiden zu wachsen, durch den anderen berührt und in seinem eigenen Potenzial geliebt, erkannt und gefördert zu werden. Diese Art der Liebe lässt uns selbstwirksamer und stärker mit dem Leben umgehen. Sie ist das Biotop, in dem wir als liebende Persönlichkeiten zu unserer vollen Entfaltung kommen können. Wenig kann uns so viel Glück bescheren. Es lohnt sich, die

Hindernisse, die uns bis jetzt noch von dieser Art der Liebe trennen, zu erkennen, zu verstehen und zu überwinden.
Gehen wir noch einmal zurück zu Bernd und Katja, dem Paar in der Krise. »Bevor wir uns ansehen, was gerade passiert, brauche ich in zwei kleinen, aber fundamentalen Punkten Ihr Einverständnis«, erklärte ich den beiden, die mich verwundert ansahen. »Ich meine es ernst. Ohne diese beiden Punkte brauchen wir gar nicht erst zu starten.«
»Ja, klar, worum geht es?«, fragte Bernd.
»Sind wir uns einig, dass Sie beide erwachsen sind? Und dass wir im 21. Jahrhundert leben?«
Sie sahen mich fragend an. »Aber klar!«, erwiderte Katja. »Was sonst?«, meinte Bernd.
»Möglicherweise muss ich Sie irgendwann daran erinnern. Erlauben Sie mir das?« Die beiden wissen nicht ganz, worauf ich hinauswill, aber sie bejahen die Frage. Gut, dann können wir anfangen.
Das Paar wird es schaffen. Sie werden mir in wenigen Monaten eine Postkarte aus dem Urlaub schreiben. Von der Côte d'Azur. Sie werden sich einen alten englischen Sportwagen, einen MG, gekauft haben. Und sie werden sagen, dass sie es nicht für möglich gehalten hätten, so eine Intensität und Explosion an Kreativität als Paar erleben zu können. Und dabei haben sie nur aufgehört, sich gegenseitig zu stören, und ganz natürlich das Potenzial entfaltet, das schon immer da war. Sie haben der Kastanie erlaubt, ein starker, wunderschöner Baum zu werden.

So funktioniert MINDFUCK

Selbstgemachte Störungsmuster*

Wie sehr wir uns mit destruktiven Gedanken selbst blockieren, fiel mir schon vor vielen Jahren in der Arbeit mit meinen Klienten auf. Manchmal wissen wir nicht, was wir wollen, weil wir uns verbieten, was wir uns tief in unserem Inneren wünschen. Und selbst wenn wir genau wissen, was wir eigentlich wollen, gibt es eine Instanz in uns, die uns allzu oft daran hindert, das Gewünschte zu erreichen. Wir führen dann einen inneren Dialog mit uns selbst, der alles andere als konstruktiv ist. Eine Frau glaubte, mit zweiundfünfzig Jahren »eigentlich schon zu alt« für eine neue Liebe zu sein und sich »lächerlich« zu machen, wenn sie nach ihrer ersten Ehe noch einmal neu starten wolle. Ein Mann war davon überzeugt, das Recht auf eine glückliche Liebe für immer verwirkt zu haben, weil er seine Frau und sein Kind verlassen hatte und es bitter bereute. Wir kennen unzählige, verrückte Arten, uns kleinzumachen, anzutreiben, Instruktionen zu erteilen und Urteile über uns zu fällen. Innerlich Dinge mit uns anzustellen, die wir bei Tageslicht niemals offen tun würden. Das macht es manchmal ganz schön herausfordernd und aufregend, unsere MINDFUCKS zu benennen. Wir sprechen dann Dinge laut aus, die aus der Sicht des aufgeklärten Erwachsenen, der wir eigentlich sind, unangenehm und sogar ein wenig peinlich sein können. »Ups, habe *ich* das eben gesagt?«

---

* Die ausführliche Geschichte des MINDFUCK-Ansatzes habe ich in meinem ersten Buch zu diesem Thema *MINDFUCK. Wie wir uns selbst sabotieren und was wir dagegen tun können*, München 2011, beschrieben.

Das verborgene Wurzelwerk

Im Coaching gibt es bereits mehrere Techniken, die sich vor allem darum drehen, behindernde Glaubenssätze zu entdecken und durch neue, bessere Überzeugungen zu ersetzen. Leider sind diese Techniken entweder nicht nachhaltig oder führen uns in eine innere Welt, die mehr mit Esoterik als mit der Realität zu tun hat. In meiner Arbeit mit Menschen habe ich beobachtet, dass es nicht ausreicht, einzelne Sätze neu zu definieren, umzudrehen, einfach zu umgehen oder fallen zu lassen. Hinter jedem einzelnen Glaubenssatz gibt es eine ganze Gedankenwelt von Überzeugungen, die wie ein Wurzelwerk wirkt, das immer neue Sätze entwickelt, sobald einer getilgt ist. Diese Gedankenwelt zeigt aber, was wir *eigentlich* denken, was wir *wirklich* glauben. Und sie sorgt dafür, dass wir allzu oft ein Leben mit angezogener Handbremse führen. Der entscheidende Schritt, den ich gehen musste, um meinen Klienten wirklich weiterzuhelfen, war, die Muster hinter dieser »Parallelwelt« zu erkennen und zu verändern.

Chronisch und situativ

Es gibt MINDFUCKS, die nur in bestimmten Situationen auftauchen, und andere, die sich chronisch in unser Denken eingenistet haben. Oft sind es Situationen, in denen Schmerzen oder Schamgefühle drohen: beim Gedanken an den nächsten Zahnarztbesuch, vor Vorträgen oder Prüfungen. Manchmal kann auch ein bestimmter Typ Mensch MINDFUCKS auslösen. Eine Frau, die sich und der Liebe nicht mehr über den Weg traute, fragte sich immer dann, wenn ihr ein Mann gefiel, warum er genau der Falsche sei und es besser sei, ihm zu misstrauen. *Der will doch sowieso nichts Festes. Wenn er dir so sehr gefällt, ist irgendwo ein Haken dran.*

Chronische MINDFUCKS dagegen sind Denkgewohnheiten, die sich als Grundüberzeugungen über uns und das

Leben durch unser Dasein ziehen. *Glück im Beruf – Pech in der Liebe* oder *Ich habe es gar nicht verdient, glücklich zu sein* etc. Es sind eigenartige »Gesetzmäßigkeiten«, die wir uns da zusammenzimmern. Dumm ist nur: Wir sorgen selbst dafür, dass eintritt, was wir da glauben. Und so frage ich viele meiner Klienten ganz unumwunden: »Wollen Sie weiter glauben, was Sie denken, wenn Sie sich selbst sabotieren?«

MINDFUCK kommt, wenn es ernst wird

In vielen Gesprächen gewann ich den Eindruck, dass Menschen immer dann anfangen sich zu blockieren, wenn sie kurz vor einem wirklichen Durchbruch stehen. Wenn sie sich erlauben, etwas wirklich Großes und Wunderbares zu erleben und nicht nur darüber zu reden. Genau dann setzen die selbstsabotierenden Gedanken ein. Verrückt. Es scheint eine innere Grenze in uns zu geben, die das Gewohnte schützt. So schlecht unsere Erfahrungen auch gewesen sein mögen, sie werden aus irgendeinem Grund von einem inneren System konserviert und zum einzig möglichen Erfahrungsraum stilisiert. Sie werden zum Gesetz gemacht. *Gerne wieder mehr vom Alten! Nur nichts Neues!* Jede Art von Veränderung scheint also mit blockierenden Gedanken einherzugehen, als ob wir uns vor etwas schützen wollten. Sogar vor dem, was wir wirklich wollen. Oft verändert sich dann die Art, wie wir von uns sprechen. Die Tonlage wird anders, manchmal sagen wir »du« zu uns selbst. *Du solltest das nicht machen. Das hast du nicht verdient* oder *Du bist doch nicht gut genug dafür.* Wir sprechen mit erhobenem Zeigefinger zu uns wie eine strenge Gouvernante oder ein Polizist, der mit dem Schlagstock droht.

Wenn der Wächter in uns spricht

Ich nenne die Stimme, mit der wir uns buchstäblich in die Schranken des Gewohnten weisen, die Stimme des Inneren Wächters. Wir können ihn auch den »Inneren Kritiker« nennen. Aber das würde der Sache nicht ganz gerecht. Denn dieser Kritiker kritisiert nicht einfach so, sondern scheint tatsächlich eine echte Aufgabe, einen Auftrag zu haben. Den eigenartigen und in heutigen Zeiten abwegigen Schutzauftrag, uns in den Grenzen des Bekannten zu halten und uns vor allzu Neuem und Unbekanntem zu bewahren. Wir sind dann wie zweigeteilt: In einen Teil, der unser eigentliches Selbst repräsentiert und der durchaus neugierig und offen sein kann. Und einen anderen, der uns kritisiert, maßregelt oder ungebetenen Rat gibt und uns ermahnt, alles beim Alten zu lassen. Im Grunde meint er es immer gut mit uns und suggeriert, dass wir Sicherheit und Kontrolle über die Situation und unser Leben behalten, wenn wir ihm folgen und bleiben, wo wir sind. Ein fataler Irrtum. Eine Lüge. Ein riesengroßes Missverständnis. Wir sind zweigeteilt und sprechen nicht mehr mit einer Stimme aus uns selbst. Es gibt den Teil, der das eine will, und den, der das andere sagt. Wir fahren mit uns selbst Schlitten. Sabotieren uns selbst. Mit fatalen Folgen.

Diese innere Zerrissenheit ist auch charakteristisch für alle Arten von Beziehungsproblemen. Manchmal sind wir stinksauer auf den anderen, wollen ihn zur Rede stellen und bestrafen, wollen, dass er sich entschuldigt. Und gleichzeitig wollen wir ihn nicht verlieren, wollen wieder Harmonie und Glück erleben. Wir lieben und wir hassen gleichzeitig. Es ist, als ob zwei aneinandergebundene Wildpferde in entgegengesetzte Richtungen laufen würden. Alles stockt, zerrt, reißt, tut weh. Dabei wollen wir doch einfach nur glücklich sein. Doch es gibt diese Stimme, die uns rät, recht zu behalten, uns durchzusetzen, die Dinge zu regeln, aufzupassen, nicht ins

Hintertreffen zu geraten. Manche sprechen von einem Beziehungskonto. Sie meinen das positiv, so positiv, dass diese aus meiner Sicht ziemlich abwegige Idee schon Einzug in paartherapeutische Prozesse gehalten hat. Doch wenn wir einmal dabei sind, Konten aufzumachen, dann wird Liebe zum »Deal«, dann wird Beziehung zum Kramladen. Gegenseitige Großzügigkeit, Offenheit und Vertrauen, Respekt und Augenhöhe haben nichts mit Konten zu tun. Wenn es einen Bereich gibt, aus dem wir unseren Hang zum Verrechnen raushalten sollten, dann die Liebe. Sollen wir uns stattdessen opfern, fragen Sie sich jetzt vielleicht? Immer nachgeben? Alles tun und nichts verlangen? Eine Art Jesus sein? Natürlich nicht. Wenn Sie sich als vollständigen erwachsenen Menschen erleben, dann müssen Sie nicht vorrechnen, dann wissen Sie, dass Sie immer genug haben und imstande sind, Beziehungen, die zu Ausbeutungsmustern verkommen, mit innerer Klarheit zu beenden. Sie müssen sich nicht mehr selbst verleugnen, und Sie müssen nicht jeden Abend »Kasse« machen. Es kann Ihnen nichts passieren, wenn Sie die Selbstsabotage überwunden haben. Sie können mit allem umgehen. Auch mit den echten Schmerzen, die Liebe bereiten kann. Was wir aber zuerst lernen müssen, ist, mit den Scheingefechten aufzuhören.

Liebe im Wachkoma

Chronische innere Blockaden führen manchmal auch in ein anderes Extrem, nämlich zu Beziehungen, die, wie ich es nenne, im »Wachkoma« vor sich hin existieren. Die Rollen sind eingespielt, jeder hat seinen Platz. Alles ist ruhig, Gewohnheit ist da. Aber nichts lebt mehr. Wir haben uns selbst zum Schweigen gebracht. Vor kurzem half ich bei einer Wohnungsauflösung und kam mit einem Mann ins Gespräch, der dabei war, sich eine neue Küchenausstattung zusammenzusuchen. Er mochte um die Mitte sechzig sein. »Für Ihre Kinder, die den ersten eigenen Hausstand gründen?«, fragte ich ihn beim Räumen zwischen den Kisten. »Nein«, antwortete er, »für mich.« Dann erzählte er, während er ein paar Kristalltellerchen liebevoll einwickelte: »Meine Frau und ich haben uns nichts mehr zu sagen. Wir sitzen seit dreißig Jahren auf der gleichen Couch im gleichen Wohnzimmer, und es passiert nichts mehr. So möchte ich meine letzten Jahre nicht verbringen. Lieber bin ich allein, als in dieser schweigenden Lieblosigkeit zu verharren.«

»Meinen Glückwunsch und meinen Respekt«, erwiderte ich. Die meisten Menschen haben nicht den Mut, sich ihr Leben anzuschauen und ehrlich mit sich zu sein. Es gab eine Zeit, da hatten dieser Mann und seine Frau viel Streit. Irgendwann lernten sie, welche Regungen sie unterdrücken mussten, um keinen Streit mehr zu haben, sie konditionierten sich selbst. Es beginnt mit Gedanken wie: *Ach, das sage ich jetzt lieber nicht, da regt sie sich bloß auf* oder *Du musst jetzt mitmachen und dir dieses Fernsehprogramm auch anschauen, sonst gibt es nur Ärger*, und es kann so weit gehen, dass man sich eigene Impulse und Bedürfnisse, z.B. nach Nähe und Zärtlichkeit oder nach ein wenig Zeit für sich, einfach abgewöhnt. Wir Menschen sind so. Wir können Berge versetzen und die tiefsten Tunnel graben. Und leider auch mit uns selbst Dinge veranstalten, die man nicht glauben möchte. Ich sagte schon, dass wir keine Maschinen, sondern eher wie Pflanzen sind. Doch was für sensible, leicht zu irritierende und auch manipulierbare Lebewesen wir sind, das beginnen wir vielleicht erst heute zu verstehen. Und dass jede Form von Manipulation durch andere unsere ausgeprägte Fähigkeit der Selbstmanipulation voraussetzt. In uns können unter den richtigen Bedingungen die schönsten und wunderbarsten Welten voller Phantasie, Neugierde und positiver Energie entstehen. Unter den falschen aber Abgründe der Selbstsabotage. Es ist nur ein kleiner, aber entscheidender Grad zwischen diesen beiden Welten. Stellen Sie sich ihn vor wie einen Hebel, den Sie umlegen können.

Und lassen Sie uns eine erste Bilanz ziehen:

- MINDFUCK kennt jeder. MINDFUCK muss damit ein Teil unseres Denkens sein und irgendwann einmal Sinn ergeben haben.
- Es scheint eine innere Grenze zu geben, die MINDFUCK auslöst, sobald wir sie überschreiten wollen.
- Es gibt eine Art innerer Stimme, ich nenne diese Stimme den InnerenWächter, der diese Grenze, wenn es sein muss, bis zum bitteren Ende verteidigt und dafür sorgt, dass wir emotional geradezu außer uns geraten.
- Der Wächter nutzt Verbote, Gebote und Warnungen.
- MINDFUCK hat eine eigene Sprache und eine eigene Logik, die von Extremen lebt. Wir geben uns selbst Befehle, denken in bipolaren Konstruktionen wie Entweder-oder oder Wenn-dann. *Wenn er/sie dich liebt, dann ... Entweder er/sie heiratet dich oder er/sie liebt, dich nicht.* Es gibt dabei eine depressive und eine aggressive Stoßrichtung.
- MINDFUCK suggeriert uns, dass wir nicht sicher sind und extreme Risiken eingehen, wenn wir ihm nicht folgen.
- MINDFUCK erzeugt Stress, der erst nachlässt, wenn wir seinen Geboten folgen. Damit konditionieren wir uns und lernen, die Grenzen von selbst einzuhalten.
- Einzelne Glaubenssätze sind nur die sichtbare Spitze des Eisbergs, aus dem MINDFUCK besteht. Darunter gibt es ganze Überzeugungswelten. Wenn wir nur einen Glaubenssatz ausschalten, bleiben die Muster dahinter aktiv wie Wurzelwerk, das immer neue Triebe wachsen lassen kann.

In Liebesdingen ist Folgendes besonders wichtig: MINDFUCK kann bereits unsere ersten Schritte in Richtung Liebe blockieren. Immer wenn wir uns für ungenügend, klein, nichtsnutzig etc. halten, minimieren wir mit eigener Hand unsere Chancen. Wir strahlen den Mief aus, den es da in uns gibt. MINDFUCK droht auch, wenn wir die Realität unseres Lebens nicht wahrnehmen wollen. Wir suchen dann Ausreden, warum alles nicht so schlimm ist, es ja doch irgendwie gehen wird etc., statt uns und das Thema ernst zu nehmen und wirklich zu handeln. MINDFUCK droht auch, wenn wir uns entschieden haben, die Realität, die wir wohl erkannt haben, zu ignorieren. *Seit Jahren ein Alkoholproblem? Ach, das wird schon!* Oder: *Immer wieder Wutausbrüche und Eifersuchtsszenen? Ich schau mal lieber weg*. In Beziehungsfragen fangen wir dann mit den berühmten Spielchen an, die wir in allen MINDFUCK-Mustern beobachten können. Egal, ob wir unsere ungelösten Themen am anderen auslassen oder die des anderen schlucken und immer wieder gute Miene zum bösen Spiel machen: Weil wir nicht klar sind, fangen wir an, in unangemessene Denk- und Verhaltensmuster abzurutschen, die nur eines produzieren: Frust.

Abdriften aus der Realität

Ein wichtiges Puzzlestück auf meiner Suche nach Möglichkeiten, MINDFUCK zu verstehen und zu überwinden, fand ich in der Arbeit mit einer Frau, die sich mehr Aufmerksamkeit von ihrem Partner wünschte. Sie jammerte, beschwerte sich und fing an zu weinen, als sie mir erzählte, andere Frauen würden auf Händen getragen, sie aber bekäme nicht einmal ein Kompliment für ihre gute Küche. Ich beschloss, probehalber nur ihre Gestik und Mimik zu beobachten, wenn sie von ihrem beruflichen Alltag sprach. Ich wollte eine

Hypothese testen, die es in bestimmten Richtungen der Psychotherapie gibt, die im Coaching aber mehr als unüblich ist. Was ich vor mir sah, waren die Bewegungen und die Bewegtheit eines Kindes, nicht die einer gestandenen, erwachsenen Frau. Die Klientin aber, die ich zu unserer Sitzung begrüßt hatte, war durchaus eine gestandene, berufliche erfolgreiche Frau in einer anspruchsvollen Schlüsselposition. Aus der Erwachsenen war also in den wenigen Minuten des Erzählens über ihre Beziehung ein Kind geworden. Ein Kind, das sich darüber beschwerte, nicht genug Aufmerksamkeit und Liebe von Papa zu bekommen.

Aus der Theorie der Transaktionsanalyse war mir das Modell bekannt, dass Menschen drei innere Anteile, nämlich die eines sogenannten Kindheits-Ichs, eines Eltern-Ichs und eines Erwachsenen-Ichs in sich tragen. Alle drei Anteile seien wichtig und würden in unterschiedlichen Lebenssituationen aktiviert. Je mehr ich mit diesem Modell im Coaching experimentierte, desto mehr kam ich zu dem Schluss, dass es für uns, wenn wir erwachsen sind, niemals angemessen ist, in den Zustand des Kindheits-Ichs oder des Eltern-Ichs zu gehen. Wir brauchen diese Anteile nicht mehr. Niemals. Denn wir steuern dabei auf Punkte zu, an denen unser innerer Reifungsprozess nicht ganz abgeschlossen ist. Es gibt also Situationen, in denen wir in die Perspektive zurückfallen, die wir als Kinder auf die Welt und auf Erwachsene hatten. Für Kinder sind Erwachsene wie Eltern. Und Eltern haben, wenn wir noch ganz klein sind, vor allem zwei Ausrichtungen: Sie können unser Verhalten bewerten und uns bestrafen. Und sie können sich fürsorglich-liebevoll um uns kümmern. Ihre dritte Seite, die sie selbst als erwachsene, eigenständige Persönlichkeiten ausmacht, ist uns dann noch fremd – geheimnisvoll, interessant, aber auch immer ein wenig unheimlich. Als strafend-bewertende oder fürsorgliche Eltern aber kommen sie uns vor wie Allmächtige, die alles wissen, alles kennen, alles entscheiden können und, wenn es sein muss, jeden Karren aus dem Dreck ziehen. Wir aber sind aus dieser kindlichen Perspektive klein, schwach und ohnmächtig. Was uns bleibt, wenn wir unser kleines Persönchen zur Geltung bringen wollen, ist, ihre Aufmerksamkeit zu erringen. Dafür haben wir mehrere Möglichkeiten: lieb sein, angepasst sein, uns hilflos und überfordert zeigen (weil wir es sind oder weil wir schon gelernt haben, dass uns dann geholfen wird) oder richtig Krach schlagen: Wutausbrüche, Trotz, Quengelei, Widerstand eben. Wenn es zwischen Eltern und Kindern »ernst« wird, geht es also in Richtung Extreme.

»Unterwasserballett«: Liebe aus der kindlichen Perspektive

Was aber hat das mit uns und unserem heutigen Leben zu tun? Meine Beobachtung ist, dass wir im MINDFUCK-Modus stets in diese kindliche Perspektive zurückfallen. Wir machen uns klein, zeigen uns hilflos und überfordert, werden trotzig oder böse. Oder wir identifizieren uns mit dem Eltern-Part, den wir aus der kindlichen Perspektive für die Allmacht der Eltern gehalten haben, und halten uns für allwissend, mächtig, dominant. Wir glauben zu wissen, wie die Dinge laufen sollen, und glauben, alles unter Kontrolle zu haben. Das gibt uns erst einmal das gute Gefühl von Macht, denn wir stehen über den Dingen. Die andere Variante, sich aus einer zurückgefallenen kindlichen Perspektive ins Eltern-Ich zu »beamen«, bedeutet, eine überfürsorgliche, alles verstehende, alles verzeihende Haltung einzunehmen, wie wir das auch von unseren Eltern kennen, wenn sie »lieb« zu uns waren. Auch das kann uns, obwohl es ebenso ein Rückfall in die Urzeiten unserer Biografie ist, ein gutes und mächtiges Gefühl geben. Wir sind dann die Lieben, die alles können und dem anderen, schwachen Wesen zur Hilfe kom-

men. Ein gutes Gefühl, die Dinge unter Kontrolle zu haben und auch noch die oder der Gute dabei zu sein.
Kinder ahmen diese Rollen nach, wenn sie Vater, Mutter und Kind spielen. Wir Erwachsenen aber sabotieren uns in diesem Moment selbst. Wir sind nicht mehr auf der Höhe unseres Lebens und unserer Kraft, wir geraten, wie ich im Coaching sage, »unter Wasser«. Wir tanzen ein verrücktes Ballett aus Kind- und Eltern-Ich mit uns selbst und anderen, wir tanzen Unterwasserballett. Wenn wir nicht irgendwann auftauchen, wird unser Leben zu einem verrückten Spiel, zu einer Dauerverschiebung in die schwierigen Phasen unserer Kindheit, die wir eigentlich niemals wiederbeleben wollten. Und in der Liebe sind wir anfälliger für diese Spiele als überall sonst. Daher kommen die Gefühle von Allmacht und Ohnmacht, von unbändiger Wut, übergroßer Euphorie und allen anderen Extremen, die wir erleben, wenn wir in der Negativspirale der Liebe stecken. Wir dümpeln dahin wie ein Boot, dessen Motor ausgefallen ist. Wir sind nicht in unserer Kraft als wunderbar selbstwirksame, reife, erwachsene Menschen, sondern in einem Frühstadium unseres Selbst gelandet.

Wie genau stören wir uns selbst?

Was über diese Verschiebung in eine Eltern-Kind-Ebene hinaus interessant ist, ist die Frage, ob es in den Glaubenssätzen und Überzeugungen, an denen wir dann festhalten, eine eigene Systematik gibt. Der Rückfall in kindliche innere Zustände ist eine Sache. Warum aber träumen Erwachsene von Liebesidealen, die von Ohnmacht oder völliger Hingabe zeugen? Wollen wir alle zurück in eine heile Eltern-Kind-Welt und verlaufen uns auf dem Weg dorthin, weil es sie einfach nicht mehr gibt? In meiner Forschung begann ich, mir Muster, die ich immer wieder bei den verschiedensten Berufs- und Lebensthemen meiner Klienten beobachten konnte, aufzuzeichnen, sie zu systematisieren und nach Gemeinsamkeiten zu fragen. Gab es etwa Kategorien, unter denen sich die schier unendliche Vielzahl von behindernden Gedanken zusammenfassen ließ? Ich machte eine interessante Entdeckung:

Das innere Netz verstehen

Stellen Sie sich die Sache, die sich in Ihrem Inneren abspielt, wie den Kampf zwischen zwei Gladiatoren vor. Der eine, nennen wir ihn den Netzwerfer, wirft Ihnen ein Geflecht aus Stricken über den Körper und zieht zu. Der andere, unser eigentliches Selbst, verheddert sich und fällt hin. Sie fragen sich: Wie bin ich da hineingeraten? Woher kommt das Netz? Vielleicht aus meiner Kindheit? Falsche Frage. Sie wird Ihnen niemals Antwort darauf geben, wie Sie herauskommen. Viel wichtiger ist, das Netz in seiner Substanz zu verstehen: Wie ist es gewoben? Aus welchem Material? Wo sind die Löcher? Wie komme ich raus? Und schließlich: Wer ist derjenige andere in mir, der mir bisher ein Netz übergeworfen hat? Brauche ich diese Kämpfe in der Arena mit mir selbst? Was würde passieren, wenn ich einfach damit aufhöre? Und frei werde! Und was würde passieren, wenn aus dem Netzwerfer sogar mein Freund und guter Berater werden könnte? Wenn ich weiß, dass ich niemals allein bin und immer genüge, egal, wer da vor mir steht? Und dann die wirklich phantastische Frage: Wie lebt es sich ohne Netz? Was passiert, wenn ich mein volles Potenzial als Liebender oder Liebende entfalte? An diesem Punkt strecken Sie die Waffen und öffnen sich für die Liebe, die Sie wirklich haben können. Zu abgehoben? Ich meine, nicht. Überlegen Sie, was auf dem Spiel steht: Nichts macht uns glücklicher als die Liebe unseres Lebens. Und nichts unglücklicher, als diese Chance zu verspielen. Fragen Sie, wen Sie wollen. Am Ende des Lebens zählen die Dinge, die wir mit denen, die wir lieben, gewagt und getan haben. Nicht das, was wir uns nur erträumt, faktisch aber versagt haben.

Die sieben Arten, sich selbst zu stören

Am Ende meiner Suche blieb es bei sieben Mustern, in die sich tatsächlich alle Arten der mentalen Selbstsabotage einordnen lassen. Eines, mehrere oder gar alle der folgenden Muster, die sieben MINDFUCK-Arten, sind im Spiel, wenn wir uns selbst sabotieren. Aus ihnen besteht das Netz, das wir uns und anderen überwerfen.

1. *Katastrophen*-MINDFUCK: sich selbst Angst machen. Es ist die Angewohnheit, mit dem Schlimmsten zu rechnen, sich selbst mit Katastrophen-Szenarien verrückt zu machen
2. *Selbstverleugnungs*-MINDFUCK: die Lebensinteressen anderer über die eigenen stellen, es allen recht machen wollen
3. *Bewertungs*-MINDFUCK: sich und andere bewerten. Dazu gehören Perfektionismus, Besserwisserei und notorisches Jammern
4. *Druckmacher*-MINDFUCK: sich und andere unter Druck setzen
5. *Regel*-MINDFUCK: sich an rigide, willkürliche oder überholte Regeln halten
6. *Misstrauens*-MINDFUCK: sich selbst und anderen chronisch misstrauen
7. *Übermotivations*-MINDFUCK: verdrängen, sich extrem euphorisieren und notorisch motivieren. Zwischen himmelhoch jauchzend und zu Tode betrübt sein

Drei Drifts – drei Ursachen

Es bleibt die Frage: Warum machen wir das? Es muss einen Grund geben, warum wir das alle kennen, was wir da machen. Unter welchen Umständen sind die Denkmuster angemessen oder sogar sinnvoll, die wir im MINDFUCK-Modus durchspielen? Unter welchen Umständen ist es sinnvoll, sich mit Angst in Schach zu halten, sich selbst zu unterwerfen, sich und andere genauestens zu bewerten, sich willkürlichen Regeln zu beugen und die vielen anderen Verrücktheiten ernst zu nehmen, die wir im MINDFUCK-Modus machen? Ich denke, es gibt drei verschiedene Ursachen für das Abdriften erwachsener Menschen in die Eltern-Kind-Ebene. Sie alle haben ihre Wurzeln in der Vergangenheit unserer eigenen Biografie und der unserer Vorfahren. Diese sind aus meiner Sicht die Ursachen jeder Art von MINDFUCK, auch jener, mit der wir uns in der Liebe selbst sabotieren.*

1. Die Welt sehen wie ein dreijähriges Kind
   Die Beziehung zu unseren Eltern war die erste Form von Liebe in unserem Leben. Wenn wir uns selbst sabotieren, fallen wir in Denkmuster unserer Kindheit zurück, als wir Beziehungen zu anderen noch aus der Erfahrung von Macht und Ohnmacht erleben mussten. Wenn wir Kleinkinder aufmerksam und mit Liebe beobachten, sehen wir, was diese Diskrepanz zwischen dem Wunsch nach »Macht« und Selbstwirksamkeit und der tatsächlichen Erfahrung von Ohnmacht auslöst: Frust, sich auf den Boden schmeißen, brüllen, um sich schlagen, schimpfen, betteln, weinen und viele

---

* Die ausführliche, wissenschaftlich fundierte Herleitung aus unterschiedlichen Wissensgebieten finden Sie in meinem ersten Buch *MINDFUCK. Warum wir uns selbst sabotieren und was wir dagegen tun können*, München 2011.

andere Manipulationstechniken, die uns als Beobachter immer wieder über das Wunder der menschlichen Kreativität staunen lassen. In einer gesunden Lebensentwicklung finden wir eines Tages die Balance zwischen dem, was wir selbst beeinflussen können und auch sollten, und dem, wo es gut ist, sich an andere zu wenden oder gemeinsam mit ihnen tätig zu werden. Das Zusammenspiel dieser beiden Pole der individuellen Selbstwirksamkeit und der Fähigkeit zu gelungener Kooperation ist eine Schlüsselfähigkeit für uns als Erwachsene. Selbstwirksamkeit und gelungene Kooperation bedeuten, *sowohl* für uns selbst *als auch* für andere da zu sein. Im MINDFUCK-Modus sind diese Fähigkeiten weiter von uns entfernt als die andere Seite des Erdballs. Kritisch ist es, wenn der MINDFUCK-Modus diesen Reifungsprozess blockiert, wenn wir innerlich »kleiner« bleiben, als wir sind und werden können. Wir bleiben dann in der Spirale von Macht und Ohnmacht hängen, machen uns hilfloser oder mächtiger, als uns selbst und anderen guttut. Häufig spüren wir die noch nicht gemachten Reifeschritte in unserem Liebesleben am schmerzhaftesten. Wichtig ist jedoch, dass jeder Mensch die Erfahrung von Macht und Ohnmacht kennt, da sie zu den ursprünglichsten und natürlichsten Erlebnissen des Menschseins gehört und dass der Umgang mit dieser Erfahrung zu den wichtigsten und kritischsten Entwicklungspunkten unseres Lebens zählt. Im MINDFUCK-Modus stecken wir fest und haben für genau diese Situation noch nicht gelernt, authentisch und souverän damit umzugehen. Wir verwechseln die Liebe zwischen Erwachsenen mit der natürlicherweise voller Ambivalenzen steckenden Liebe zwischen Eltern und Kindern.

2. Eine kindliche Perspektive einnehmen
   Wir sehen die Liebe durch die Brille der »privaten Logik«, die wir uns als Kinder zurechtgelegt haben, als wir noch nicht in der Lage waren, die Welt und die Beziehungen um uns herum differenziert und aus einer selbstwirksamen Haltung heraus zu beobachten. Alfred Adler, Begründer der Individualpsychologie, hat dieses Phänomen entdeckt und den Begriff der »privaten Logik« bereits in den zwanziger Jahren des vergangenen Jahrhunderts geprägt. Er beobachtete, dass Erwachsene die Beziehungsmodelle ihrer Eltern »nachspielen«. Wer als Kind gesehen hat, dass sich die Eltern anschreien, wird später sehr häufig auch in seiner Beziehung schreien. Wir erschaffen dann den Bauplan unserer eigenen Beziehung so, wie wir die unserer Eltern wahrgenommen haben.

3. Denken wie unsere Vorfahren
   Wir spielen immer noch die Werte, Vorstellungen und Ängste unserer Vorfahren aus einer hierarchisch-autoritären Welt durch, als Liebe und Beziehungen noch streng gesellschaftlich sanktionierte Überlebensgemeinschaften waren. Wie Menschen denken und sich verhalten, ist, wie bereits erwähnt, immer ein Versuch, mit den Realitäten der Welt zurechtzukommen und sich optimal anzupassen, um möglichst sicher und glücklich leben zu können. Die alten Denkmuster, die wir im MINDFUCK finden, waren passend für eine Welt, die es nicht mehr gibt. Eine Welt des Mangels, der Herrschaft und Unterordnung und eines Zusammenlebens, das vor allem dazu da war, wirtschaftlich und gesellschaftlich zu überleben und zu funktionieren. Wir beobachten so viele Krisen in Beziehungen, weil wir noch nicht verstanden haben, dass sich die Bedingungen von

Partnerschaft so fundamental verändert haben wie niemals in den Jahrtausenden davor. Sehen wir uns an, unter welchen Bedingungen Liebe und Partnerschaft früher abliefen: Menschen waren abhängig voneinander. Nicht nur innerlich, sondern auch äußerlich. Einmal geschlossene Beziehungen waren im Grunde nicht mehr auflösbar. Scheidung war, wenn überhaupt möglich, eine Schande für die ganze Familie. Gesellschaftlich ausgegrenzt zu sein war aber in einer Zeit, in der man auch als Familie von anderen in der Gemeinschaft unmittelbar abhängig war, ein Risiko für alle. Starb ein Partner, war das vor allem für die wirtschaftlich meist abhängigen Frauen ein echtes Problem. Nicht nur psychisch, sondern für die schiere Lebensexistenz. Eltern, die etwas auf sich hielten, empfahlen ihren Kindern »Vernunftehen« und keine Liebesheiraten. Wohlstand, Versorgung, Fruchtbarkeit und gesellschaftliches Ansehen waren wichtiger in einer Welt, in der es tatsächlich täglich um das soziale, manchmal auch um das buchstäbliche Überleben ging. Eine »gute Partie«, wie man sagte, garantierte einen Aufstieg in der sozialen »Hackordnung«. Dieser Aufstieg wiederum bedeutete neben dem höheren Ansehen auch mehr Sicherheit und höhere Chancen, sich und den eigenen Nachwuchs durchzubringen. Partnerschaft war also tatsächlich eine existenzielle Frage und beruhte auf der grundsätzlichen Abhängigkeit aller von allen in einer undemokratischen, hierarchischen Welt.

Das Urbild der Abhängigkeit

Einen Teil dieses schweren Erbes aus alter Zeit ziehen wir in uns mit, wenn wir in der Liebe auf bestimmte Probleme treffen. In autoritär-hierarchischen Gesellschaften gibt es keine erwachsenen, eigenständigen Menschen, wie wir es heute faktisch sind. Es gibt nur Abhängige verschiedener Abstufungen. Jeder hatte jemanden »über« sich und jemanden »unter« sich. Herrscher wurden bezeichnenderweise »Landesväter« genannt. Der in jedem Dorf eminent wichtige Priester war der »Pater«, das lateinische Wort für »Vater«. In katholischen Gegenden betete man die heilige Maria an, sie möge sich unserer selbst wie eines eigenen Kindes annehmen. Die Vorstellung, das »Kind« eines Mächtigeren zu sein, versprach vor allem Schutz und eine Form von Sicherheit und Geborgenheit. Der Preis dafür: Gehorsam. Ein naives, gefügiges Kind zu sein, das um den Preis von Anpassung und Gehorsam geliebt und ernährt wird, war ein großes Ideal. Der Schmerz der Untertanen rührte vor allem daher, dass sich Kind-Sein nicht lohnte, weil die mächtigen Väter und Mütter eben doch taten, was sie wollten, sich selbst wie unreife Kinder verhielten und oft genug ihre »Landeskinder« mehr prügelten als schützten. Frustration, Trotz, Gewalt und manchmal sogar Grausamkeit sind die Folgen, wenn machtlos gehaltene Menschen in die Ecke gedrängt werden. Es sind auch die fatalen Folgen von Beziehungen, die im Eltern-Kind-Modus verharren.

Doch wir müssen gar nicht so sehr auf die Extreme schauen, um die unguten »Vibrations« aus alten Zeiten zu erkennen. Wir finden diese alten Beziehungsmuster, die auch heute noch sehr häufig im Liebesleben herumgeistern, in den Texten von Liebesliedern wieder. Das klingt dann ungefähr so: »Ich habe doch alles für dich getan, ich habe doch immer gemacht, was du wolltest, ich war doch immer süß und lieb zu dir – und jetzt behandelst du mich so schlecht oder verlässt mich.« In den häufig wechselnden Rollen der MINDFUCK-Muster von Beziehungsproblemen spielen wir auch heute noch immer Regeln nach, die gar nicht mehr gelten. Und man muss ganz klar sagen: Zum Glück nicht mehr gelten. Denn die Angst-, Abhängigkeits- und Überlebensdramen der Generationen, die vor uns lebten, existieren in dieser drastischen Form nicht mehr. Erleben wir sie dennoch, dann spielen wir sie ohne Not durch, nutzen sie, um zu manipulieren und manipuliert zu werden, um schräge Konstrukte von sogenannter Liebe aufrechtzuerhalten, die heute nicht mehr Liebe heißen dürfen, weil sie es nicht sind. Im Klartext heißt das: Liebe ohne Wenn und Aber, bedingungslose Hingabe und ein notorisches Akzeptieren aller Verhaltensweisen des anderen ist keine erwachsene, zeitgemäße Liebe, sondern nährt ein kindliches Ideal der Bedürfnislosigkeit oder das Ideal einer selbstvergessenen überfürsorglichen Elternschaft. Beide Ideale sind typisch für eine autoritär-hierarchische Gesellschaft, und aus dieser stammen sie auch. Da ist es auch nicht wichtig, ob sie aus einer östlichen oder westlichen Philosophie kommen. Schnee von gestern ist überall Schnee von gestern. Historischer Gesellschaftsmüll ist überall Müll. Es gibt also diese dritte Ursache für das Abdriften in Eltern-Kind-Schemata, die nichts mit unserer eigenen Kindheit oder damit zu tun hat, dass wir die Beziehungen unserer Eltern kopieren, sondern dass wir einem autoritär-hierarchischen Ideal von Macht und Ohnmacht aus den Jahrhunderten vor uns folgen.

Als ich Katja und Bernd, das eingangs erwähnte Paar, fragte, ob wir uns einig seien, dass sie beide erwachsen seien und wir alle im 21. Jahrhundert lebten, meinte ich genau das. Jede Befreiung aus der Selbstsabotage in der Liebe fängt mit dieser Gewissheit an: Wir sind selbstwirksame Erwachsene, keine abhängigen Kinder. Und wir sind heute freie Menschen, die die Liebe ausschließlich freiwillig erleben und tatsächlich nicht nur in der Politik, sondern auch in unserem ganzen Leben die Wahl haben. Ist das nicht großartig?

Fest steht, wir tragen oftmals schwer an unserem biografischen und kollektiven Gepäck, wenn wir Liebe und Partner-

schaft erleben. Wir treffen nicht in einem idealen und reinen »Naturzustand« aufeinander, sondern geprägt von vielfältigen individuellen und kollektiven Erfahrungen, Werten, ausgesprochenen und unausgesprochenen Erwartungen und vielem mehr, das uns dabei stören kann, die Liebe in ihrem vollen Potenzial zu begreifen, zu erfahren und zu gestalten. In allen drei Kategorien des Abdriftens in frühere Entwicklungsstadien, die hinter MINDFUCK stecken, sind wir nicht in unserer eigentlichen Kraft und nicht mehr auf der Höhe der Zeit. Das sind die Gründe, warum wir uns selbst sabotieren. Wie wir das machen, sehen wir an den sieben Mustern des MINDFUCK, die wir auch in der Liebe durchspielen und die zu den genannten Rückfällen in sehr unangenehme Zustände führen. Wir haben nun den vollständigen Bauplan der Selbstsabotage erkannt. Und halten damit den Schlüssel in der Hand, das alles zu überwinden und eine Liebe zu leben, die unseren heutigen Bedingungen und wunderbaren Möglichkeiten wirklich angemessen ist.
Lassen Sie uns noch tiefer verstehen, wie sich die einzelnen MINDFUCKS in unserem Denken ganz konkret in der Liebe auswirken. Ob handfeste Beziehungsprobleme oder ungelebte Sehnsucht: Worum es sich auch genau handeln mag, wir können davon ausgehen, dass eines oder mehrere der Denkmuster, mit denen wir uns selbst und andere sabotieren, beteiligt sind. Vorsicht, die Begegnung mit der Wahrheit ist zum Teil harter Stoff. Weil sie uns noch einmal den ganz normalen Wahnsinn der Selbstsabotage vor Augen führt. Deshalb meine Warnung: Nur für Erwachsene.

Die sieben MINDFUCK-Arten in der Liebe

Die sieben bereits erwähnten Denkmuster des MINDFUCK führen immer wieder zum gleichen Ergebnis: zu Angst, Aggression, Depression, falscher Euphorie, zu allen Schattierungen schlechter Gefühle und schließlich zu Stagnation. Manchmal tauchen sie einzeln auf, manchmal gemeinsam wie Zahnräder, die ineinandergreifen. Sie können in allen Stadien der Liebe präsent sein. Ich lade Sie ein, die Themen, die Sie in der Liebe gerade beschäftigen, daraufhin zu untersuchen, inwieweit sie von einer oder mehreren der sieben MINDFUCK-Arten betroffen sind.

Katastrophen-MINDFUCK: Das Regime der Angst

Katastrophen-MINDFUCK ist die Angewohnheit, sich selbst Angst zu machen und Katastrophenszenarien auszumalen. Es scheint dann überall Gefahr zu lauern, und alles wird eine schlimme Wendung nehmen. In Liebesdingen lässt sich der *Katastrophen*-MINDFUCK leicht und schnell erkennen. Das kann die Angst vor Trennung, aber auch vor Unfällen, plötzlichem Tod oder schwerer Krankheit des Partners sein, aber auch die Angst, den Partner oder die Partnerin an jemand anderen zu verlieren. Tiefe, chronische Eifersucht stammt auch aus dem *Katastrophen*-MINDFUCK, wenn das Gefühl entsteht, ohne den anderen nicht leben zu können. Menschen, die aus dem *Katastrophen*-MINDFUCK heraus eifersüchtig sind, haben das Gefühl, die Untreue und den Verlust der anderen Person buchstäblich emotional nicht zu überleben. Manche sind tatsächlich finanziell abhängig von ihrem Partner und fürchten, mit der Beziehung ihre Existenz und ihren sozialen Status zu verlieren. Klammern, überwachen, festhalten, jede Minute mit dem anderen verbringen zu wollen, das alles sind deutliche Zeichen dafür, dass *Katastrophen*-MINDFUCK im Spiel ist.
Gelebter *Katastrophen*-MINDFUCK führt in Beziehungen zu Dramen oder einem Stillstand. Es passiert nichts mehr im Leben, weil alles eine Gefahr sein könnte. *Andere Menschen treffen? Es könnte ja ein Konkurrent oder eine Konkurrentin*

dabei sein. Gemeinsam eine aufregende Reise unternehmen? Viel zu gefährlich! Manche lassen sich äußerlich gehen und stellen bei genauer Analyse fest, dass sie das tun, um nicht mehr attraktiv für andere Menschen zu sein. Vor allem nicht für das andere Geschlecht, denn das wäre eine Gefahr für die aktuelle Beziehung, Flirts zu erleben und vielleicht sogar fremdgehen zu wollen. Manche zeugen oder bekommen Kinder, um den anderen an sich zu fesseln. *»Dann ist er oder sie zumindest über das Kind für immer an mich gebunden«*, sagen sie. Angst ist auch die treibende Kraft, wenn Männer oder Frauen Gewalt oder Manipulation anwenden, um den geliebten Menschen zu halten. Es muss nicht einmal handfest zugehen, auch tägliche Abwertungen können der Angst vor Trennung und Verlust entspringen. Wenn der andere kein Selbstbewusstsein mehr hat, wird er wohl niemanden mehr finden. Sie würden ihm oder ihr am liebsten Ketten anlegen und leiden selbst darunter, getrieben von der Horrorphantasie, nicht mehr frei und leicht leben zu können.

Auseinandersetzungen um Geld sind ebenfalls häufig von *Katastrophen*-MINDFUCK getrieben. Dieser bezieht sich zwar nicht direkt auf den Partner, wirkt in einer Beziehung aber sehr giftig. Angst vor der Zukunft, vor finanziellen Verlusten und wirtschaftlichen Katastrophen bei einem der beiden Partner ist häufig die Ursache für notorische Streitereien, Machtspiele und unschöne Szenen. Der andere wird mit seinem Ausgabeverhalten zur latenten oder offenen Gefahr für die eigene Existenz erklärt, der Alltag zu einem Kampf, wer wie viel verdient und ausgibt.

Menschen, die allein sind, fürchten manchmal, ihr Leben sei »vorbei«, wenn sie jemanden kennenlernen würden, eine Beziehung würde sie »ersticken«. Auch das ist eine Art *Katastrophen*-MINDFUCK. Manche Klienten berichten, sie hätten schon als Kinder von ihren Eltern und Großeltern vermittelt bekommen, dass das Leben schön und unbeschwert sei, bis man dann einmal heirate. Das Bild von der Ehe aber, das ihre Eltern und andere Erwachsene abgaben, wirkte tatsächlich wie ein Gefängnis auf sie. Aus dieser Logik heraus ist es geradezu folgerichtig, sich vor der »Endstation Ehe oder Beziehung« in Acht zu nehmen und alles dafür zu tun, dass es niemals so weit kommt. Näher betrachtet, bezahlen sie mit dem Preis der ungewollten Einsamkeit. Und dabei ist alles nur MINDFUCK, denn das Gerede der Eltern oder deren Art, ihre Beziehung zu führen, legt Sie nicht darauf fest, es ihnen nachzutun.

Häufig berichten Menschen, dass der *Katastrophen*-MINDFUCK genau dann »zuschlägt«, wenn sie gerade sehr glücklich sind. *»Das kann doch nicht lange gutgehen mit so einem Glück«* oder *»Wenn es am Schönsten ist, kommt unweigerlich der Hammer«*, sagen sie sich dann und sorgen mit selbstentfachten Ängsten dafür, dass das Glück nicht allzu stark wird. Wie wir sehen, verursacht der *Katastrophen*-MINDFUCK eine schier unendliche Vielzahl von Problemen. Von Beziehungsängsten, über heftige Eifersucht und Erlebnisstillstand, bis hin zu echten, aus Angst entwickelten Abhängigkeitskonstruktionen – die Wurzel ist ein und dieselbe: selbst kreierte Angst vor der Unfähigkeit, mit dem Leben und seinem Lauf umzugehen. Und die Strategie, den anderen so dringend zu brauchen wie ein Ertrinkender einen Rettungsring. Beziehungen, die ihre Wurzel im *Katastrophen*-MINDFUCK haben, finden nicht mehr unter selbstwirksamen erwachsenen Menschen auf Augenhöhe statt, sondern zwischen lediglich äußerlich erwachsenen Menschen, die in Wahrheit ein Eltern-Kind-Drama leben. Ich habe mit einem Paar gearbeitet, bei dem sich die Angst vor Katastrophen wie eine dicke Nebelschwade durch die eigenen vier Wände zog. Fuhr die erwachsene Tochter nach Thailand, wurden mehrmals täglich ängstlich die Nachrichten gehört. Es könnte ja sein, dass es wieder Unruhen oder sogar eine Naturkatastrophe gibt und die eigene Tochter ihr Leben verliert. Beide bemerkten erst im Coaching, dass sich beinahe alle Gespräche um schreckliche Ereignisse drehten, die ihren Eltern und Großeltern oder anderen Menschen in ihrem Umfeld widerfahren waren. Einer der beiden hatte tatsächlich zwanzig Jahre zuvor ein Kind aus erster Ehe verloren und fühlte sich in seinen Ängsten vom Leben bestätigt. Ich fragte beide, wie ihr Leben im Hier und Jetzt denn sei. Es war sicher. Nichts war gefährlich, jedenfalls nicht gefährlicher als jeder Alltag in der westlichen Zivilisation des 21. Jahrhunderts. Also ziemlich sicher. Die deutlichsten Anzeichen, durch die Sie sich bei dieser MINDFUCK-Art selbst auf die Schliche kommen können, sind Verlustängste, lautstarke, heftige Auseinandersetzungen oder das Spiel mit Trennungsdrohungen. Was wir am meisten fürchten, tragen wir vor uns her in der Hoffnung, den Schmerz damit unter Kontrolle zu halten. In Wirklichkeit ist es die schiere Angst vor dem Ende und die Angst, damit nicht klarzukommen.

Selbstverleugnungs-MINDFUCK: Sich chronisch zurücknehmen

Im *Selbstverleugnungs*-MINDFUCK stellen wir unsere eigenen Interessen notorisch hinter die des anderen. Bevor wir an uns und unsere Bedürfnisse denken, schauen wir, ob wir damit nicht dem anderen auf die Füße treten oder etwas wegnehmen könnten. Häufig steckt die Angst vor Auseinandersetzungen dahinter, die wir nicht gewinnen zu können glauben. Manchmal sind es einfach Werte von anno dazumal. Rücksicht und Empathie sind mit Sicherheit große Stärken. Sich aber immer hinten anzustellen und, wenn überhaupt, nur zu nehmen, was andere übrig lassen, führt zu einem eingeschränkten Leben weit unter unseren Möglichkeiten. In der Liebe ist dieser MINDFUCK altbekannt. Ja, manchmal verwechseln wir ihn sogar mit echter großer Liebe und Romantik. Ist es nicht so, dass man sich für die wahre Liebe opfern würde? Sogar sein Leben geben würde? Sind nicht Romane und Filme voll von solchen Geschichten? Und hören wir nicht diese Geschichten am liebsten? Gehört es nicht sogar zu den typischen weiblichen Stärken, im Hintergrund zu wirken und dem Partner den Rücken frei zu halten? Steht nicht, wie man manchmal sogar heute noch sagt, hinter jedem erfolgreichen Mann eine Frau, die ihm den Rücken stärkt? Nichts gegen Rückenstärken, aber Frauen oder Männer, die ihr eigenes Leben den Plänen eines anderen opfern und am Ende ohne eigenes dastehen, setzen sich heute ganz anderen Risiken aus, als das ihre Vorfahren in rigiden Gesellschaften taten, als Ehe und Familie tatsächlich noch Sicherheit boten. Naivität und *Selbstverleugnungs*-MINDFUCK, eine Mischung, die in der Liebe oft Hand in Hand geht, sind aber heute keine Stärken mehr, sondern Akte der Selbstsabotage. Nach dem Motto »Augen zu und durch« sind Frauen, und entgegen des Klischees auch Männer, bereit, sich selbst in Abhängigkeiten zu begeben, deren Dramatik sie erst erkennen, wenn der Partner bereits verloren ist.

Der *Selbstverleugnungs*-MINDFUCK führt dazu, dass sich der Mensch in eine Art Kind-Position begibt und sich von einem anderen dauerhaft ernähren lässt: manchmal finanziell oder geistig, manchmal emotional und körperlich, manchmal auf allen Gebieten gleichzeitig. Es entsteht ein Gefälle von Selbstwirksamkeit und Einfluss, das den einen Partner zum aktiven Teil, den anderen zum passiven macht. Häufig versuchen Paare unbewusst, dieses Gefälle auszugleichen. Eine häufige Variante: Er hat das Geld, sie bestimmt, wann und welchen Sex es gibt. Kennzeichnend ist jedoch immer, dass sich ein Partner über die Maßen klein hält, zurückhält und abhängig macht oder schuftet, bis kein eigenes Leben mehr da ist. Manchmal passiert es auch, dass Menschen aus Selbstverleugnung heraus zu chronischen Ernährern werden. Sie denken nicht mehr an sich, sondern sehen nur noch die Pflicht, die sie dem anderen gegenüber zu erfüllen haben. Ich habe mit einem frisch verlassenen Familienvater gearbeitet, der buchstäblich sein gesamtes Leben den Interessen von Frau und Kindern untergeordnet hatte. Er sah sich selbst nur noch als Rädchen in einem übermächtigen System von Pflichten und Schulden. *Eigene Interessen? Eigene Freiräume? Einen letzten Rest von selbst erlebter Zeit? Das kann ich meiner Familie doch nicht antun!* Häufig haben Paare den Eindruck, sich gegenseitig selbst zu verleugnen. Sie halten sich beide für opferbereit und den anderen für egoistisch oder für wichtiger als sie selbst.

Ein Klassiker der zeitgemäßen Selbstverleugnung sind Beziehungsprobleme bei Paaren, bei denen der eine deutlich mehr verdient und Kinder da sind. Selbst hochausgebildete, ehrgeizige Frauen oder Männer sind bereit, aus sogenannten »Vernunftgründen« in die emotional desaströse Steuerklasse V zu wechseln. Das Selbstwertgefühl leidet, der andere wird zum Ernährer, man selbst zum Ernährten. Spüren Sie, wie nah Sie als Erwachsener an einer Kind-Position sind, wenn Sie von einem anderen ohne wirkliche Not ernährt werden?

Selbstverständlich lohnt es sich, die Kirche auch mal im Dorf zu lassen. Wenn beide Partner aus freien Stücken übereinkommen, für eine Übergangszeit Arrangements dieser Art zu treffen, und es ihnen tatsächlich gelingt, daraus innerhalb der Beziehung keinerlei – die Betonung liegt auf *keinerlei* – Gefälle zu machen, dann kann das auch ein Zeichen einer reifen, solidarischen Beziehung auf Augenhöhe sein. Häufig kommt es aber doch zu klitzekleinen Wortwechseln, Machtspielchen und anderen unschönen Erlebnissen, die die Liebe tatsächlich auf eine harte Probe stellen. Nicht nur derjenige, der sich zurücknimmt, auch der andere hat häufig den Eindruck, »draufzuzahlen«. Ich höre häufig von Menschen, die allein das Geld verdienen oder den Löwenanteil heimbringen, dass sie sich vom anderen »ausgenützt« sehen und den Eindruck haben, der andere mache es sich auf ihre Kosten »schön«. Aus solchen Denkmustern, die eine ganze Parade von MINDFUCKS enthalten (Misstrauen, Bewertung), erwachsen dann unschöne Debatten um die Aufteilung der Haus- und Erziehungsarbeit. Als Dauerzustand ist die Abhängigkeit und Zurücknahme heute nicht mehr zeitgemäß. Auch Gesetzgebung und Rechtsprechung haben sich in einer Weise modernisiert, die davon ausgeht, dass sich jeder Erwachsene selbst ernähren können muss. Niemand kann damit rechnen, ein Leben lang von einem anderen Menschen versorgt zu werden. Und jeder hat das Recht, nach einer Trennung eigenständig neu anzufangen, ohne ein Leben lang für den anderen aufkommen zu müssen. Ehegattenunterhalt und andere Absicherungen für den Fall, dass die Beziehung endet, sind heute so gut wie nicht mehr vorhanden. Das sollten Paare, die sich gegenseitig Augenhöhe wünschen, in ihrer gemeinsamen Planung berücksichtigen.

Der *Selbstverleugnungs*-MINDFUCK findet seine Spielwiese aber nicht nur in der Aufteilung von Geld, Chancen, Rechten und Pflichten, sondern auch in den kleineren Details des Lebens. Die Geschichte von der Wahl der »richtigen« Hälfte beim Frühstücksbrötchen ist ein Klassiker. Über Jahre teilt sich ein Ehepaar das Frühstücksbrötchen. Er bekommt die untere Hälfte, sie die obere. Eines Morgens fragt die Frau, die insgeheim gerne die untere Hälfte hätte, ihren Mann, welche Brötchenhälfte ihm denn eigentlich lieber sei. Er: »Die obere.« Es ist hinlänglich bekannt, dass Paare häufig nicht miteinander über das reden, was wirklich naheliegend ist und die Qualität des gemeinsam erlebten Alltags wirklich verbessern würde. Stattdessen machen die Partner dem anderen Zugeständnisse, die dieser eigentlich gar nicht verlangt. Wer meint, mehr zu geben, gerät gefühlt immer mehr ins Minus. Insgeheim hofft er, dass der andere die Schuld irgendwie »zurückzahlt«. Ob es um die Wahl des Urlaubsortes, der Matratze für das Ehebett, des Restaurants oder der Brötchenhälfte geht: Wer zum *Selbstverleugnungs*-MINDFUCK tendiert, wird unzählige Möglichkeiten finden, sich »um des lieben Friedens willen« hinten anzustellen und nachzugeben. Innerlich aber staut sich der Unfrieden auf. Manche Paare fallen nach einiger Zeit sichtbar auseinander. Menschen in ihrer Umgebung nehmen das häufig deutlich wahr. Der eine erscheint schwach und farblos, der andere stark und vital. Die Augenhöhe ist verlorengegangen. Häufig führen wir das auf unterschiedliche Charaktere zurück, viel häufiger aber ist es die Folge einer vertrackten Kombination von MINDFUCKS, in der der *Selbstverleugnungs*-MINDFUCK auf jeden Fall eine tragende Rolle spielt.

Sich notorisch zurückzunehmen ist manchmal auch eine Reaktion auf andere MINDFUCKS. Frauen oder Männer, die sich jeden auch noch so kleinen Konsumwunsch versagen, um dem anderen nicht noch Öl ins Feuer der Existenzängste zu gießen. Männer und Frauen, die für den anderen Schulden aufnehmen, um dessen unstillbare Konsumwünsche zu erfüllen. Männer und Frauen, die ihren Kinderwunsch zurückdrängen, um den Partner, der keine Kinder will, nicht zu verlieren. Oder umgekehrt und ebenso häufig: Männer oder Frauen, die dem anderen zuliebe Kinder bekommen. All das sind Zugeständnisse in einer Tragweite, die heute nicht mehr einfach weggesteckt werden können. Früher waren rollenspezifische Selbstverleugnungen »normal«, aber heute, wo wir die Wahl haben und gute Partnerschaften Augenhöhe verlangen, zahlen Opfer dieser Art in dramatischer Form auf das oben erwähnte innere leidige Beziehungskonto ein.

Innere Beziehungskonten entstehen aus meiner Sicht erst dann, wenn die Beziehung in eine Schieflage geraten ist. Wie bereits erwähnt, halte ich sie nicht für einen natürlichen und notwendigen Bestandteil einer Beziehung. Eine MINDFUCK-freie Beziehung braucht tatsächlich kein inneres Beziehungskonto. Eine Beziehung zwischen selbstwirksamen erwachsenen Menschen ist kein »Deal«, auch wenn wir heute gewohnt sind, allzu viel Menschliches in wirtschaftliche Kategorien zu packen. Der Gedanke der Liebe als Handelsbeziehung an sich gehört aus meiner Praxiserfahrung heraus bereits in den Kreis der MINDFUCKS, und zwar des *Bewertungs-* und *Misstrauens-*MINDFUCKS. Das gilt sowohl für diejenigen, die sich zu kurz gekommen fühlen, als auch für jene, die sich innerlich zum Ziel gesetzt haben, aus ihrer Beziehung offensichtliche Vorteile zu ziehen und immer an erster Stelle zu stehen. MINDFUCKS dieser Art, durch die Beziehungen zu »Deals« degenerieren, stammen aus Zeiten, in denen Partnerschaften tatsächlich »Vernunftgemeinschaften« zum gegenseitigen Überleben, gesellschaftlichen Repräsentieren und wirtschaftlichen Wachsen waren. Oder sie entstammen einem aus der Fassung geratenen ökonomisierten Denken, das in seinem Kern jedoch nichts anderes widerspiegelt als die Klischees aus Großvaters Zeiten. Vor einigen Jahren war ein Text im Umlauf, der im Internet ernsthaft und stark diskutiert wurde. Es ging um die Behauptung, dass hervorragend an Eliteuniversitäten ausgebildete Männer mit dem Alter an »Wert« gewinnen, während Frauen mit dem gleichen Bildungshintergrund in der gleichen Zeit wegen ihres fortschreitenden Alters an »Wert« verlören. Deshalb sei es eigentlich nicht fair, wenn sich ein erfolgreicher Mann auf Dauer mit einer gleichaltrigen Frau abgebe. Schließlich lege er an Wert zu und sie verliere ihn mit jeder neuen Falte oder jedem zugenommenen Kilo. Die Beziehung sei dann ein »Verlustgeschäft« für den Mann und ein ungerecht »gutes Geschäft« für die Frau. Womöglich erübrigt es sich, über diese aus meiner Sicht haarsträubende Form des

Nachdenkens zu diskutieren. Der MINDFUCK, der in das Gewand pseudoökonomischer Überlegungen gekleidet wurde, liegt auf der Hand und ist ein wirklich alter Hut: Die Idee nämlich, dass eine Frau nur dann attraktiv und liebenswert sei, wenn sie jung und schön ist. Und ein Mann nur dann, wenn er wirtschaftlich und sozial erfolgreich ist. Ein *Bewertungs*-MINDFUCK gekoppelt mit einem *Regel*-MINDFUCK. Dennoch finde ich allzu häufig in den Überlegungen unglücklich Liebender oder einsamer Menschen eine Art des Denkens, das Beziehung als Handel mit Werten bezeichnet. Es gab Zeiten, da war ein Denken dieser Art tatsächlich gesellschaftskonform. Es gab Zeiten, in denen eine Ehe ein wirtschaftliches Unternehmen war, in dem es jenseits aller Romantik tatsächlich darum ging, eine »gute Partie« zu machen. Diese Zeiten sind heute vorbei.

Eine recht aktuelle Form des *Selbstverleugnungs*-MINDFUCKS ist die notorische Selbstverleugnung für die angeblichen Interessen von Kindern. Ich habe mit Müttern und Vätern gearbeitet, deren Beziehung sich zu einem Dienstleistungsunternehmen entwickelt hatte. Das Leben beider drehte sich nur noch um Komfort, Lernen und Wohlbefinden der Kinder. Beide hatten weder eigenständige Interessen noch ein gemeinsames Paarleben. Die Frau war zu Hause mit den üblichen Tätigkeiten und einem Dasein als eine Art Chauffeurin für ihren Nachwuchs beschäftigt. Sohn und Tochter hatten vollkommen unterschiedliche »Anlagen«, die alle, wie es typisch ist für den Perfektionsdrang unserer Zeit, auf das Beste gefördert werden sollten: Flötenunterricht, Hockey, Klavierspielen, Fußball, Voltigieren, Kunstturnen, Chinesisch-Unterricht und Malen bei einer Kunstprofessorin stellten die Mutter vor Koordinationsaufgaben, die sie am Ende zu dem Schluss brachten: »Obwohl ich Jura studiert habe, bin ich heute eine Mischung aus Nanny, Chauffeurin und Managerin für meine Kinder. Ich habe keine Minute mehr für mich.« Der Ehemann arbeitete als erfolgreicher Steuerberater. Statt eines entspannten Feierabends wartete auf ihn jeden Tag die »Abendschicht« mit Hausaufgabenkontrolle, Spielen und Ins-Bett-Bringen. Wenn die Kinder endlich schliefen, fielen beide Eltern todmüde ins Bett. Das einzige Gespräch zwischen den Eheleuten drehte sich nur noch um die Erlebnisse, Erfolge und Ärgernisse der Kinder. »Manchmal«, sagte der Vater im Coaching resigniert, »würde ich einfach nur noch gerne ›eben mal Zigaretten holen‹ gehen und nie wieder nach Hause kommen.« Kern der gesamten Paarkrise war der *Selbstverleugnungs*-MINDFUCK den Kindern gegenüber. Beide Partner hatten das Gefühl, »man müsse alles für die Kinder tun und dürfe nicht an sich denken«. Hinter dem *Selbstverleugnungs*-MINDFUCK gab es noch einen *Katastrophen*-MINDFUCK: »Wenn wir nicht alles für ihre Entwicklung tun, werden sie im Wettbewerb unserer harten Welt nicht überleben, und das würden wir uns niemals verzeihen.« Die Kinder hatten sich an diese Form der Rundumbetreuung so sehr gewöhnt, dass sie den Aufwand gar nicht bemerkten und ihren Eltern gegenüber meistens missmutig, genervt und überheblich auftraten. Kein Wunder: Die Eltern hatten die Augenhöhe zu ihren Kindern verlassen. Sie wechselten zwischen Kind-Ich (Jammern über die viele Arbeit) und überfürsorglichem Eltern-Ich (Dienstleistungsmentalität den Kindern gegenüber) und zeigten sich nicht mehr als eigenständige Erwachsene, die trotz aller Familienfreuden noch ein eigenes Leben und eigene Interessen hatten. Interessen, die nur Erwachsene etwas angehen und auf die ebenfalls Rücksicht genommen werden sollte, wenn eine Familie jedes Mitglied achtet und respektiert.

Manchmal sind es nicht einmal die eigenen Kinder, denen Menschen ihre Interessen und Bedürfnisse opfern. Ein Klient fühlte sich von seiner neuen Partnerin dazu »verdonnert«, jedes Weihnachten, die gesamten Schulferien und jedes

zweite Wochenende nicht nur mit ihr und ihren Kindern aus erster Ehe, sondern auch mit ihrem Ex-Mann, dem Vater der Kinder, zu verbringen. »Man hat mir gesagt, das sei wichtig für die psychische Gesundheit der Kinder. Schließlich wünschten sie sich eine heile Familie.« Wie das buchstäblich fünfte Rad am Wagen saß er stumm am Weihnachtsbaum der alten Familie, bis ihm der Kragen platzte, als die Kinder ihn fragten, wann er denn ins gemeinsame Haus einziehen würde.
Auch außerhalb fester Partnerschaften sorgt der *Selbstverleugnungs*-MINDFUCK für Leid und Missmut. Eine Klientin: »Ich gehe jetzt auf die vierzig zu und wünsche mir Kinder. Mein Geliebter verspricht mir, sich von seiner Frau zu trennen, aber irgendwie passiert nichts, und ich warte und warte.« *Selbstverleugnungs*-MINDFUCK kommt bei Affären ins Spiel, wenn einer von beiden oder beide wesentliche, ernsthafte und erwachsene Bedürfnisse chronisch verleugnen und hintanstellen. Ihr Geliebter aber, der mit ins Coaching kam, hasste die Lügen, die er seiner Ehefrau erzählte, und hatte das Gefühl, sich bei seiner Geliebten immer »zusammenreißen« und den »glücklich Verliebten« spielen zu müssen. Ein Dilemma, das für beide nicht lange gutgeht.

Unglücklich oder heimlich Verliebte blockieren sich ebenfalls mit Selbstverleugnung. »Ich kann ihr doch nicht sagen, dass ich in sie verliebt bin.« Die Angst vor der Offenbarung der eigenen Gefühle oder Angst vor Zurückweisung kann dazu führen, dass gestandene Erwachsene über Wochen, Monate, ja, sogar über Jahre hinweg den geliebten Menschen »umkreisen«, ohne dass dieser jemals von ihren Sehnsüchten erfährt. *Selbstverleugnungs*-MINDFUCK ist es dann, wenn dahinter die Überzeugung steckt, sich dem anderen mit seinen Gefühlen nicht »zumuten« zu dürfen. Man hält sich selbst für zu klein, zu unwichtig, zu lästig, um für sich und seine Liebesinteressen einzutreten. Ein klarer Fall von Selbstsabotage. *Katastrophen*-MINDFUCK ist es dann, wenn wir Angst haben, einen Korb buchstäblich nicht überleben zu können. Manchmal kommt beides zusammen.

Halten wir fest: Immer wenn wir uns für den MINDFUCK eines anderen zurücknehmen, unser Verhalten gegen unseren eigentlichen Willen verändern oder unsere eigentliche Überzeugung verleugnen, ist das kein Zeichen von besonders großer Liebe, sondern ein Schritt der Selbstaufgabe, die leider nur selten ein Happy End bringt. Sie ist vielmehr ein Sargnagel auf dem Weg zum schleichenden Tod der Liebe. Wir machen uns kleiner, gehen ins Kind-Ich, erleben uns schwächer und weniger wert oder weniger wirksam als den anderen. Es wird dem anderen immer schwerer fallen, nicht ebenfalls ins Unterwasserballett einzusteigen und die Rolle des bewertenden, allmächtigen oder überbehütenden Elternteils zu übernehmen. Wird der *Selbstverleugnungs*-MINDFUCK chronisch, dann geben wir ein Bild der Farblosigkeit, der Abhängigkeit und der chronischen Schwäche und Unfähigkeit ab. Nicht gerade ein Aphrodisiakum. Wer will das wirklich?

Bewertungs-MINDFUCK: Menschen auf der Waagschale

Bewertungs-MINDFUCK ist die Angewohnheit, chronisch sich selbst und andere zu bewerten. Wir legen ein uns oft nicht einmal bewusstes Idealmaß an, wie Menschen oder Dinge zu sein hätten, und kommen zu einem meist vernichtenden Schluss: Reicht nicht, geht ja gar nicht, völlig daneben, unmöglich, zu schlecht, zu hässlich, dumm wie Brot, nicht cool genug ... Die Reihe ließe sich wohl unendlich fortsetzen. Wie jeder MINDFUCK hat der *Bewertungs*-MINDFUCK eine nach innen gerichtete und eine nach außen gerichtete Neigung. Und wie bei jedem MINDFUCK bewerten wir den anderen, wenn wir uns selbst stark bewerten. Auch umgekehrt gilt: Wir bewerten uns selbst stark, wenn wir dazu neigen, den anderen stark zu bewerten. Es gibt wohl keinen größeren Feind für die Liebe und eine gelungene Partnerschaft als den *Bewertungs*-MINDFUCK. Ich möchte an dieser Stelle jedoch Missverständnisse ausschließen: Es geht nicht darum, wie ein erleuchteter Heiliger alles an sich und anderen »super« zu finden, das wäre im Grunde nur ein anderes Extrem des gleichen Phänomens. Jeder von uns hat individuelle Vorlieben und Abneigungen. Hellhörig sollte werden, wer allzu lange ungewollt allein bleibt oder wenn der ehemals geliebte Mensch plötzlich voller Makel zu sein scheint, wenn Streitereien zur Grundstimmung der Beziehung gehören und man insgesamt den Eindruck hat, der andere müsse noch »eine Menge lernen« und sich drastisch »weiterentwickeln«, um wirklich »beziehungsfähig« zu sein. Das Gleiche gilt auch, falls Sie den Eindruck haben, von einem attraktiven Menschen zu einem eigenartigen Mangelwesen mutiert zu sein. Dann könnte bereits ein *Bewertungs*-MINDFUCK in hoher Dosis gewirkt haben.

Für »nicht beziehungsfähig« wurden bereits einige meiner Klienten von ihren Partnern erklärt. Ein Mann hatte von einer Frau, die buchstäblich jede freie Minute mit ihm verbringen wollte, über Jahre gehört, es sei nicht in Ordnung, Zeit für sich zu brauchen. Ja, er sei sogar »zutiefst gestört«. Entweder stimme etwas nicht mit seiner Liebe zu ihr, oder er sei irgendwie nicht ganz richtig. Er selbst war zu dem Ergebnis gekommen, ein »Gefühlskrüppel« zu sein, denn je länger die Beziehung andauerte und je mehr Zeit er zwangsläufig mit ihr verbrachte, desto weniger schien er tatsächlich für seine Partnerin zu empfinden.

Angst vor dem eigenen Gefühlsverlust hatte ein anderer Mann, dessen Partnerin geradezu panische Angst vor jeder Form der Andersartigkeit seiner Bedürfnisse hatte. Äußerlichen Frieden fand er am ehesten dann, wenn er sein komplettes Leben auf ihre Wunschvorstellungen ausrichtete (*Selbstverleugnungs*-MINDFUCK). Doch dann kam ihr Misstrauen, ob er sie wirklich genug liebe, ja, überhaupt in der Lage sei, jemanden zu lieben. Irgendwann fühlte er sich so elend und unfähig, dass er tatsächlich begann, an seinen Gefühlen für sie zu zweifeln.

Kritik und aufreibende Besserwisserei ist, gepaart mit regelmäßiger Abwertung des anderen, der sicherste Weg zum Tod jeder Liebe. Dennoch scheint es für viele unsagbar schwer zu sein, davon abzulassen. Einmal gab ich einem Paar, das sich notorisch bewertete, die Aufgabe, jeden Abend jeweils getrennt voneinander die Punkte in ein eigenes Büchlein einzutragen, die es am anderen auszusetzen gab. Und in ein anderes Büchlein das, was am anderen gut und gelungen war. Was denken Sie, in welchem Büchlein am Ende mehr Seiten beschrieben waren? In der ersten Woche hatten beide sage und schreibe um die zwanzig Seiten Kritik aufgeschrieben und nur zwei Seiten an positiven Kommentaren. Nach der Auswertung in meinem Beisein waren beide so schockiert, dass sie jeweils zu den gleichen Ergebnissen gekommen waren, dass sich das Verhältnis zwischen Kritik und positiven Anmerkungen innerhalb der nächsten zwei Wochen spürbar besserte. Irgendwann lernten sie, sich die guten Dinge auch persönlich zu sagen, statt sie aufzuschreiben. Und am Ende des Coaching-Prozesses hatten sie sich die Bewertungssucht ganz abgewöhnt. Sie kritisierten sich nicht mehr, und sie lobten sich auch nicht mehr übertrieben. Sie ließen sich einfach gegenseitig sein und entdeckten dabei, wie viel ihnen ihr Zusammensein bedeutete. »Liebe statt *Bewertungs*-MINDFUCK« sei jetzt ihr Motto, schrieben sie mir einige Monate später aus dem Urlaub.

Massive oder unterschwellige Kritik löst bei uns selbst und bei unserem Gegenüber Stress aus. Auf Stress reagieren

Menschen mit Aggression, Totstellen, Flucht oder damit, andere um Hilfe zu bitten. In der Problemzone Liebe lässt sich das deutlich beobachten: Streitereien bis hin zu Gewalt, Rückzug und Schweigen, beleidigt sein, abhauen oder sich bei anderen ausweinen oder ablästern sind meist die Folgen von zu viel *Bewertungs*-MINDFUCK in einer Beziehung. Manchmal gibt es eindeutige »Täter«, die nicht davon lassen können, am anderen herumzukritisieren. Manchmal schenken sich beide nichts. Ich halte übrigens nach so vielen Erfahrungen in der Praxis nicht viel davon, dass immer beide gleich viel »Schuld« tragen an einer Beziehungsmisere. Es gibt tatsächlich Fälle, da stülpt der eine seine ganz eigene Unzufriedenheit mit sich und dem Leben, seine ganze eigene MINDFUCK-Palette dem anderen über, statt seine Probleme mit sich selbst wirklich ernst zu nehmen und zu lösen. Wenn ich diesen Eindruck nach mehreren Tests im Coaching gewinne, kommt es auch vor, dass ich nur noch mit einem der Partner weiterarbeite, nämlich mit demjenigen, der immer wieder kritisiert oder Streit vom Zaun bricht. Meist liegt eine ganz andere MINDFUCK-Welt, z. B. ein *Katastrophen*-MINDFUCK oder ein *Selbstverleugnungs*-MINDFUCK, hinter notorischer Kritiksucht.

Darf man denn gar keine Kritik mehr äußern? Ist es niemals in Ordnung, sich eine Veränderung vom anderen zu wünschen? Natürlich nicht. Kritik ist sogar förderlich für eine Beziehung, wenn sie sachlich und emotional wahrhaftig aus einer erwachsenen Haltung heraus formuliert wird. Immer dann aber, wenn eine Eltern- oder Kind-Haltung dahintersteckt, ist es klarer MINDFUCK. Zu den kindlichen Wünschen gehören Äußerungen wie *wenn er nur intelligenter wäre*, *wenn sie nur schöner wäre*, *wenn er nur mehr Geld hätte* etc. Zu verlangen, dass sich der Partner verzaubert und ein buchstäblich anderer wird, ist ein Kindertraum, von dem man sich besser früher als später verabschiedet. Persönlichkeitseigenschaften oder Lebensumstände (*Wenn sie nur keine Kinder hätte!*) lassen sich leider nicht aus dem Erwachsenenleben wegdefinieren. Wer den Eindruck hat, damit nicht klarzukommen, steht tatsächlich vor einem echten Beziehungsdilemma. In diesen Momenten geht es darum, sich zu entscheiden: Will ich oder will ich nicht? Weiterbewerten, jammern und kritisieren wird die Realität nicht verändern, die schlechte Stimmung aber ins Unerträgliche steigern. Eine sehr hilfreiche Faustregel besteht darin, vor jeder Art von Kritik mindestens drei Mal darüber nachzudenken, ob sie wirklich geäußert werden muss. Ist man selbst wirklich klar und deutlich im Erwachsenen-Ich, wenn es um die Bewertung dieser Sache geht? Lieber ein Mal mehr auf die Zunge beißen, als ein Mal zu viel rumstänkern. Menschen entfalten sich und lernen in einer Atmosphäre des Wohlwollens und des Zutrauens viel besser als durch Kritik. Sie und Ihr Partner gehören zu dieser Spezies, und deshalb ist es einfach unklug, sich auf unbedachte, harsche oder kleinliche Kritik zu verlegen. Das zu verstehen ist für jede Form von Beziehung essenziell.

Sie werden in der zweiten Hälfte des Buchs eine Reihe von wirklich hilfreichen Werkzeugen an die Hand bekommen, wie man aus einer erwachsenen Haltung heraus auch nach mehrfacher, ehrlicher Prüfung gerechtfertigte Kritik angemessen äußern kann. Und zwar so, dass die Wahrscheinlichkeit steigt, dass sie ankommt, tatsächlich Veränderungen auslöst und die gemeinsame Beziehung sogar noch gestärkt statt geschwächt wird.

Druckmacher-MINDFUCK: Liebe unter Hochdruck

Der *Druckmacher*-MINDFUCK ist die Angewohnheit, sich selbst und andere notorisch unter Druck zu setzen. Meist geschieht das mit ausgesprochenen oder innerlich gedachten

Wenn-dann-Formulierungen und ist häufig eine Folge von *Bewertungs*-MINDFUCK: »Wenn ich nicht vor meinem 40. Geburtstag verheiratet bin, habe ich als Frau versagt.« Eigentlich eine Bewertung, aber diese Form der Bewertung erzeugt Druck.

Die zweifelhafte Kunst, sich gehörig Druck zu machen, beherrschen Singles ebenso gut wie Geliebte oder Paare. *Wenn du nicht jede freie Minute mit mir verbringen willst, stimmt etwas nicht mit unserer Beziehung. Wenn du dich nicht bis zum 24.12. von deiner Frau getrennt hast, verlasse ich dich. Wenn du dir die Brüste nicht operieren lässt, will ich dich nicht mehr.* Deadlines, Forderungen, Ansprüche, die mit direkten Handlungsanweisungen verknüpft sind, sind heute in den seltensten Fällen gesunde Reaktionen auf unzumutbare Verhältnisse, sondern meist Folge einer Bewertungsorgie, die an Fahrt gewonnen hat und auf ihren dramatischen Höhepunkt zueilt. Der andere soll sich jetzt gefälligst ändern. Basta. Sonst droht Stress: laut werden, nörgeln, attackieren bis hin zur Handgreiflichkeit, selbstzerstörerisches Verhalten, Drohungen, Liebesentzug, abhauen, beleidigt sein, andere einschalten, von Freunden über Verwandte bis hin zu Therapeuten oder Rechtsanwälten. Der *Druckmacher*-MINDFUCK ist, ähnlich wie der *Misstrauens*-MINDFUCK, ein Endpunkt in einer Spirale anderer MINDFUCKS. Die Neigung, mögliche negative Entwicklungen »vorauszuahnen«, ein »Exempel statuieren« zu wollen, sehr eifersüchtig zu sein oder sich endlich mal »wehren zu müssen«, obwohl man es auf der anderen Seite mit einem augenscheinlich recht friedlichen Zeitgenossen zu tun hat, finde ich häufig bei Menschen, die zum *Katastrophen*-MINDFUCK als Haupt-Blockade neigen. Eine weitere Disposition finde ich immer wieder bei Menschen, die zu Perfektionismus, also zu *Bewertungs*-MINDFUCK, neigen. Der eigene Status und »gut dazustehen« ist ihnen so wichtig, dass dem anderen immer wieder eine Art »Raster« aufgelegt wird, ob er oder sie denn auch »standesgemäß« sei.

Druck kennt wohl jeder Mensch aus der einen oder anderen Lebenssituation. Manchmal, sehr selten, ist er angemessen, und dann sollten wir agieren. Sehr häufig aber ist er eine Machtstrategie in einem Eltern-Kind-Drama, das zwei Erwachsene miteinander spielen. Druck kann sowohl aus dem Eltern-Ich als auch aus dem Kind-Ich heraus erzeugt werden. Aus beiden Positionen heraus können wir laut, trotzig, weinerlich, gewalttätig oder auf eine andere Art manipulativ werden. Häufig haben wir das Gefühl, Druck ausüben zu müssen, um zu bekommen, was wir zu brauchen oder verdient zu haben glauben. Letztlich aber zeigt dieses Verhalten immer eine Lücke zwischen Wunsch, Möglichkeit und Wirklichkeit, die wir noch nicht mit erwachsenen Mitteln glauben bewältigen zu können. Geht es wirklich ohne Druck? Manchmal geht es darum, sich zu entscheiden und ein Dilemma aufzulösen. Das kann sich wie Druck anfühlen, ist aber keiner, wenn es um ein echtes, wahrhaftiges Dilemma geht. Sich zum Beispiel für einen Menschen zu entscheiden, der aus guten Gründen, wohlüberlegt und ernsthaft nicht mehr länger auf uns warten möchte, kann ein Gefühl von Druck auslösen. Das aber ist noch keine Manipulation und damit auch kein MINDFUCK. Es kann einfach die echte, freie Entscheidung eines anderen Menschen sein, dass er für bestimmte Verhältnisse nicht mehr zur Verfügung steht. Falls Aussagen aber zu willkürlichen oder nicht ernst gemeinten Erpressungs- und Manipulationsspielen ausarten, sind wir wieder im Bereich des MINDFUCK. Und der ist niemals gut für die Liebe. Denn Liebe lebt von einer tiefen, erwachsenen Wahrhaftigkeit.

Regel-MINDFUCK: Im Korsett überholter Regeln

Regel-MINDFUCK liegt vor, wenn wir längst überholten oder willkürlichen Regeln folgen. *Wenn er mich wirklich liebt, dann ... Eine gute Beziehung ist ... Jede freie Minute gehört der Familie. Jeder muss exakt den gleichen Betrag zum Lebensunterhalt beisteuern.* Im *Regel*-MINDFUCK geht es häufig um eigenartige bis absurde Formen von »Gerechtigkeit«. Es wird auf- und gegengerechnet: Verhältst du dich so, dann verhalte ich mich so. Menschen, die in Beziehungen zum *Regel*-MINDFUCK neigen, haben deshalb subjektiv das Gefühl, im Recht zu sein, und kämpfen einen manchmal Jahre andauernden Kleinkrieg mit ihrem Partner. Es fällt ihnen meistens nicht auf, dass sie willkürlichen, häufig selbst aufgestellten oder längst überholten Regeln folgen. *Eine Frau hat für die Kinder zu Hause zu bleiben, sonst braucht sie sie gar nicht erst zu bekommen. Als Mann muss ich mehr verdienen als meine Frau, sonst bin ich ein Schlappschwanz. Männer mögen keine erfolgreichen Frauen.* Viele Regeln und Klischees werden heute über ungenau kolportierte, nicht hinterfragte oder falsch interpretierte sogenannte Forschungsergebnisse von Frauen- oder Männermagazinen verbreitet. *»Männer müssen nun mal ständig ihren Samen verteilen«*, höre ich oft. *Frauen Ende dreißig suchen doch nur einen Dummen, der sie noch schwängert.« Es ist doch normal, dass ich mit fünfundfünfzig kein Interesse mehr an Sex habe. Männer wollen immer nur junge Frauen.* Ältere Menschen argumentieren mit ihrer Lebenserfahrung, jüngere mit der »Natur«, der »Evolution« oder anderen modernen Mythen. Es ist verführerisch, an Regeln zu glauben, die die eigenen Ängste, Vorurteile oder den eigenen Wunsch nach Sicherheit und Kontrolle bestätigen. Sie führen nur leider in der Realität zu Missverständnissen, Kleinkriegen, die nicht zu gewinnen sind, und vor allem dazu, die eigentlichen Möglichkeiten, die jeder von uns heute in der Liebe hat, fatal zu unterschätzen.

Viele Regeln stammen noch aus der Zeit unserer Großeltern, als Liebe und Beziehungen im Leben von Männern und Frauen etwas tatsächlich Einmaliges und nach einer Heirat nicht mehr ohne große Risiken veränderbar waren. Beziehungen waren für die Generationen vor uns Überlebensgemeinschaften, die dazu dienten, soziale und wirtschaftliche Sicherheit zu erlangen. Es gab feste, manchmal festgeschriebene, manchmal ungeschriebene Verhaltens- und Benimmregeln. Sie hatten tatsächlich Geltung. Man konnte sich darauf verlassen, und wenn sie gebrochen wurden, standen Opfer und Täter klar fest. Wer fremdging, war das Ungeheuer, wer sich trennte, war der Böse. Männer, die heimlich Affären hatten, galten als »toller Hecht«, während man eine Frau mit einem Geliebten als »Hure« bezeichnete. Frauen zu schlagen war zwar nicht gerne gesehen, aber zu »normal«, um wirklich einen Skandal auszulösen. Was heute nichts als MINDFUCK ist, war noch gelebte Realität, die immerfort von anderen bestätigt wurde. Alternativen? Fehlanzeige. Nur wenigen gelang es, das enge Korsett der Gesellschaft abzustreifen und sich auf eigene Gefahr von diesen Regeln zu emanzipieren.
Willkürliche Regeln, deren Geltung heute mit unterschwelliger Aggression, Selbstgerechtigkeit oder einer großen Portion Selbstmitleid eingefordert wird, lassen den zentralen Aspekt heutiger Liebe vergessen: die Freiheit und Freiwilligkeit, die Menschen heute ausmacht und verbindet. Wir wissen es ganz genau: Beziehungen sind heute keine Überlebensgemeinschaften mehr, die auf Biegen und Brechen funktionieren müssen, sondern sind für alle Beteiligten eine freiwillige Angelegenheit. Daraus folgt, dass die meisten Regeln, die Paare für sich aufstellen, freiwillig anerkannt werden, sonst sind sie eine Quelle dauernder Auseinandersetzungen. *Nach dem Zähneputzen muss das Waschbecken getrocknet werden. Nach dem Frühstück müssen die Teller*

sofort in den Geschirrspüler gestellt werden. Kochen und Bügeln ist Frauensache. Die quälende Regelwelt kennt keine Grenzen. Für manche Paare ist es ein sehr heilsamer Schritt, sich der unausgesprochenen und festgelegten Regeln bewusst zu werden und noch einmal gemeinsam und auf Augenhöhe zu hinterfragen, was davon eine gute Regelung und was davon einfach nur MINDFUCK ist.
Eine Klientin, erfolgreiche Chefassistentin und Mutter zweier Kinder, war davon überzeugt, eine schlechte Hausfrau zu sein, wenn sie nicht jeden Tag mindestens ein warmes Essen auf den Tisch stellte. Eine Regel, die sie noch von ihrer Mutter, einer Hausfrau, übernommen hatte und die ihr Mann, der ebenfalls von einer Hausfrau erzogen worden war, ungeprüft unterstützte. Obwohl er feste Arbeitszeiten hatte und manchmal früher nach Hause kam als sie, setzte er sich wie selbstverständlich in den Fernsehsessel und wartete, bis seine Frau von der Arbeit kam und kochte. Die »Warme-Mahlzeit-Frage« verschärfte sich, als beide zu der Überzeugung kamen, man müsse mehr Bio essen, gesünder leben und keinesfalls Fertiggerichte auf den Tisch bringen. Für meine Klientin wuchs sich diese Abmachung zu einem wahrhaften Horror aus. Und keiner hatte gemerkt, dass es einfach nur MINDFUCK war, der die Ehefrau und Mutter in eine Stressspirale brachte. Die Lösung ließ sich dann sehr leicht finden. Der erste MINDFUCK war die angebliche Regel, es bräuchte jeden Tag mindestens ein warmes Essen. Der zweite war, das Essen müsse von der Mutter und Ehefrau zubereitet werden. Der dritte war gerade am Entstehen, als auch noch die Bio-Anforderung zum Gesetz erklärt wurde. Beide Partner sahen sich auf Augenhöhe an, erkannten den MINDFUCK und einigten sich darauf, dass er gemeinsam mit den Kindern kochte, wenn er früher zu Hause war, und dass die Familie auch mal zum Essen ging oder eben kalt aß, ohne daraus ein Drama zu machen.

Auch für unfreiwillige Singles lohnt es sich, auf die Suche nach versteckten *Regel*-MINDFUCKS zu gehen. *Erst mit dem Idealgewicht habe ich die Chance auf den Richtigen. Das Sternzeichen muss passen. Er darf auf keinen Fall Kinder haben. Ich muss super drauf sein, um bei einer Frau landen zu können.* Manchmal halten mir Klienten entgegen, es seien echte Erfahrungswerte, aus der sie eine Regel gemacht hätten. Es wäre nun mal so, dass man mehr Chancen hätte, wenn die Figur stimme. Man fühle sich besser, sehe tatsächlich besser aus, und überhaupt sei es doch nicht so schlimm, sich an Regeln zu halten. Gegen ein gutes Körpergefühl ist wirklich nichts einzuwenden. Schwierig und zu MINDFUCK wird es dann, wenn ein Mensch sich selbst nichts mehr zutraut und sich zurücknimmt, weil er glaubt, einer selbst gesetzten Regel folgen zu müssen. Nehmen wir an, das Abnehmen fällt schwer und die Einsamkeit ist groß. Menschen bestrafen sich dann mit *Bewertungs*-MINDFUCK, bauen Diät-Druck auf und essen häufig noch mehr, um sich zu trösten. So entsteht ein Kreislauf, der die Situation verschlimmert, statt sie zu lösen. MINDFUCK hat die Neigung, Teufelskreise zu bilden. Auf die Regel folgt die Bewertung, folgt die Angst vor den Konsequenzen, folgt Stress und daraus die berühmten Reaktionsmuster: Aggression, Flucht, Totstellen oder Bestätigung und Hilfe bei anderen suchen.
Menschen in ungleichen Machtverhältnissen pochen auf Regeln, die dem Umgang eine gewisse Sicherheit geben sollen. Liebesbeziehungen sind heute jedoch Begegnungen auf Augenhöhe. Mit Regeln, die nicht beide im Vollbesitz ihrer Kräfte gutheißen, leisten wir wiederum einer Eltern-Kind-Beziehung Vorschub, die zwischen Erwachsenen zu nichts Gutem führen kann. Viele Menschen überwachen sich gegenseitig, machen sich Vorschriften, stellen Ansprüche, versuchen die Regeln zu umgehen, werden trotzig, unfair oder fangen ein Parallelleben jenseits der Regeln an. Dabei ist alles

nur MINDFUCK. Gibt es Ausnahmen? Gibt es Fälle, in denen es Regeln braucht? Ich würde gesunde Regeln eher Absprachen nennen, die durchaus zu einer guten Beziehungskultur gehören. Sie werden auf Augenhöhe formuliert und als eine Art gemeinsames Grundgesetz betrachtet, das Freude macht und auch wieder geändert werden kann.

Misstrauens-MINDFUCK: Im Zwang der Verdächtigung

Misstrauens-MINDFUCK bedeutet, sich selbst und anderen chronisch zu misstrauen. Auch dieser MINDFUCK hat in der Liebe traurige Folgen. Der *Misstrauens*-MINDFUCK ist entweder erlernt: *Merk dir das, Töchterchen, Männer wollen nur das eine!*, oder das Ende einer langen Reihe von schlecht verarbeiteten Erlebnissen: *Ich gerate sowieso immer an den Falschen. Mit mir hält es doch keine länger aus. Frauen sind nur hinter meinem Geld her.* Diese Aussagen beziehen sich nicht nur auf andere, sondern auch auf uns selbst: *Außer Geld habe ich nichts zu bieten, ich bin unausstehlich und werde es bleiben, ich habe grundsätzlich Pech in der Liebe.* Hinter diesen Sprüchen verstecken sich Überzeugungen, die auf einen grundlegenden *Misstrauens*-MINDFUCK hindeuten. Den Tiefpunkt erreichen diejenigen, die sich am Ende jede Beziehungsfähigkeit absprechen. *Ich glaube, ich bin nicht beziehungsfähig* ist nicht nur eine Bewertung, sondern auch ein Zeichen tiefen Misstrauens gegenüber sich selbst und seinen grundlegenden menschlichen Fähigkeiten. Was passiert, wenn der *Misstrauens*-MINDFUCK da ist? Wir geben uns dann selbst keine Chance mehr. Wir glauben nicht mehr an uns und an Möglichkeiten, die uns neue Erfahrungen und Erlebnisse bringen könnten. Wir haben dann eigentlich mit unserem Liebesleben abgeschlossen. Es wird so bleiben, wie es ist, mehr ist wohl nicht drin. Eigentlich stirbt die Hoffnung zuletzt, doch sie ist schon gestorben, wenn wir uns selbst und der Zukunft nicht mehr über den Weg trauen. Frust und Selbstaufgabe sind die Begleiter eines *Misstrauens*-MINDFUCKS, auch wenn er mit Energie und einer Art von Stolz ausgesprochen wird. Manche hoffen noch in irgendeinem Winkel ihrer selbst auf Hilfe oder auf ein Wunder. Fest steht aber: Aus eigener Kraft schaffen wir es wohl nicht. Welche Haltung spricht da in uns? Ganz klar: das hilflose Kind oder der bewertende, strenge Elternteil, der die Hoffnung, dass aus dem ungeratenen Nachwuchs noch etwas wird, schon aufgegeben hat. Aus dem selbstwirksamen, klaren Erwachsenen-Ich heraus können wir uns selbst gegenüber gar keine endgültige Haltung einnehmen. Möglicherweise sind wir uns der Tatsache sehr bewusst, dass es einige Herausforderungen und vielleicht auch ein Scheitern im Liebesleben gab. Wir wissen aber auch, dass wir nicht ahnen können, ob es noch eine andere Begegnung geben wird. Und wir wissen, dass wir unseren Kopf auf klar schalten, die Situation selbst beeinflussen und uns verändern können. Was aber ist mit dem Misstrauen, das wir dem anderen gegenüber verspüren?

Misstrauen ist die Schwester der Eifersucht. Eifersucht wiederum kann, wie erwähnt, aus mehreren Quellen stammen. Nahezu jeder MINDFUCK kann Eifersucht auslösen oder befeuern. Misstrauen aber ist Ursache und häufig auch Folge von Eifersucht. »Was, du willst zum Yoga?« Diese Frage war der Beginn der Leidensgeschichte eines Klienten, der sich vor lauter Angst und Misstrauen in diverse Yogagruppen und Ashrams zwang, um seine Partnerin nicht allein in Gesellschaft anderer Männer zu wissen. Was seine Freundin auch unternehmen wollte, er war dabei, ob sie damit einverstanden war oder nicht. Sein Misstrauen und seine Phantasie, die ihm die wildesten Fremdgehgeschichten vorgaukelte, waren so groß, dass er irgendwann in den Sog seiner eigenen Eifersucht geriet. »Ich erkenne dich nicht wieder. Du bist nicht mehr du selbst«, waren die Worte, mit denen seine Partnerin ihn verließ, als sie sein Misstrauen, seine Eifersucht und seine Nachstellungen nicht mehr aushielt.

Ebenso schwerwiegend ist Misstrauen, das sich auf den Charakter, den Wert, die Ehrlichkeit oder Liebenswürdigkeit des anderen bezieht. Manche sind von Misstrauen zerfressen, ob der andere ihrer Liebe wirklich wert ist, ob er ein guter oder viel eher ein abgrundtief schlechter, verachtenswerter Mensch ist. Viele halten ihren Partner für verlogen, verdorben, pervers, geizig oder verschwendungssüchtig. Ich habe mit Menschen gearbeitet, die sich durch psychologische Fachliteratur gearbeitet haben, um dem Menschen an ihrer Seite die passende »Diagnose« zu stellen. »Mein Mann hat ganz eindeutig eine narzisstische Persönlichkeitsstörung«, sagte mir einmal eine Frau, weil ihr Mann regelmäßig zum Kegelabend mit Freunden ging und sie nicht dabeihaben wollte, obwohl er wusste, dass sie »einfach nicht allein sein« konnte.

Manche fühlen sich regelrecht von dem Menschen verfolgt, mit dem sie eine Beziehung führen. Ich habe einmal ein altes Paar getroffen, das voneinander sagte: »Was uns am Leben hält, ist die Hoffnung, den anderen zu überleben und noch ein paar gute Jahre ohne ihn oder sie zu haben.« Keiner ließ auch nur ein gutes Haar am anderen. Das Lächeln und die als Witz getarnten Denunziationen, mit denen sie übereinander sprachen, wirkten böse, abschätzig, ja grausam. Misstrauen dieser Art ist nicht weit von Hass, Ekel und Abscheu entfernt. Und da sind wir beim Gegenteil der Liebe gelandet.

Ob wir uns selbst oder dem anderen chronisch misstrauen: Mit diesem MINDFUCK sind wir buchstäblich am Ende der Fahnenstange angekommen. Er bringt nichts Gutes und ist auch nicht mit einem gesunden Wahrnehmen der Realität zu verwechseln. Misstrauische Menschen halten sich oft für realistisch und »nicht blöd«. Sie meinen, sich nicht »verarschen« zu lassen, und tun doch täglich in ihrem Innersten genau das mit sich selbst. Sie lassen ihr Innenleben von destruktiven Phantasien und sich selbst erfüllenden Prophezeiungen beherrschen. Im Erwachsenen-Ich haben wir weder Grund für Misstrauen noch für Naivität. Wir wissen, dass wir mit allem, was passiert, umgehen können. Misstrauen brauchen wir nur, wenn wir Angst haben, etwas nicht zu können, und deshalb meinen, uns »schützen« zu müssen. Schnüffeln, überwachen, misstrauisch beobachten und zur Rede stellen sind aber keine geeigneten Schutzmaßnahmen. Liebe lässt sich nicht durch Kontrolle schützen. Im »Unterwasserballett« des MINDFUCK können wir das nicht verstehen. Als Erwachsene mit klarem Kopf aber schon. Wie wir noch sehen werden, ist die Übung, einem Menschen und einer Situation Vertrauen zu schenken, ohne dass derjenige es sich erst »verdienen« muss, ein wahrer Befreiungsschlag für unsere Lebensqualität.

Übermotivations-MINDFUCK: Der Zwang zur Euphorie

Übermotivations-MINDFUCK ist die Angewohnheit, sich mental und emotional chronisch zu euphorisieren. Menschen, die sich mit diesem Muster blockieren, akzeptieren nur Gefühle starker Motivation. Wenn eine Aufgabe, ein Mensch oder eine Situation kein Gefühl von Euphorie verspricht, verlieren sie das Interesse, wenden sich ab oder fallen in ein emotionales Loch. *Himmelhoch jauchzend – zu Tode betrübt* könnte man die Dramaturgie dieses Musters beschreiben. »Am Anfang denke ich immer: Das ist jetzt der Richtige, der Mann meiner Träume, der, auf den ich gewartet habe! Nach wenigen Monaten aber entpuppt sich der Prinz dann doch als Frosch, und ich bin wieder enttäuscht und unglücklich.« Äußerungen wie diese sind typisch für einen starken *Übermotivations*-MINDFUCK.

Emotionale Zwischenlagen sind schier unerträglich, es muss das ganz große Gefühl sein, sonst entsteht der Eindruck, dass etwas nicht stimmt. Wenn die anderen MINDFUCKS die Peitsche sind, ist der *Übermotivations*-MINDFUCK das Zuckerbrot. Der *Übermotivations*-MINDFUCK hat in punkto Liebe eine Sonderstellung, denn er hat große Ähnlichkeit mit einem natürlichen Phänomen jeder Liebesbeziehung. Die Liebe beginnt mit starken Gefühlen und verliert irgendwann die euphorische Kraft der ersten Wochen und Monaten. Wer diesen Übergang nicht produktiv bewältigt, steigt in der Regel aus, trennt sich oder lässt die Beziehung in andere MINDFUCK-Muster kippen. Die Gefahr aber, unsere Kraft im Erwachsenen-Ich zu verlieren, ist genau dann am größten, wenn die erste Euphorie vorbei ist. Wer dann in das alte, extreme Gefühl zurückflüchten will, gibt der zweiten, großartigen Phase der Liebe keine Chance und verpasst das Beste in der Hoffnung auf den nächsten Kick. Glauben wir den Einflüsterungen des *Übermotivations*-MINDFUCKS, dann denken wir, der andere sei doch nicht der Richtige, oder man findet einen Grund, dem anderen die gleichen »Fehler« zuzuschreiben, die bereits alle Partner vor ihm hatten. Chronische Fremdgänger, Beziehungs-Hopper und Singles leiden häufig am *Übermotivations*-MINDFUCK. Sie sind süchtig nach dem Gefühl der Euphorie, süchtig nach dem Verliebtsein. Eine Spielart der Liebe, die geradezu von der Übermotivation lebt, ist die sogenannte »Amour fou«, die leidenschaftliche, kopflose Liebe, die jede Grenze überschreitet. Die Amour fou hat es interessanterweise an sich, dass sie sich meist konsequent vom Traum zum Alptraum entwickelt. Sie findet kein stabiles Niveau, auf dem es auch normale Tage und mittlere Gefühlsintensitäten geben darf. Sie lebt von der Ausschließlichkeit einer geradezu symbiotischen Fixierung aufeinander. Das extreme Gefühl wird zum Maßstab. Irgendwann kommt der Kick nur noch über die Inszenierung von Dramen.

Wir ziehen uns gegenseitig in den MINDFUCK hinein

Wie wir bereits gesehen haben, erzeugt jede der sieben MINDFUCK-Arten ein Abdriften in eine kindlich-elterliche Perspektive. Das wirklich Herausfordernde an jeder Form von MINDFUCK ist, dass sich Menschen gegenseitig in diese Muster hineinziehen. Wenn wir uns wie besserwissende Eltern oder wie ohnmächtige Kinder verhalten, zwingen wir den anderen geradezu in die Gegenhaltung. Beobachten Sie es, wo Sie möchten: Wenn der eine den anderen von oben herab maßregelt, wird sein Gegenüber, ob er tatsächlich Kind ist oder eigentlich »schon groß«, höchstwahrscheinlich in trotzigen Widerstand oder übertriebene Hilflosigkeit wechseln. Wenn wir uns weinerlich, hilflos und demonstrativ schwach verhalten, wird der andere in eine überbehütend väterliche oder mütterliche Haltung oder in strenges Maßregeln und Kritisieren verfallen. Es verlangt ein starkes Bewusstsein und gutes, regelmäßiges Training der eigenen Fähigkeiten als Liebender, einer MINDFUCK-Attacke des geliebten Menschen mit Klarheit zu begegnen, ohne selbst in die unteren Ebenen abzurutschen.

Das folgenreichste Missverständnis unseres Lebens

Wenn wir uns in der Liebe sabotieren, driften wir nicht nur in die drei Dimensionen unserer Vergangenheit ab, sondern wir sitzen auch einem fundamentalen Missverständnis auf. Es könnte Ihr Leben verändern, dieses Missverständnis zu erkennen. Es zu durchdringen ist der Schlüssel zu einer neuen Qualität in Ihrem Liebesleben.

Das Missverständnis beruht auf einer einfachen, aber folgenreichen Verwechslung der Liebe zwischen Erwachsenen mit der Liebe zwischen Eltern und Kindern. Beide Arten sind grundverschieden. Die eine kann im Element der anderen nicht überleben. Das heißt: Die Liebe zwischen Erwachsenen ist fundamental anders als die Liebe zwischen Eltern und Kindern. Wenn wir uns als Erwachsene lieben und uns so verhalten, als ob wir im Grunde Eltern und Kinder wären, zerstört das die Liebe. Es geht um den entscheidenden Dreh- und Angelpunkt, die eigentliche geistige und reale Substanz jeder erwachsenen Liebe. Wenn wir sie verstehen und wirklich durchdringen – emotional und vom Verstand her, dann stellen wir die Liebe in unserem Leben wieder vom Kopf auf die Füße. Haben wir sie wieder dort, dann eröffnet sich das ganze grandiose Panorama, das sie uns heute wirklich bieten kann. Was ist der Kern dieser beiden grundverschiedenen Arten von Liebe, und warum ist es so wichtig, sie auseinanderzuhalten?

Sehen wir uns die Eltern-Kind-Liebe an. Was ist das Elementare daran? Sie ist immer einmalig und lebenslang. Die innere Verbindung kappt niemals so ganz, auch wenn man den Kontakt zueinander vielleicht verloren oder bewusst abgebrochen haben mag. Wir waren immer Kinder unserer Eltern oder Eltern unserer Kinder und bleiben es auch. Die erotische und partnerschaftliche Liebe aber ist in unser Leben dazugekommen. Sie kam später, und sie kann auch gehen. Die wenigsten Menschen erleben heute die Liebe mit ein und demselben Menschen von Beginn bis zum Ende ihres Lebens. Die Liebe zwischen Erwachsenen ist also, wenn wir das so verstehen, immer ein Geschenk, der oder die Geliebte ist immer ein Gast. Kommen wir zu einer zweiten wesentlichen Unterscheidung. Die Liebe zwischen Eltern und Kindern ist neben allem Wundervollen und Selbstverständlichen, das sie enthalten kann, immer auch eine Liebe der Abhängigkeit, der Notwendigkeit von Grenzen und der Verantwortung. Eltern haften buchstäblich für ihre Kinder, und Kinder können viele Jahre ihres Lebens nicht unabhängig über ihr Leben entscheiden. Das schlaucht, das frustriert, das kann Kraft kosten. Jeder von uns war in der ersten Phase seines Lebens, oft bis weit ins Erwachsenen-Alter hinein, abhängig von seinen Eltern. In dieser Zeit haben wir als Kinder, egal, wie gut unsere Eltern zu uns waren, immer wieder die Erfahrung unserer eigenen Ohnmacht und der Macht der Eltern kennengelernt. Wir konnten nicht immer alles tun, was wir wollten. Und jedes Kind kennt, je nachdem, wie die Kultur seiner Familie ausgeprägt ist, verschiedene Kniffe, sich dennoch manchmal durchzusetzen. Ich nenne diese Kniffe gerne die »kleinen Tricks der Ohnmacht«, die nichts anderes als kindliche Versuche sind, den allmächtig erscheinenden Willen der Eltern oder anderer Erwachsener zu manipulieren, um etwas Wichtiges für sich zu erreichen. Das gibt ein gutes Gefühl der eigenen Selbstwirksamkeit. Sei es durch Weinen, extreme Hilflosigkeit, Trotz und ungezügelte Aggressivität, Schmeicheln, Sich-klein-Machen oder Aufplustern.

Kleine Tricks der Ohnmacht

Es gibt unzählige Arten von kleinen Tricks der Ohnmacht. Kinder lernen sie schnell und setzen dabei ihre ganze Phantasie ein. Häufig schauen sie sich diese sogar bei ihren Eltern oder anderen Erwachsenen ab, die zu kindlichen Mustern greifen. Zu den kleinen Tricks der Ohnmacht gehört es deshalb auch, sich allmächtig und allwissend zu geben, also die kindliche Perspektive auf die Eltern zu imitieren und alles besser zu wissen, zu bewerten, zu strafen oder den anderen klein zu halten, um ihn versorgen zu dürfen oder zu müssen. Bei Kindern sind die kleinen Tricks der Ohnmacht normal und gesund, weil wir bereits als sehr junge Menschen ein Individuum sind und einen eigenen Willen haben und nach unseren Vorstellungen auch dort wirksam sein wollen, wo uns noch viele Grenzen gesetzt sind. Die kleinen Tricks der Ohnmacht sind bei Kindern also kein Grund zur Beunruhigung, sondern eine direkte Folge ihrer tatsächlichen Abhängigkeit. Aus dieser emotionalen und materiellen Abhängigkeit eines Tages hinauszuwachsen ist jedoch eine der wichtigsten Aufgaben, die wir als Heranwachsende zu bewältigen haben. Erst wenn wir sie bewältigt haben, sind wir Erwachsene im Sinne einer umfassenden Selbstwirksamkeit, d.h. der Fähigkeit, unser Leben selbst zu erhalten und zu gestalten. Und hier kommt der Unterschied zur Liebe zwischen Erwachsenen: Sie braucht keine kleinen Tricks der Ohnmacht, weil Erwachsene in der Liebe heute nicht ohnmächtig sind.

Bei manchen beginnt dieser Punkt bereits Jahre vor ihrer staatsbürgerlichen Volljährigkeit, bei anderen Jahre, wenn nicht Jahrzehnte später. Ich selbst war erst mit achtundzwanzig Jahren wirklich finanziell selbständig, obwohl ich direkt nach der Schule von zu Hause ausgezogen bin. Emotional unabhängig wurde ich erst später. Umso mehr kann ich Menschen verstehen, die sich noch nicht aus diesen grundlegenden Abhängigkeiten gelöst haben. Ich habe Menschen getroffen, die in den Sechzigern ihres Lebens eine erste Idee davon bekamen, was es eigentlich heißt, erwachsen zu sein. Sie haben täglich Kontakt zu ihren hochbetagten Eltern und versuchen immer noch, es ihnen irgendwie recht zu machen. Häufig ist diese Abhängigkeit von den Eltern noch gepaart mit einer Überfürsorge den eigenen Kindern gegenüber. In dem Spagat, entweder Kind seiner Eltern und Vater oder Mutter seiner eigenen Kinder zu sein, gibt es dann kein eigenes erwachsenes Leben mehr. Man lebt für die anderen und hat sich selbst verloren oder noch nie wirklich gefunden. Eine missliche Situation, aber umso erfreulicher und befreiender, wenn man sich zum ersten Mal im ernsthaften Gespräch mit einem anderen Erwachsenen selbst als Erwachsenen spürt und erlebt.

MINDFUCK auf drei Ebenen

Im MINDFUCK-Modus fühlen wir uns auf der Ich-Ebene unvollständig und abhängig von einer bestimmten Vorstellung von Liebe. Der andere soll uns vollständig machen, soll uns auffangen oder sich uns so hingeben, dass wir in jeder Hinsicht Kontrolle und Sicherheit behalten. Wir haben das Bild eines Säuglings, eines Kleinkinds oder einer von der Macht eines anderen abhängigen Person vor uns und sehen nicht mehr, dass wir in Wahrheit längst groß und frei genug sind, unser Leben selbst zu bewältigen. Haben wir dieses Bild von uns in der Liebe, dann kann das zu mehreren, nicht optimalen Strategien führen.

Erstens: Wir suchen uns jemanden, der viel stärker oder viel schwächer ist als wir, um Sicherheit und Kontrolle zu wahren.

Zweitens: Wir suchen gar keine echte Beziehung, verlieben uns nicht oder nehmen Reißaus, wenn eine echte Beziehung zu entstehen »droht«. Unter dem Einfluss von MINDFUCK ist das sogar eine rationale und gute Wahl: lieber allein als tatsächlich abhängig.

Drittens: Wir beginnen mit den »Spielchen«, die typisch sind für MINDFUCK. Wir fühlen uns klein und ohnmächtig oder haben ganz im Gegenteil den Eindruck, alles besser zu wissen und besser zu machen. Wir ordnen uns unter, versuchen zu dominieren, konstruieren gegenseitige Abhängigkeiten und verlieren dabei vor allem eines: den Kontakt zu uns selbst und dem Leben, das wir eigentlich haben wollen. Wir vergessen, was wir uns eigentlich wünschen und was wir eigentlich brauchen, wenn wir uns nicht selbst sabotieren. Das alles fühlt sich irgendwann schal und unglücklich an. Wir geben uns oder dem anderen die Schuld, bleiben in der MINDFUCK-Schleife gefangen, geben auf oder warten, bis einer die Beziehung beendet. In der nächsten Beziehung beginnt das Spiel dann von Neuem.

Das Prinzip der fundamentalen Freiwilligkeit

Die Liebe zwischen Erwachsenen beruht auf dem Prinzip der fundamentalen menschlichen Freiheit und der Freiwilligkeit. Niemand kann Sie dazu zwingen, sich zu verlieben oder weiter zu lieben, wenn die Liebe nicht mehr da ist. Gefühle lassen sich, das wissen Menschen seit allen Zeiten, nicht erzwingen. Was die Alten aber noch nicht wissen konnten: Auch ein Bleiben lässt sich heute nicht mehr erzwingen. Möglicherweise fragen Sie sich, warum ich ausgerechnet vom »gehen können« spreche, wenn es um die echte Liebe geht? Weil wir nur dann, wenn uns unsere fundamentale Freiheit und die Freiwilligkeit des anderen vollkommen und in jeder Hinsicht klar sind, auf die kleinen Tricks der Ohnmacht verzichten können. Manipulationen, die wir uns selbst und anderen mit MINDFUCK antun, brauchen wir dann nicht mehr, denn sie erzeugen lediglich ein falsches, trügerisches Gefühl von Sicherheit und Kontrolle. In Wahrheit aber begraben wir die Liebe zwischen Erwachsenen, wenn wir zu den kleinen Tricks der Ohnmacht greifen. An der Schwelle zum vollen Potenzial der Liebe müssen wir also zuerst unsere Angst vor jeder Art von Ohnmacht loslassen.

Was passiert nun, wenn wir die Eltern-Kind-Dynamik in die Liebe als Erwachsene bringen? Wenn wir davon ausgehen, dass der andere für immer zu uns zu gehören hat? Dass es seine Pflicht ist, uns zu lieben, als ob wir Kinder oder Eltern wären? Ganz klar: Wir lassen uns gehen. Wir erwarten, genau so geliebt zu werden – und zwar dauerhaft –, wie wir meinen zu sein, und zwar unabhängig davon, in welchem Zustand wir uns gerade befinden. Im Eltern-Kind-Verhältnis zu uns selbst sehen wir uns jede Schwäche nach oder kritisieren an allem, was uns ausmacht, herum. Wenn wir dann so bleiben, wie wir angeblich sind, dann muten wir dem anderen uns selbst im chronischen MINDFUCK-Modus zu. Das Motto ist: *Liebe mich, egal, welchen Film ich gerade fahre! Liebe mich, egal, in welchem Ich-Zustand ich gerade herumlungere.* Schauen wir genauer hin, wann diese Eigenart, sich gehen zu lassen, beginnt, dann fällt es uns wie Schuppen von den Augen: Sie beginnt, wenn die erste Verliebtheit vorbei ist.

Seien wir ehrlich: Wer von uns lässt sich gehen, wenn er oder sie frisch verliebt ist? Wer meckert lautstark an sich und am anderen herum oder pflegt offen unangenehme Eigenarten, solange er frisch verliebt ist?

Erinnern Sie sich an meine Eingangsthese, mit der ich das unglückliche Paar im Coaching konfrontierte? Unser wahres Potenzial als erwachsene Liebende erleben wir im Zustand der ersten Verliebtheit. Denn genau da zeigen wir uns auf der Höhe unserer persönlichen Entwicklung. Wir zeigen unsere besten Seiten. Das sind unsere wahren Seiten. Wir haben Respekt vor dem anderen. Wir lassen ihm oder ihr noch

Freiraum, sind neugierig, offen. Sind mutig, wenn es angemessen ist, mutig zu sein, und wohltuend schüchtern, wenn es richtig ist, respektvollen Abstand vor der Persönlichkeit des anderen zu wahren. Wir mischen uns noch nicht in die Angelegenheiten des anderen Erwachsenen ein, als ob wir Eltern oder Kinder mit einem allumfassenden Auskunftsrecht wären. Wir achten die Intimsphäre des Menschen, in den wir frisch verliebt sind. Wir erkennen an, was er oder sie uns zeigt. Wir hören uns an, was er zu sagen hat, und kommentieren nicht vorab, was wir zu hören erwarten. Wir fühlen uns stark und selbstwirksam. Wir inszenieren noch keine Dramen, liefern, zumindest ganz am Anfang, noch keine Eifersuchtsszenen und geben auch keinen Anlass dazu. Wir betonen, was uns am anderen gefällt. Wir wenden uns dem anderen offen zu und zeigen uns selbst in unserem wahren Potenzial.

In einem solchen Klima ist die Liebe ein Biotop für beide. Die Natur gibt uns Starthilfe mit einem Feuerwerk von Hormonen. Der zentrale Punkt, um den es mir aber geht, ist: Es ist keine Verstellung im Spiel. Es gibt keinen Trick oder Vorhang vor der eigenen Persönlichkeit, sondern das Gegenteil. Die Natur macht den Vorhang auf und zeigt uns, wer wir wirklich sind und auch in Zukunft sein können. Wenn die Liebe in der Verliebtheit wächst, ist uns klar: Wir wollen einander. Basta. Und damit komme ich zum Wesenskern der Liebe zwischen Erwachsenen.

Vom Brauchen zum Wollen

Die Liebe unter Erwachsenen ist etwas fundamental anderes als familiäre oder verwandtschaftliche Liebe. Auf den Punkt gebracht, lebt die Liebe zwischen Eltern und Kindern vom »Brauchen«. Die zwischen Erwachsenen dagegen vom »Wollen«. Wir brauchen uns als Erwachsene nicht mehr, aber wir wollen uns. Dieses eine Wort hebt die ganze Welt aus den Angeln und hängt sie neu auf, wenn wir das Prinzip wirklich verstanden haben. Und lässt jedes Liebesproblem in einem anderen Licht erscheinen.

Völlig neue Perspektiven

Was passiert, wenn wir realisiert haben, dass wir uns nicht brauchen, sondern wollen? Dass das Einanderwollen die Bedingung von Liebe im 21. Jahrhundert ist? Und was wollen wir dann für uns selbst, miteinander und voneinander? Wir können jede Art von kindlicher Erwartung fallen lassen, wenn uns klar ist, was wir nicht mehr brauchen, sondern wirklich wollen. Beziehungen unter Erwachsenen, die am »Brauchen« hängen, sind auf Sand gebaut, sie sind innerlich morsch. Beziehungen unter Erwachsenen, die zusammen sind, weil sie sich wollen – und es gibt zahlreiche Formen des Wollens –, haben echten Boden unter den Füßen, sie strotzen vor Leben. Singles, die einen Partner suchen, weil sie ihn brauchen, werden immer wieder Enttäuschungen erleben. Suchen sie aber den- oder diejenige, den/die sie wollen, dann eröffnen sich ganz neue Möglichkeiten. Es ist an der Zeit, unsere besten Seiten zu unserem Lebensprinzip zu machen. Die eigene Ausstrahlung verändert sich, das eigene Verhalten wird anders. Spiele von Nähe und Distanz verändern ihren Charakter, weil die Basis eine neue ist: Wir wollen den

anderen. Wir spielen dann wirklich mit diesen Anziehungsmustern. Wir genießen die Nähe des anderen und sehnen uns nach ihm, wenn er nicht da ist. Wir wissen aber auch, wann die Zeit für ein wenig mehr Eigenleben gekommen ist, und sind fasziniert von der erneuten Spannung, die daraus entsteht, sich immer wieder neu zu begegnen. So macht die ganze Sache Freude, statt uns zu nerven und auszulaugen. Es entsteht Raum für neue Ideen, für größere Projekte, Pläne, die unser Herz höherschlagen lassen.
Die Dynamik und die Kraft, die eine solche Verbindung zweier erwachsener, voll entfalteter und täglich weiter wachsender und lernender Persönlichkeiten bringt, mag auf den ersten Blick tatsächlich fast ungeheuerlich wirken. Zwei Vollständige, nicht zwei Hälften, begegnen sich und brechen auf in das echte Leben. Die Liebe 2.0 ist von einer anderen Art als alle Vorläufermodelle vor ihr und birgt das wahre Potenzial für die Entfaltung in ihrer Zeit. Gelingt sie, dann gelingt eine nie da gewesene Fülle, Stabilität und Tiefe. Die wahre Liebe an ihrem ersten wirklichen Anfangspunkt.

Es gibt kein Zurück

Manche Menschen werden sehr nachdenklich, wenn ihnen das volle Ausmaß der Selbstsabotage ihres Liebeslebens über Jahre und Jahrzehnte hinweg bewusst wird.
So erging es zunächst auch Katja und Bernd. »Wenn wir das schon früher gewusst hätten, wären wir nie so tief in den Schlamassel reingeraten«, sagten die beiden, als sie mir in meiner Praxis gegenübersaßen. »Gerät man da nicht immer wieder rein? Ist es wirklich möglich, so etwas endgültig zu überwinden?«
Eine berechtigte Frage! Die gute Nachricht ist, dass wir nie wieder ganz zurück können in die Selbstsabotage, wenn wir

sie einmal verstanden haben. Je öfter wir den MINDFUCK bei uns selbst und anderen beobachten, desto schneller werden wir immun gegen seine Auswirkungen. Am Anfang bedarf es, wie bei allem, was wir neu lernen, bewusster Aufmerksamkeit. Irgendwann verhalten wir uns plötzlich anders, ohne groß darüber nachzudenken, ja, sogar besser als zuvor. Wir hören dann einfach auf, uns und andere zu sabotieren. Denken Sie an die Pflanzenmetapher. Jedes Pflänzchen braucht seine Zeit. Es muss sich erst an neue Umstände gewöhnen. Auch an bessere. Doch irgendwann haben wir Wurzeln geschlagen im neuen Leben. Über die Zeit, die hinter uns liegt, und den Menschen, der wir einmal waren, als wir uns selbst immer wieder ein Bein stellten, können wir uns irgendwann nur noch aus der Ferne erinnern. Und uns darüber wundern. Lächelnd.

Liebe ohne Selbstsabotage

Es ist also Zeit, aufzuwachen, die Fenster weit aufzureißen und den Mief der Vergangenheit hinauszulassen. Wir sind erwachsen, und wir sind frei. Wir haben nichts zu befürchten und alles zu gewinnen. Sehen wir uns also die wahre, tiefe Liebe ohne Selbstsabotage auf allen drei Ebenen (Ich-, Du- und Wir-Ebene) an.

Nach dem fundamentalen Wandel in der Liebe sind wir eingeladen, unseren eigenen Zugang zu allen drei Ebenen zu finden. Was es uns gleich einfacher macht, ist, dass wir jede Ebene aus dem Erwachsenen-Ich und aus unserer heutigen Zeit heraus kreativ neu definieren können.

Jenseits des Altbekannten

Aus der Position des selbstwirksamen Erwachsenen ist eine stimmige Liebe tatsächlich etwas Drittes, Neues, jenseits völlig überholter Selbstaufgabe und autistischer Selbstverwirklichung. Ein Zustand, der so viel Kraft birgt wie kaum ein anderer, der aber auch einen klaren Blick erfordert: Bin ich noch ich selbst? Erlebe ich mich als den lebensfähigen, ja eigenständigen und im tiefsten Sinne unabhängigen Menschen, der ich heute in Wirklichkeit bin? Kann ich mich selbst noch als Individuum denken, das vor dieser Beziehung schon lebte und vielleicht auch danach noch leben wird? Das wäre die eine Seite der Waagschale. Die andere ist: Sehe ich den anderen, wie er ist? Als eigenständigen, wunderbaren und wirklich freien Menschen, der mich ebenso freiwillig will wie ich ihn? Und es sich auch mit vollem Recht anders überlegen kann? Bin ich wirklich an der Seite des anderen? Und auf die Dimension der Partnerschaft bezogen: Sind wir ein echtes Paar im Hier und Heute? Zwei Vollständige, die gemeinsam mehr sind als allein?

»Das klingt alles super«, sagten Katja und Bernd, die mir in meiner Praxis gegenübersitzen. »Aber ist das so einfach zu machen? Kann das wirklich jeder?«

Begegnung auf Augenhöhe

Es ist nicht so schwierig, wie wir in unseren schwächsten Momenten vielleicht meinen. Wir nutzen nämlich ganz natürliche Fähigkeiten, wenn wir uns im Erwachsenen-Ich aufhalten.

> Erstens: die Fähigkeit, die Realität zu sehen und anzuerkennen.
> Zweitens: die Fähigkeit, uns selbst zu akzeptieren und für uns einzustehen und gleichzeitig bewusst zu entscheiden, was wir an der Seite eines anderen Menschen zu geben bereit sind.
> Drittens: die Fähigkeit, den anderen wirklich als den zu

sehen, der er in seiner vollen Kraft ist, und nicht als Wunschbild, als Kind oder als Elternteil.
Viertens: die Fähigkeit, »Spielchen« bei uns selbst und dem anderen sehr schnell zu bemerken und das Ruder dann freundlich und konsequent herumzureißen.

Das bedeutet, die ewigen Nähe-Distanz-Spiele und unfruchtbaren Machtkämpfe »in flagranti« zu erwischen, zu benennen und aufzugeben. In dem Wissen, dass wir immer genug Macht haben, eigenständig zu leben und überleben zu können, brauchen wir diese Spiele nicht mehr. Als Erwachsene sind wir in der Lage, offen auf den anderen zuzugehen oder klar unsere Grenzen zu ziehen. Wenn wir diese vier Fähigkeiten im echten Leben trainieren, kommen wir an den Punkt jenseits der Spielchen, an dem es wirklich interessant wird. Der Punkt, an dem sich zwei Erwachsene auf Augenhöhe in Liebe begegnen.
Jede Lebensrealität beginnt bei uns selbst. Bei dem individuellen, einzigartigen Menschen, der wir sind. Starten wir also mit der Ich-Ebene, in der gleich spannende Fragen auf uns warten. Wer bin ich – ganz MINDFUCK-frei – in der Liebe? Was brauche ich? Was macht mich aus? Mit welchen MINDFUCKS störe ich mich noch? Welche Kraft steckt eigentlich dahinter? Was will ich in meinem Leben erleben? Und welche Rolle spielen Liebe und Partnerschaft darin?

Sich selbst erkennen

Auf uns selbst bezogen, also auf der Ich-Ebene, ist Liebe die schönste Einladung, sich persönlich voll zu entwickeln. Das meine ich jedoch nicht im Sinn von sterbenslangweilig, perfektionistisch oder politisch korrekt, sondern dass wir unsere Persönlichkeit so entwickeln, dass wir immer mehr in der Lage sind, unsere tatsächliche Freiheit im Leben wahrzunehmen und zu gestalten. Persönlichkeitsentwicklung setzt voraus, dass wir lern- und entwicklungsfähige Lebewesen sind, die noch nicht, vielleicht sogar niemals, »perfekt« sind. Das Wort »perfekt« kommt ursprünglich aus dem Lateinischen und bedeutet »fertig, vollendet«, doch im Grunde sind wir zeit unseres Lebens »unvollendet« und damit auch nicht perfekt. Wir können lediglich konsequent unseren Weg der Selbstentfaltung gehen. Die Meister der antiken Philosophie waren der Ansicht, dass ein gutes Leben bedeute, seine Anlagen voll zu entfalten und der Mensch zu werden, der wir mit diesen Anlagen sein können. Die Alten stellten sich das noch recht schematisch vor und hatten dabei ein klares Bild vom idealen Menschen. Tugendhaft sollte er sein, mutig, großzügig und gleichzeitig maßvoll. In der neueren Philosophie wurde der Gedanke der persönlichen Entwicklung wiederentdeckt. Friedrich Nietzsche forderte ein, sich mit allen Licht- und Schattenseiten zu sehen und sein Leben frei und selbstbewusst zu gestalten. Nur wenige Jahrzehnte später entwarf der Psychologe C.G. Jung das Bild vom Individuationsprozess des Lebens, der Aufgabe, sich individuell zu entwickeln und zu entfalten. Der Existenzphilosoph Martin Heidegger sah es ebenso: Leben heißt, in eine Existenz geworfen sein, die wir uns nicht ausgesucht haben, aber täglich gestalten müssen. Wir haben die Wahl, dem Lebensstil zu folgen, den alle anderen für »normal« halten –

Heidegger nannte das ein Leben im »Uneigentlichen« –, oder eben das »Eigentliche«, das Eigene zu leben und sich und sein Leben selbstbewusst zu entwerfen. Die beiden großen Existenzialisten Albert Camus und Jean-Paul Sartre kamen zum gleichen Ergebnis. Und Michel Foucault forderte sogar, aus dem eigenen Leben ein Gesamtkunstwerk zu machen. Wir folgen also prominenten Spuren großer Denker, wenn wir das Thema Persönlichkeitsentwicklung und individuelle Lebensgestaltung ernst nehmen. Persönlichkeitsentwicklung ist, das alles zusammen genommen, Ihr Weg zu einem sinnvollen, glücklichen Leben, das wirklich zu Ihnen passt. Es bedeutet, dass Sie Ihr eigenes Wesen und Ihre Wünsche in Einklang mit der Realität bringen, also auf Ihre Art verwirklichen. Was kann es Schöneres geben, als herauszufinden, wie wir den aufregendsten Bereich unseres Lebens, die Liebe, gestalten können, ganz wir selbst zu werden und uns voll zu entfalten? Als Erstes sollten wir wissen, wer wir in der Liebe wirklich sind und was wir wirklich wollen, wenn wir uns nicht mit MINDFUCK stören.

Was Sie wirklich wollen

Mir persönlich hilft eine gute, alte Coaching-Tradition, die besagt, dass der erste Schritt, aus einem Schlamassel hinauszukommen, darin besteht, sein Ziel zu kennen. Die meisten Menschen mit Liebesproblemen wissen ganz genau, dass etwas gehörig schiefläuft. Sie sind Experten ihres Problems. Was sie aber verlernt oder niemals gewusst haben, ist, wer sie wirklich sind in der Liebe, was sie wollen und was sie brauchen, um ihr volles Potenzial in diesem so entscheidenden Bereich ihres Lebens zu entfalten.

Wir leben in einer Kultur, in der wir gewohnt sind, zu problematisieren, zu hinterfragen, uns selbst und anderen mit Misstrauen zu begegnen und immerfort nach den angeblichen Ursachen zu suchen. Dabei fällt uns gar nicht auf, dass uns das Wichtigste fehlt: ein ehrliches, wahrhaftiges und zeitgemäßes Bild davon, was wir wirklich meinen, wenn wir von Liebe sprechen. Kein Abziehbild aus Zeitschriften oder Filmen. Wenn wir über eine schlechte Beziehung klagen, wissen wir dann, was eine gute Beziehung ist? Wenn wir uns unglücklich nennen, wissen wir dann, was Glück für uns ist? Wirklich, ehrlich und authentisch, um ein momentan sehr angesagtes Wort zu nutzen? Was meinen wir mit Glück und Liebe als der Mensch, der wir sind?

Ein wichtiger Schnitt, den ich im Coaching wie eine Chirurgin in Sachen Liebe vornehme, ist deshalb die Unterscheidung zwischen dem offiziellen Bild, das wir uns von der Liebe machen, und dem, was wir wirklich haben wollen. Nur wenn wir uns ehrlich eingestehen, wann Liebe für uns eine Option ist, ohne die wir nicht mehr leben wollen, erst wenn sie so interessant und prickelnd für uns ist, dass es uns kaum mehr im Sessel hält, also erst, wenn wir wissen, was wir wirklich – wirklich! – wollen, werden wir ernsthaft darüber nachdenken, wirklich etwas dafür zu tun. Denn: Sie werden nicht bleiben, wie Sie heute sind, wenn die Liebe einen neuen Stellenwert und eine fundamental neue Realität in Ihrem Leben darstellt. Sie werden Neues tun und erleben und sich auf vielen Ebenen verändern. Und das muss sich lohnen, sonst werden Sie lieber bleiben, wie Sie sind.

Die offizielle Version der Liebe

Was Sie über sich, die Liebe und den anderen Menschen laut aussprechen würden, was Sie erwarten und für richtig halten, ist das, was ich Ihre *offizielle Version der Liebe* nenne. Sie enthält eine Art Bauplan darüber, was Sie im Moment für die mentale und emotionale Architektur echter Liebe halten und wie gute Beziehungen sein sollten, wenn sie »richtig« sind.

Diese offizielle Version Ihres Denkens wird viel von dem enthalten, was unsere Kultur über die Liebe vermittelt, und einiges von dem, was Sie selbst bereits erfahren oder schmerzlich vermisst haben. Sehr vieles wird wahrscheinlich mehr von MINDFUCK als von Ihren echten Wünschen und Bedürfnissen geprägt sein. Jeder von uns weiß instinktiv, was er antworten »sollte«, wenn er nach den »richtigen« Vorstellungen von Liebe gefragt wird. Selbst wenn Sie es gewohnt sind, gründlich über die Dinge nachzudenken, sollten Sie noch einmal ganz genau hinschauen, ob Sie lediglich Dinge sagen, die für Sie gut klingen, oder wirklich das benennen, was Sie sich wünschen und brauchen, wenn Sie die berühmten Schmetterlinge im Bauch fühlen.

Liebe als Komfortzone

Auf die Frage, was Liebe und eine gute Beziehung ausmachen, höre ich heute von Männern wie Frauen meist Folgendes: Vertrauen, Respekt, Treue, Anerkennung, gute Gespräche, Humor, gemeinsame Interessen etc. Wenn ausschließlich ach so vernünftige Aufzählungen dieser Art kommen, halte ich mir manchmal ganz provokativ die Hand vor den Mund und gähne, schaue auf die Uhr und frage: »Und dann? Wann wird es interessant? Wo ist die Leidenschaft, wo ist Überraschung, die Intensität, der lebensverändernde Sex?« Viele Klienten sind zunächst sprachlos, andere prusten los. Wieder andere protestieren heftig. »Aber das ist genau das, was ich will!« Mir ist durchaus bewusst, dass sich die meisten von uns, bei Tageslicht besehen, Werte und Erlebnisse dieser Art in einer Beziehung wünschen. Daran ist wirklich nichts Schlechtes, doch es zeigt nur die geklärte, rationale Seite unserer Wünsche. Zur Liebe gehört aber noch eine andere Seite, die weniger eindeutig und rational ist. Sie aber bestimmt die tiefer liegende Atmosphäre, die eigene Färbung und die

Spannung einer Liebe, in der es um die ganz großen Gefühle und um unsere geheimen Wünsche und Sehnsüchte geht. Alleinstehenden Klienten, die unbedingt einen neuen Partner suchen und sich von mir zunächst auf den Arm genommen fühlen, schlage ich vor, in einer Kontaktbörse Anzeigen mit unterschiedlichen Texten zu plazieren. Einmal eine Anzeige mit dem politisch korrekten Text des »offiziellen Bauplans« der Liebe *(Suche ehrliche, treue Sie, die mich so liebt, wie ich bin, meine Hobbys teilt etc.)* und einen mit dem verborgenen Bauplan der Liebe, in dem es um die geheimen Sehnsüchte geht und um das, was wir wirklich interessant finden. Dieser Text würde Sie jetzt interessieren, nicht wahr? Es sei so viel erwähnt: Darin wirken Sie und der Mensch, den Sie suchen, nicht mehr wie liebe, angepasste Kinder oder richtig gute Freunde, sondern wie echte Liebespartner, die miteinander die ganze Fülle ihres Daseins erleben und genießen wollen. Was meinen Sie, wie die Resonanz auf die jeweilige Anzeige ausfällt? Auf alles Offizielle, politisch und psychologisch Korrekte reagieren in der Regel, wenn überhaupt, Menschen, die selbst mit der Lebendigkeit in ihrem Leben abgeschlossen haben und ab jetzt nur noch alles »richtig« machen wollen. Kein Abenteuer, kein Risiko. Einfach Komfortzone. Nicht gestört zu werden in der um sich selbst kreisenden Ich-Routine, macht eine Begegnung jedoch so spannend wie die Lektüre eines fremdsprachigen Telefonbuchs.

Die Risikozone

Auf das verborgene, aber leidenschaftlich Wahrhaftige reagieren wir alle, ob wir wollen oder nicht. Selbst wenn dies mit Ablehnung und Aggression geschieht, löst es große Emotionen in uns aus, denn solcherart ist die Liebe. Sie dürfen mir jederzeit widersprechen, aber ich denke: Liebe ist keine Komfortzone. Liebe ist eine Risikozone. Sie ist ein wundervolles revolutionäres Thema. Liebe verändert uns, wir werden zu anderen Menschen, wenn wir lieben. Keine echte Liebe lässt uns so zurück, wie wir einmal waren. Sie bringt Seiten in uns zum Vorschein, die wir oft über Jahre hinweg mühevoll verdrängt oder bis zur Unkenntlichkeit zivilisiert haben. Wollen wir genau so bleiben, wie wir sind, müssen wir die Liebe außen vor lassen. Echte Liebe, die dieses Wort verdient hat, packt uns bei den, Pardon, Eingeweiden.

Der erste Schritt, den wir gehen müssen, ist, dies wieder anzuerkennen und uns nicht mit dem faden Einrichten von gemütlichen Nestern abzufinden. Es mag für manche ausreichen und vielleicht sogar eine echte Sehnsucht erfüllen. Doch ist die Gefahr hoch, in dieser Art von Komfortzone den Kontakt zu sich als erwachsener Mensch in einer spannenden Realität zu verlieren. *Wasch mir den Pelz, aber mach mich nicht nass* gibt es nicht in der Liebe. Und – hier werde ich beinahe missionarisch – nur eine solche Liebe, die Lebendigkeit und nicht nur Sicherheit kennt, ist das Fundament für eine langjährige, wenn nicht sogar lebenslange Ehe oder Partnerschaft. Die Liebe fürs Leben ist keine Illusion. Sie ist auch nicht aus der Mode gekommen. Wir müssen jedoch wieder lernen, die Intensität und das emotionale Risiko, das tatsächlich mit ihr verbunden ist, richtig einzuschätzen und zu akzeptieren. Wenn wir sie dann auch noch MINDFUCK-frei betrachten und nicht sofort der Wunsch nach Sicherheit und Kontrolle ausgelöst wird, dann entsteht etwas, dessen ungeheure Kraft Sie vielleicht schon erahnen können.

Spätestens jetzt wissen meine Klienten und vielleicht auch Sie, ob Sie mit mir weiterarbeiten wollen oder nicht. Ich verschwende unsere Zeit nicht mit »guten Gesprächen« über ein Ideal von Liebe, das aus Moralisieren oder der Angst vor dem Leben und seinen Schmerzen erwachsen ist. Wer es nur weniger schwierig und nur ein wenig besser haben will, wer nur die halbe Portion Leben will, ist in meiner Praxis falsch. Leben ist eine gefühlte Qualität, sie misst sich an nichts anderem als daran, wie hoch wir ihren Grad einschätzen. Und Qualität in der Liebe bedeutet damit Qualität im Leben. Die Liebe ist nicht statisch, sie ist keine verkopfte oder esoterische Lernaufgabe, sondern ein Erlebnis, eine Erfahrung, etwas, das wir erleben und das uns widerfährt. Sie ist kein abstraktes Ideal, nach dem man sich richten sollte. Es kommt darauf an, sie in der Realität zu erleben, und nicht, sich mit überkorrekten Vorstellungen aus der Realität zu entfernen. Wer Liebe als Feld sieht, das man unaufhörlich »beackern« muss, findet mit mir nicht das Gespräch, das er sucht. Und das hat nichts mit meinem persönlichen Geschmack zu tun, sondern damit, dass die Veränderung zum Guten nur im echten Leben möglich ist. Dazu brauchen wir wieder ein klares, großes Gefühl für das echte Leben. Wir müssen es unbedingt haben wollen, um uns aus der Komfortzone zu bewegen.

Vor einigen Jahren suchte mich eine Frau auf, die trotz ihrer offenkundigen Attraktivität seit vielen Jahren keine Beziehung mehr erlebt hatte. Sie bezeichnete sich selbst als »oversexed und underfucked« und meinte damit, dass sie viel Zeit und Mühe in ein sexy Outfit und ihre extravagante Erscheinung investierte, aber jedes Mal, wenn sie einen Mann kennenlernte, nach kürzester Zeit das Interesse verlor und sich unter einem Vorwand wieder verabschiedete. Männer, die hartnäckig blieben, hielt sie mit geradezu grotesker Ausdauer von sich fern. Nachts lag sie wach und sehnte sich nach Nähe und Intimität mit einem Partner. Nach jahrelangen Therapien hatte sie mittlerweile den Eindruck, eine zutiefst gestörte Persönlichkeit zu sein. Es war, so sagte sie, mehr Neugierde als Hoffnung, die sie dazu brachte, einen Termin mit mir zu vereinbaren. Ich wusste selbst nicht, ob ich ihr helfen konnte, und vereinbarte zunächst nur einen Termin, um mit ein paar Fragen nachzuforschen, ob es vielleicht nur MINDFUCK war, mit dem sie sich selbst störte. Ich fragte sie, was sie sich unter einer gelungenen Beziehung vorstellen würde. Sie antwortete, ganz im korrekten Stil unserer Zeit: »Gute Gespräche, Nähe, Verständnis, Augenhöhe etc.« Dann fragte ich sie, welche Art von Beziehung der Teil in ihr gut fände, der sich so direkt und unmissverständlich aufstyle. Sie lachte und antwortete nach kurzem Nachdenken: »Tja, dieser Teil in mir will eine leidenschaftliche Begegnung mit einem aufregenden Mann. Heiße Nächte, aufregende Reisen, schick essen gehen, Clubs, Partys, Glamour und all das eben ...« Sie zögerte. »Aber ist das nicht total unreif?« Ich fragte sie, was reif wäre. Sie sagte: »Na ja, gute Gespräche, Nähe, Verständnis und all das eben.« Sie sah mich unsicher an. Ich weiß nicht, wie viele Menschen vor mir ihr nun mit einem altväterlichen oder -mütterlichen Nicken geantwortet hätten. Ich aber sagte: »Ich persönlich halte nicht viel von Entweder-oder-Lösungen. Wie wäre es denn mit beidem, mit einem Sowohl-als-auch?« Sie sah mich erstaunt an. »Mit Partys, Clubs, Glamour *und* guten Gesprächen auf Augenhöhe? Mit heißen Nächten, aufregenden Reisen *und* Verständnis? Mit einer intensiven Beziehung zweier Menschen, die sich achten und das Leben lieben?« Einen Moment lang blickte sie verträumt ins Leere. »Das wäre schön. Doch viel zu schön, um wahr zu sein.« Dann wurde ihr Ton hart: »Das ist doch vollkommen unrealistisch. Das ist doch ein Märchen.« Ich kenne diese Art der Reaktion aus der MINDFUCK-Arbeit. Zu diesem Zeitpunkt wusste ich also, welche Art von Liebe sie sich wirklich – ohne Selbstzensur – wünschte. Als Nächstes wollte ich ihre inneren Blockaden besser kennenlernen. Ich fragte sie: »Was halten Sie tief in Ihrem Inneren für realistisch? Wie ist Beziehung in der Realität, nicht im

Märchen, wie Sie es bezeichnen? Nennen Sie mir das erste Bild, das Ihnen in den Kopf kommt, wenn Sie an das Wort ›Beziehung‹ denken.«

Nun wurde sie sehr ernst, ja beinahe niedergeschlagen. »Ach, du meine Güte. Das ist hart. Da sehe ich als Erstes ein Bild von zwei Menschen im Jogging-Anzug auf dem Sofa vor dem Fernseher. Mit einer Tüte Chips.« Sie lachte müde und sah mich an. »Das ist mein Alptraum. Ja, das ist er. Mich zu verlieben und mit meinem Partner vor dem Fernseher zu enden.« – «Muss es denn so enden? Was denken Sie, wenn Sie ganz ehrlich sind, darüber?«, fragte ich sie. »Wenn ich ganz ehrlich bin, glaube ich tief in meinem Inneren, dass es immer so kommen wird.« – »Und was ist mit dem, was Sie sich wirklich wünschen?« – »Sie meinen die intensive Beziehung mit Glamour und Augenhöhe und so?« – »Ja, genau die.« – »Das ist so schön, dass ich mir nicht erlaube, ernsthaft daran zu denken. Ein Märchen eben. Halten Sie das wirklich für realistisch?«

Mut und Risiko

Die weitere Arbeit war damit so gut wie gemacht. Meine Klientin ging den ersten Schritt, nämlich sich über ihre wahren Wünsche und tatsächlich motivierenden Zielvorstellungen klarzuwerden und nicht an einseitigen Abziehbildern und verkrampften Selbstbeschränkungen festzuhalten. Und falls Sie meine Antwort auf ihre letzte Frage interessiert: Ja, ich halte das für realistisch. Ich halte diesen Anspruch für das Potenzial einer reifen, zeitgemäßen Beziehung zwischen zwei Erwachsenen im 21. Jahrhundert. Warum sollte man sich in diesem einen Leben mit weniger zufriedengeben?

Eigentlich mag ich keine Lektionen. Aber eine wirklich hilfreiche Lektion ist folgende: Liebe erfordert, wie alles, was interessant ist, Mut. Die erste Portion Mut brauchen wir, um uns einzugestehen, welcher Art die Liebe wirklich ist, die zu uns passt. Die Liebe, nach der wir als erwachsene, leidenschaftliche Menschen, nicht als Kinder oder perfekte Wesen wirklich hungern. Hier gibt es keine einzige, allgemeingültige Antwort. Hier sind Sie als höchst individueller Mensch mit Ihrer Persönlichkeit, Ihren Sehnsüchten und Träumen gefragt. Nehmen Sie sich also Zeit, um sich klarzuwerden, was Sie sich – offiziell und inoffiziell – wirklich wünschen in der Liebe. Sprechen Sie mit Menschen, denen Sie vertrauen, darüber, jedoch *nicht* gleich zu Beginn mit Ihrem Partner, falls Sie einen haben. Dieser Punkt kommt erst später. Coache ich Paare, führe ich die Sitzungen, in denen es um die wirklich eigene Liebesvision geht, getrennt. Denn die Wahrheit kann viele Gesichter haben. Gesichter, die wir an unserem Partner vielleicht noch nie bemerkt haben. Sind wir nicht sicher im Erwachsenen-Zustand, kann uns das Angst machen und MINDFUCK auslösen. Brauchen wir nicht. Vorerst sind also wirklich nur Sie gefragt.

Die »Tagseite« und die »Nachtseite« Ihrer Wünsche

Die Technik, die ich mit meiner Klientin angewandt hatte, bedeutet, die innere Logik von MINDFUCK zu brechen und neu zu verbinden. Im MINDFUCK-Modus denken wir in sehr beschränkten Entweder-oder-Möglichkeiten: entweder schwarz oder weiß, entweder gut oder böse, entweder glücklich oder unglücklich. Die Realität des Lebens aber ist, das wissen wir alle, weitaus vielschichtiger. Wir profitieren deshalb ungemein, wenn wir statt des Entweder-oder die künstlich getrennten Teile mit einem Sowohl-als-auch wieder verbinden. Auf das Beispiel der Kontaktanzeigen von vorhin bezogen: Sie fügen dann den Vorstellungen, die Sie sich rational von Liebe machen, endlich den emotionalen Part hinzu, der die Sache doch eigentlich erst interessant macht. Experimentieren Sie damit. Es macht Spaß! Fragen Sie sich, was Sie sich, ganz im Bewusstsein, ein freier, erwachsener Mensch zu sein, unter einer guten Liebe und Beziehung vorstellen. Was sind Ihre Erwartungen? Welche Werte sind Ihnen in einer Liebesbeziehung wichtig? Hier ist Platz für alle Themen, die Sie auch im Interview mit einer großen Tageszeitung nennen könnten: Vertrauen? Respekt? Augenhöhe? Welche Art von Treue? Lust auf Familie? Intensiven Austausch? Gemeinsam genießen? Sie benennen damit die »Tagseite« Ihrer erwachsenen Vorstellungen von der Liebe. Ein Tag hat aber vierundzwanzig Stunden, um vollständig zu sein. Wir brauchen also noch die »Nachtseite«. Und hier sind unsere geheimen Wünsche gefragt. Soll es leidenschaftlich sein? Oder eher intim und geborgen? Oder beides? Wie verrückt sollte Ihr Leben sein, wenn es richtig Spaß macht? Welche Rolle spielt Sex für Sie? Welche Art von Sex? Oder wollen Sie sich da gar nicht festlegen? Was sind Ihre wirklich intimsten Wünsche und Träume? Ich meine damit nicht nur direkten Sex, sondern die erotische Spannung, die Sie auch dann verbindet, wenn Sie nebeneinander im Auto sitzen, in der U-Bahn stehen oder im Wald spazieren gehen – auch dann, wenn Sie bereits Jahrzehnte zusammen sind. Die Spannung, die Sie fühlen können, wenn der andere gerade nicht da ist, wenn Sie einfach nur an diesen Jemand denken. Welche Färbung hat das, welches Gefühl ist das? Wie soll es sein, wenn es am schönsten ist? Und jetzt nehmen Sie die Antworten beider Seiten – der Tagseite und der Nachtseite – zusammen. Vielleicht sagen Sie Dinge wie: Vertrauen *und* das Gefühl, vom anderen berührt zu werden, Familiensinn *und* von der gemeinsamen Auszeit in Neuseeland träumen, den Alltag partnerschaftlich regeln *und* die verrücktesten Lokale der Stadt besuchen, gemeinsame Abenteuer erleben *und* manchmal einfach nur zusammen »Löffelchen« liegen, glamouröse Partys *und* die Geborgenheit eines gemeinsamen Zuhauses. Manche Menschen haben Angst vor der einen oder der anderen Seite der Liebe. Sie wollen entweder nur die Nachtseite mit wilden amourösen Abenteuern oder nur die Tagseite, so strahlend wie in einer Waschmittelwerbung. Die Liebe wird aber nur dann vollständig, wenn Sie sie mit beiden Seiten leben. Es ergibt sich ein neuer Farbton, wenn wir beides verbinden. Auf jeden Fall sollte die Vision, die wir von der Liebe haben, wirklich anziehend sein. Wenn in Ihrem Leben etwas fehlt: Was ist es? Die Tag- oder die Nachtseite der Liebe? Oder im Moment sogar beides?

Warum ist es so wichtig, eine klare, motivierende Vorstellung zu haben? Wir wissen aus Forschung und Praxis, dass wir Veränderung nur für etwas in Kauf nehmen oder sogar selbst anstoßen, das wirklich – wirklich! – interessant und zutiefst anziehend im Sinne des Wortes ist. Wenn die Liebe bereits im Kopf so zurechtgestutzt wird, dass sie zwar korrekt und ungefährlich, aber leblos und uninteressant ist, werden wir uns nicht um sie bemühen und Eigeninteressen, Schrullen und anderes, was sie umbringt, mit dem Gefühl, vollkommen im Recht zu sein, weiterpflegen. Wenn das Zielbild, das wir in der Parallelwelt in unserem Kopf haben, sogar abstoßend ist, werden wir alles tun, um zu verhindern, dass wir dieses Ziel erreichen. Wie meine Klientin, die sich zwar aufstylte, aber innerlich Panik vor dem Sofa mit den Chipstüten hatte.

Vielleicht wenden Sie ein, ich würde Sie dazu auffordern, sich völlig überzogenen Erwartungen, ja unerfüllbaren Illusionen hinzugeben? Vielleicht haben Sie längst gelernt, Ihre Erwartungen auf ein Mindestmaß zu reduzieren, um *»hinterher nicht enttäuscht zu werden«*, was viele Menschen als goldene Lebensregel empfehlen. Sollte man nicht insgesamt bescheidener werden? Sich mit weniger zufriedengeben?

Gerade in einer Beziehung? Ist es nicht schon gut, überhaupt jemanden zu haben und zufrieden und nicht unglücklich zu sein? Muss man denn alles mit überzogenen Glückserwartungen überfrachten? Mein Verdacht, den ich aus Gesprächen mit vielen unterschiedlichen Menschen verschiedener Generationen ableite, ist, dass wir bei allem »Überfluss« im Materiellen, bei aller Verschwendung von Ressourcen, manchmal unter einer großen emotionalen Armut leiden. Mitten im Überfluss gibt es eine innere Leere, eine tiefe Unzufriedenheit, deren Ursache nicht ein Zuviel, sondern ein Zuwenig an Träumen und Erlebnissen ist, die wir uns selbst zugestehen. Konsum ist tatsächlich nur ein sehr eingeschränktes Erlebnis. Echte Erlebnisse warten da draußen in der Welt mit anderen. Und ja, sie sind, im Gegensatz zu dem Gefühl von Kontrolle, das uns Konsum und Beschäftigung mit uns selbst geben können, mit einem gewissen Risiko verbunden. Sogar mit dem Gefühl von Kontrollverlust. Genau der aber kann wunderbar sein. Für beide Geschlechter. Heute müssen wir ihn nicht mehr fürchten. Die meisten Ängste, die uns vom Leben abhalten, sind schlicht von der Zeit überholt.
Nun also die Frage: Wie soll Ihre Liebe sein? Was möchten Sie erleben in Ihrem Liebesleben? Erst wenn Sie hellwach sind und gleichzeitig das Gefühl haben, zu träumen, haben Sie die Intensität und Vorstellungskraft erreicht, die Sie brauchen, um weiterzuarbeiten. Mit dieser Kraft in Hirn und Herz lassen sich die Probleme und Sehnsüchte, mit denen wir aktuell zu tun haben, ganz anders betrachten. Sie wissen nun, was Sie wirklich wollen, und Sie ahnen vielleicht schon, dass das möglich sein könnte. Und dass es sich wirklich lohnen würde, etwas dafür zu tun.

Sich selbst und den richtigen Partner finden

Vor einiger Zeit arbeitete ich mit einer Frau, die endlich »den Richtigen« finden wollte. Die sympathische Enddreißigerin erklärte mir im Coaching, dass sie »bisher immer Pech gehabt habe mit den Männern«. Sie hatte sich mehrmals in deutlich Ältere verliebt, die Beziehungen scheiterten aber immer innerhalb weniger Monate. In diesem Coaching arbeitete ich mit allen Aspekten des MINDFUCK-Ansatzes.

»Entweder ich bin allein, oder ich gerate an den Falschen«, sagte meine Klientin, als ich sie bat, das Problem auf den Punkt zu bringen. Es war eher ein Jammern als eine nüchterne Feststellung. Sie hielt den Kopf schief und saß mit einem Schmollmund und weit aufgerissenen Augen vor mir. Ich fragte sie, was sie bisher schon unternommen hätte, um diese Situation zu verändern. Sie machte eine weit ausladende Handbewegung. »Alles. Ich habe schon alles versucht, das können Sie mir glauben. Ich war sogar schon bei einer Kartenlegerin. Es hat einfach keinen Sinn. Sie sind wirklich meine letzte Hoffnung.« Bereits in diesem Satz ging ihr Tonfall in zwei Richtungen. Dass sie alles versucht habe, sagte sie in einem strengen, stakkatohaften Ton. Dass das Coaching ihre letzte Hoffnung sei, klang wiederum, als sei sie ein kleines, hilfloses Mädchen. Bittend, aufblickend, ohnmächtig. Im echten Leben war sie eine gestandene Frau. Beruflich erfolgreich als Personalreferentin in einem bekannten Unternehmen. Wenn sie nicht über ihr Liebesthema sprach, wirkte sie ausgesprochen klar, ja, aufgeräumt und selbstsicher. Was ich in den ersten Minuten unseres Gesprächs beobachten konnte, ist ein typisches Zeichen für MINDFUCK. Wir haben es bereits gesehen: Wenn Menschen ihre selbstwirksame, erwachsene Haltung verlieren und entweder streng und bewertend oder kindlich, sei es trotzig oder sei es hilflos-bittend, sprechen, sind sie mitten im Modus der Selbstsabotage. Ich brauche dann nur noch ein paar gezielte Fragen zu stellen, und es offenbart sich das typische und dennoch hochindividuelle Denkmuster, das dazu führt, dass wir aus Möglichkeiten und Chancen Problemzonen machen.

Ich fragte meine Klientin also rundheraus, was sie tief in ihrem Innersten über sich und die Liebe in ihrem Leben denken würde. Was denn *wirklich* stimmen würde. Es war, als ob sie buchstäblich in ihrem Sessel zusammenschrumpfte. Dann sagte sie, tieftraurig und zu Tränen bewegt: »Ich glaube, das ist wohl nichts für mich in diesem Leben. Irgendwie bin ich nicht für die Liebe gemacht. Keine Ahnung. Vielleicht habe ich es auch einfach nicht verdient, geliebt zu werden.«
Die Grundüberzeugung, die sich in der Parallelwelt unseres Denkens hinter jedem wirklich schwerwiegenden Blockadethema verbirgt, ist meistens tieftraurig, manchmal dramatisch, immer depressiv oder aggressiv. Manchmal verachten sich Menschen, manchmal peitschen sie sich geradezu aus, manchmal verzweifeln sie an der Welt und den anderen Menschen da draußen, manchmal sind sie einfach mit sich selbst allein und wirken wie ein Kellerkind, das nie das Tageslicht gesehen hat. Es mag verlockend und in manchen Therapieformen sogar hilfreich sein, dieses Kind hervorzuholen, zu befragen und im Nachhinein zu bemuttern. Ich denke aber, dass es auch einen anderen, direkteren Weg gibt. Man könnte ihn salopp als den »Mit dem Fahrstuhl vom Keller nach oben«-Weg bezeichnen. Denn ich gehe nicht auf die Geschichte und Herkunft der Sätze ein, die mir Menschen im MINDFUCK-Modus sagen, sondern bitte sie, lediglich wahrzunehmen, dass sie jetzt im übertragenen Sinne »im Keller« sind. Ich bitte sie dann unaufgeregt, wieder in das Hier und Jetzt ihrer eigentlichen Existenz zurückzukommen, in der sie die Dinge anders sehen und erleben können.
Ich setzte mich also locker auf die Armlehne meines Coaching-Sessels und sah meine Klientin offen und gutgelaunt an.

»Wie sehen Sie die Sache mit der Liebe aus der Position der gestandenen Frau, die Sie eigentlich sind?« Sie nahm sich Zeit, darüber nachzudenken. »Auch ich kann jemanden finden. Natürlich. Ich weiß zwar noch nicht, wie, aber es wird wohl einen Weg geben.« Auf den Punkt gebracht, war das Thema meiner Klientin, dass sie tatsächlich noch keine für sich angemessene Haltung zu sich selbst als erwachsene, selbständige Partnerin eines erwachsenen, selbständigen Mannes gefunden hatte. Der »Traumprinz« (!) sollte Eigenschaften haben, die jeden realen Mann wohl weit überfordern würden: das Aussehen eines Filmschauspielers, den makellosen Charakter einer perfekten Romanfigur und vor allem eines – er sollte ein selbstloser und ihr immer zugewandter Versorger sein. Als wir die Liste der Anforderungen an einen Mann vervollständigt hatten, wurde sie zunächst sehr verlegen und analysierte dann messerscharf: »Alles klar, das kann nichts werden. So jemanden gibt es nicht. Und mir ist jetzt auch klar, warum mich alle Männer nur ›enttäuschen‹ können.« Das Muster der Beziehungen, die schnell zu Bruch gingen, war immer gleich: Zuerst glaubte sie, endlich den »absoluten Traummann« getroffen zu haben, dann war sie nach kurzer Zeit ernüchtert und schließlich genervt. So genervt, dass sie sich entweder selbst verabschiedete oder sich so unerträglich benahm, dass sie verlassen wurde.

Ich fragte sie aber noch etwas anderes: »Ich verstehe, dass es das Bild des Mannes, das Sie da gezeichnet haben, in der Realität nicht gibt. Ich frage mich, ob das nicht sogar gut so ist. Denn wer wären Sie, wenn dieser selbstlose, perfekte Versorger wirklich der richtige Mann für Sie wäre?« Sie antwortete spontan: »Ein kleines Mädchen.« Ein kleines Mädchen findet keinen Mann, der zu ihr passt. Sie findet höchstens einen Vater, und das passt wiederum nicht zu der Frau, die sie eigentlich ist. Nach dieser Analyse war ihr sonnenklar: Tanzt sie weiter im Unterwasserballett, wird sie tatsächlich entweder allein bleiben oder die nächste Beziehung eingehen, die bald zerbricht.

Auf der Basis dieser Klarheit konnten wir daran arbeiten, wer sie denn als erwachsene Liebende wirklich war. »Ich bin gerne unter Leuten, bin unternehmungslustig, herzlich und offen. Das bin ich wirklich. Kein kleines Mädchen, sondern eine reife Frau, die neugierig auf das Leben ist und weiß, was sie will. Ich wünsche mir einen echten Partner auf Augenhöhe, der ebenso wie ich ein erfülltes Leben mit Freunden, Reisen und einer Prise Abenteuer sucht.« Ich fragte sie, wie sie sei, wenn sie verliebt sei. »Ich habe dann tausend gute Ideen und bringe ganz viel Energie ein. Das ist etwas, was die Männer wirklich verzaubert. Einer sagte mal: Wo du bist, scheint die Sonne.« – »Also sind Sie eine herzliche, offene, lebenslustige und starke Frau, wenn Sie verliebt und ganz in Ihrer Kraft sind?« Sie richtete sich in ihrem Sessel auf. »Ja, genau das bin ich wirklich«, sagte sie mit einem tiefen Seufzer. Wir sahen uns ihr typisches MINDFUCK-Muster an und was jenseits dessen darauf wartete, entdeckt zu werden. Sie hatte vor allem mit *Bewertungs*-MINDFUCK und mit *Katastrophen*-MINDFUCK zu tun. »Eigentlich bin ich nicht gut genug, um eine tolle Partnerschaft verdient zu haben. Wenn ich oder der andere aber nicht ausreichen, dann endet das in lebenslanger Einsamkeit, eine Katastrophe.« Sie lachte bei diesen Worten. »Das ist natürlich Unsinn. Ich weiß, dass ich wie jeder andere Mensch auf dieser Welt einen Partner finden kann, der zu mir passt. Und ich bin eine attraktive, offene Frau, mit der man ein Leben aufbauen und Pferde stehlen kann. Das ist doch was!« Das Potenzial hinter Bewertung und Angst ist Offenheit, Großzügigkeit, Neugierde und Mut. Genau das, was meine Klientin beschrieb, wenn sie sich als gestandene Erwachsene in der Liebe betrachtete. Nun bat ich sie, die Tag- und die Nachtseite ihrer Vorstellung von der Liebe zu definieren. »Wie soll die Liebe sein, die Sie sich wirklich wünschen?« – »Ich wünsche mir eine tiefe, wahrhaftige Bindung zu einem Mann. Ich bin eine leidenschaftliche Frau, die Spaß an Sex hat. Ich möchte einen Mann begehren und von ihm begehrt werden. Und ein aktives gemeinsames Leben mit vielen Freunden, Unternehmungen, Sport und Genuss.« Ich bat sie, sich diese Frau, die sie eigentlich als Liebende war, gemeinsam mit einem Mann von außen betrachtet vorzustellen. Was sah sie da? »Spontan sehe ich mich selbstbewusst lachend Hand in Hand mit einem attraktiven Mann durch die Fußgängerzone unserer Stadt schlendern. Wir kaufen zusammen ein, nehmen uns was Feines für ein Picknick am Nachmittag mit. Wir sitzen in einem Café und erzählen uns Dinge, die uns im Moment bewegen. Und wir machen Pläne. Es fühlt sich stark und gut und glücklich an. Ich weiß aber, dass wir auch ernste Momente gut miteinander erleben können.« Die Frau, die mir jetzt gegenübersaß, war eine andere als jene, die vorhin den Raum betreten hatte. Ich sah ein inneres Strahlen, das den ganzen Raum erfüllte. Eine tolle Frau, die wusste, was sie wollte, und gleichzeitig offen war, menschlich, mit einer großen Portion Humor und einer umwerfenden Ausstrahlung. So, dachte ich mir spontan, kann sie wirklich jeden haben. Doch zu Beginn unseres Gesprächs hatte sie noch jede Menge Vorbehalte gegen die verschiedenen Möglichkeiten aufgezählt, heutzutage jemanden kennenzulernen. »Online-Dating? Das bin ich doch nicht!«, hatte sie fast angewidert ausgerufen. Doch hatte sich etwas verändert, nachdem sie die inneren Schritte gegangen war. Ich fragte sie, was aus ihrer Sicht die nächsten Schritte seien. »Ich gehe jetzt mit offenen Augen aus und melde mich zusätzlich bei einer Online-Partnerbörse an. Mit genau den Eigenschaften und Wünschen, die hier herausgekommen sind.« Es war für mich keine Überraschung mehr, als sie mir nach einigen Monaten mit einem Zwinkersmiley schrieb, sie sei jetzt mit ihrem neuen Partner, dem »ersten richtigen Mann in ihrem Leben«, auf dem Weg in die Stadt. Die Frage, wie man den Richtigen oder die Richtige findet, stellt sich den meisten Menschen gar nicht mehr, wenn sie sich erst einmal selbst gefunden haben.

Träume und Bedürfnisse authentisch erleben

Es gehört zu den schönsten Momenten in meinem Beruf, Menschen zu sehen, die wahrhaftig und klar von sich und ihrer Vision einer tiefen, gelungenen Liebe sprechen. Der ganze Raum ist dann erfüllt von einer besonderen Energie. In einem klaren, selbstwirksamen Zustand sind uns Träume und Sehnsüchte nicht peinlich. Sie gehören zu einem erfüllten Leben dazu. Es zeigt, dass wir uns des Potenzials, das in unserem Denken und Fühlen liegt, vollauf bewusst sind. Über Träume und Bedürfnisse wahrhaftig nachzudenken und authentisch zu sprechen und sie wirklich ernst zu nehmen, gehört aus meiner Sicht ebenso zu den Fähigkeiten von Menschen wie die Fähigkeit, sich täglich zu waschen und sorgsam mit seinem Körper umzugehen.

MINDFUCK-frei an die großen Themen des eigenen Lebens heranzugehen, heißt also, den Mut zu finden, zu sich selbst und dem Leben in seiner ganzen Vielfalt zu stehen. Welche Liebe, welches Leben, welche Beziehung wäre am schönsten? Was passt wirklich zu mir? Was fühlt sich gut und lebendig an? Es muss nicht eine einzige Vision sein, es dürfen auch widerstreitende Bilder aufkommen. Vielleicht sehen Sie sich in einer Version als eigenständige Person, die allein unterwegs ist und alle möglichen Dinge erlebt. In einer anderen Version sehen Sie sich glücklich vereint mit Ihrem Partner und Ihren Kindern. Beides darf dann sein. Beides gehört dann zu Ihnen. Es ist wichtig, dass Sie sich die Vielfalt, die in Ihnen steckt, in der ganzen Fülle erlauben.

Was manchmal auf den ersten Blick widersprüchlich wirken mag, ist es nur im MINDFUCK-Modus. Da gibt es oft nur ein Entweder-oder. Im echten Leben, in der echten Liebe sind Gleichzeitigkeiten und Vieldeutiges jedoch erwünscht. Sie sind das Salz des Lebens. Das, was es interessant macht und aufregende Spannungsfelder entstehen lässt. Wenn wir uns in der ganzen Vielfalt unserer Wünsche und Möglichkeiten akzeptieren, können wir mit weitem Herzen lieben. Weil wir uns selbst die Wahrheit erlauben, können wir auch mit anderen wahrhaftig sein.

Wenn wir uns von MINDFUCK befreien und uns erlauben, zu entdecken, was wir wirklich wollen, ist die Wirkung nachhaltig stark. Sie löst bei vielen etwas aus, das auf mich wie eine kreative Explosion wirkt. Viele Menschen singen, spielen wieder Klavier, schreiben Gedichte oder denken an die Länder und Städte, die Hotels, die Landschaften, die sie mit dem geliebten Menschen besuchen möchten. Es ist, als würde eine innere Tür zu unserem kreativen, emotionalen und geistigen Potenzial geöffnet. Wir nehmen feinstofflich jede Eigenheit des anderen wahr und lieben sie. Es gibt dann kein Hin und Her mehr, keine inneren Endlosschleifen. Liebe übers Internet finden? Warum nicht? Eine ältere Frau, ein jüngerer Mann? Jemand, der bisher »so gar nicht in Frage« kam? Warum denn nicht? Wenn es das ist, was Sie wirklich ausmacht, dann ist der Himmel so weit, wie er niemals vorher war, als Sie sich noch selbst blockiert haben. Sämtliche Be- und Abwertungen sich selbst und anderen gegenüber fallen zu lassen, den vielen Wegen zur Liebe offen gegenüberzutreten, entfesselt ganz natürlich unsere Phantasie und unsere einzigartige Selbstwirksamkeit. Selbstwirksamkeit ist auch die uns natürlich innewohnende Fähigkeit, die Dinge, die wir für richtig halten, auch anzugehen und umzusetzen. Also zu urteilen, zu planen und dann auch zu handeln. Unabhängig davon, ob es darum geht, jemanden zu suchen, jemanden endlich zu erkennen oder sich von jemandem zu verabschieden. Alles das steht uns bereits zur Verfügung, wenn wir uns MINDFUCK-frei als der erwachsene Mensch erleben, der wir eigentlich sind, und das Potenzial, das wir als Liebende haben, entfalten.

Im Laufe der Jahre habe ich die Erfahrung gemacht, dass die meisten Menschen bereits wissen, was ihr eigentliches Potenzial an Liebesqualität ist. Und was sie sich wirklich wünschen. Eine einfache Behauptung, die sich immer wieder in meinen Beratungen als richtig erwiesen hat, trifft bestimmt auch auf Sie zu, da gehe ich jede Wette ein. Ich behaupte, dass Sie der Mensch sind, der Sie wirklich sind, wenn Sie verliebt sind. Die meisten Menschen denken, dass Verliebtheit eine Ausnahmesituation sei, die uns dazu bringt, dass wir uns unter dem Einfluss von Hormonen verstellen. Ich dagegen denke, dass uns genau diese Hormone dabei helfen, unser wahres Potenzial als Liebende zu erkennen und zu erleben. Die Natur lüftet für eine wunderbare Zeit den Vorhang der MINDFUCKS, mit denen wir uns selbst begrenzen. Und dieses Erlebnis des Verliebtseins zeigt uns darüber hinaus, welcher Art die Liebe sein soll, die zu uns passt. Ich habe viele Fragen an Sie. Nehmen Sie sich Zeit, sie in aller Ruhe zu beantworten. Und zu genießen. Wer sind Sie also, wenn Sie verliebt sind? Wie fühlt sich das Leben an, wenn Sie verliebt sind? Wie denken Sie über sich selbst? Wie fühlen Sie sich in Ihrer Haut? Mit welchen Augen schauen Sie auf sich selbst? Welche verrückten Ideen haben Sie dann? Welche Energie treibt Sie an? Welche strahlen Sie aus? Sind Sie Diva oder Gentleman? Sind Sie ein James Bond oder Spiderwoman? Oder eher eine sanftere, stillere Version von beidem? Worüber sprechen Sie? Welche Filme schauen Sie als Erstes gemeinsam an? Welche Bücher lesen Sie? Welche Freunde stellen Sie zuerst vor? Was erzählen Sie über Ihre Kindheit? Wie kleiden Sie sich, wenn Sie verliebt sind? An welchen Orten treffen Sie sich zum Rendezvous? Wer sind Sie, wenn Sie verliebt sind?

Der beste Zustand, den wir haben können

Die Antworten, die ich auf die Frage nach dem erwachsenen Verliebtsein erhalte, sind so vielschichtig wie die Menschen, mit denen ich arbeite. Doch jeder, buchstäblich jeder, der sich darauf einlässt, verändert seine Ausstrahlung, seine Stimmlage, seine Wortwahl von einem Augenblick zum anderen. Jeder Mensch gerät in einen guten Zustand, wenn er sich daran erinnert, wie er oder sie ist, wenn er verliebt ist. Manche sagen, es sei ein tiefes, stilles Glücksgefühl, das Gefühl, den anderen zu kennen und ohne Worte zu verstehen. Andere berichten, alles ginge einfach leicht und unkompliziert, wie von Zauberhand voran. Wieder andere fühlen, dass etwas Großes da ist, etwas Bedeutendes, Tiefes, von dem man den Eindruck hat, es sei schon seit Jahrhunderten so gewollt. Ja, die Liebe selbst ist ein Mysterium, das das Beste aus uns herausholt.

»Eigentlich bin ich nicht langweilig«, sagte mir ein Klient, der nacheinander von zwei Frauen verlassen worden war, weil er sich in tiefe *Misstrauens-* und *Katastrophen*-MINDFUCKS verstrickt hatte. Er war innerhalb von drei Jahren in beiden Beziehungen zu einem ausgemachten Stubenhocker und Herumnörgler geworden. *Außer Haus gehen? Viel zu anstrengend!* Jeder andere Mann war ein potenzieller Konkurrent. Er hatte den Eindruck, sich »ständig beweisen« zu müssen, und wurde deshalb ein Meister darin, seine Frauen im Laufe der Zeit an ein häusliches und immer langweiligeres Leben zu »gewöhnen«, wie er sagte. Mal schützte er Krankheiten vor, mal zeigte er sich beleidigt, dann wieder täuschte er leidenschaftliche Eifersucht vor. Am Ende saß er jeden Abend mit seiner Partnerin vor dem Fernseher, und ein Tag glich dem anderen. »Ich bewerte alles und werte vor allem die Ideen meiner Partnerinnen ab, wenn es darum geht, gemeinsam etwas zu erleben. Leider ist es immer sehr einfach gewesen, meine Frauen davon zu überzeugen, dass alles andere sowieso nur oberflächlich und es zu Hause viel besser sei.« Auf die Frage, in welcher Ich-Ebene er sich hauptsächlich aufgehalten habe, antwortete er: »Nach außen im bewertenden Eltern-Ich, aber eigentlich im Kind-Ich. Ich wollte es einfach und bequem haben. Und habe dabei nicht nur jede Freude, sondern auch meine Partnerinnen verloren.« Wer er denn als erwachsener verliebter Mann sei, fragte ich ihn, und da blühte er förmlich auf: »Dann bin ich ein echter Macher. Mir fällt immer etwas ein. Ich habe gute Ideen und bin ein phantasievoller Verehrer. Ich mache mir viele Gedanken, wie ich meiner Liebsten eine echte Freude bereiten kann, wie ich sie überraschen kann und was wir gemeinsam Schönes unternehmen könnten. Ich bin von Hause aus überhaupt kein Stubenhocker, sondern ein wirklich offener, mutiger und neugieriger Mensch, der viel vorhat. Ich wünsche mir zwar ein echtes Zuhause, aber von dort will ich aufbrechen und vieles gemeinsam mit meiner Partnerin erleben. Wenn ich ehrlich bin, suche ich eine starke Frau an meiner Seite, die selbst eine echte Persönlichkeit ist. Eine mit Herz und Verstand, die sich etwas traut und kein Heimchen am Herd ist.«

Manchmal zwingen uns Krisen, uns selbst wahrhaftig in die Augen zu schauen. Denn im »normalen« Leben, das wir bisher kannten, haben wir uns allzu oft in Situationen gebracht, die uns scheinbar irrational handeln lassen. Im Kern geht es aber häufig darum, zu lernen und wahrzunehmen, wer man wirklich ist und was man wirklich braucht. Das ist für viele ein Weg, der einem Pfad durch einen Dschungel gleicht.
So ging es auch einem Mann, der zu mir kam, weil er sich nicht zwischen zwei Frauen entscheiden konnte. Er lebte mit seiner Ehefrau und der gemeinsamen Tochter in einem Wohngebiet am Rand einer süddeutschen Großstadt. Doch parallel führte er seit mehr als zwei Jahren eine heimliche Beziehung mit einer anderen Frau in der Stadt. Diese Frau

war nun schwanger geworden und verlangte von ihm die Trennung von seiner Ehefrau. Eine missliche Lage. Als er mir seine Geschichte erzählte, wechselte sein Zustand im MINDFUCK-Modus zwischen Selbstabwertung *(Was bin ich nur für ein Schwein, was habe ich meiner Frau angetan? Warum stehe ich nicht endlich zu meiner Geliebten? Was bin ich nur für ein Feigling!)*, trotzigem Eigensinn *(Was wollen die eigentlich alle von mir? Ich kann doch tun und lassen, was ich will!)* und dem Gefühl, der Situation hilflos ausgeliefert zu sein *(Was soll ich tun? Ich weiß nicht mehr weiter. Ich habe mir mein Leben versaut!)*. Wir analysierten gemeinsam die Ich-Zustände, zwischen denen er hin und her pendelte, und machten uns auf die Suche nach den Selbstsabotagemustern, mit denen er sich blockierte. Da waren Druck *(Du musst jetzt dringend etwas tun!)*, Katastrophen-Angst *(Ich kann weder die eine noch die andere Frau verlassen. Am Ende werden alle auf mich herabschauen, meine Familie wird mich verurteilen, meine Kinder werden mich hassen!)* und notorische Bewertung *(Ich bin ein wertloser Mensch)*. Ich fragte ihn, wie sein Zustand war, als beide Beziehungen noch im Geheimen parallel liefen. Da war er in einem, wie er sagte, *aufgeblähten Übermotivations-MINDFUCK*. »Ich dachte, ich kann alles haben. Die Ehefrau und die Geliebte. Alles schien mir richtig. Ich fühlte mich großartig, unbesiegbar.«
Nun hat der *Übermotivations*-MINDFUCK immer zwei Seiten: eine euphorische und eine depressive. »Das ungute Gefühl und die Panik vor dem Entdecktwerden, die schiere Angst, dass alles zusammenbricht, habe ich zwar manchmal gespürt, aber verdrängt«, erzählte er. Ich lud ihn zunächst ein, die Sache mit kühlem Kopf und warmem Herzen zu betrachten. Es war ein ernsthaftes Gespräch auf Augenhöhe: »Es bringt nichts, jetzt den Stab über sich zu brechen. Die Dinge sind, wie sie sind. Wenn wir uns die Sache als zwei gestandene Menschen anschauen, die schon viel in ihrem

Leben gesehen haben, dann werden wir die Lage klar erkennen und auf Lösungen kommen.« Das stabilisierte ihn. Er saß jetzt konzentriert vor mir, ein wenig nach vorne gebeugt, die Hände locker zwischen den Knien ineinandergelegt. Ganz wach, ganz da. »Die eigentlichen Stärken, die Sie für diese Situation mitbringen, sind bewertungsfreie, offene Aufmerksamkeit und unerschrockener Mut. Ich denke, Sie sollten, auch wenn das jetzt sicherlich ungewöhnlich klingt, den Tatsachen mit Mut, Unerschrockenheit, Neugierde und einer Portion Großzügigkeit mit sich selbst entgegensehen. Das würden Sie auch für einen Freund tun, der in eine solche Lage geraten ist, nicht wahr? Warum nicht bei sich anfangen und sich selbst ein guter, wahrhaftiger Freund sein? Sicherlich gibt es wenig Grund, stolz auf sich zu sein, aber Fairness hat jeder verdient, auch sich selbst gegenüber. Und dann gibt es da noch Ihre wunderbare Fähigkeit, die Dinge in Ihrem Tempo zu erleben und zu erledigen.« Er dachte ernsthaft darüber nach. »Das klingt gar nicht so schlecht.« Er lächelte. Seinen Humor, eine starke Kraft in jeder Krise, hatte er jedenfalls wiedergefunden.

»Lassen Sie uns die Sache analysieren, wie zwei Feldherren vor einer Schlacht.« Ich nahm ein Holzbrett mit einfachen Figuren zur Hilfe. Ich liebe das Bild der beiden Feldherren und die Arbeit mit diesem Brett. Es hat gerade in ernsten Situationen eine starke Wirkung auf die Effektivität jedes Gesprächs. »Da, auf der einen Seite, sind Ihre Frau und Ihre Tochter. Und da, auf der anderen, ist die andere Frau und Ihr zukünftiges Kind. Dazwischen stehen Sie.« Ich plazierte eine Figur in der Mitte. »Was passiert bei Ihnen, wenn Sie das sehen?«, fragte ich ihn. Er sah unverwandt auf das Brett. »Da entsteht ein Gefühl von Leere. Ich weiß eigentlich nicht, was ich sagen soll. Es ist einfach so, wie es da steht.« – »Ganz genau. Wenn wir die Sache offen betrachten, sehen wir einfach, was gerade ist. Erst danach beginnt die Achterbahn von

Bewertungen, Beschimpfungen, Hilflosigkeiten. Es spielt sich alles in Ihrem Kopf ab. Sie nehmen die Gedanken beider Frauen und sogar des ungeborenen Kindes vorweg. Gedanken, die Sie gar nicht kennen können. Sie identifizieren sich mit dem, was diese Menschen denken könnten. Aber sehen Sie genau hin. Da sind zwei erwachsene Frauen. Die eine ist mit Ihnen verheiratet und hat ein Kind mit Ihnen. Die andere ist Ihre Geliebte und erwartet Ihr Kind. Zwei erwachsene Frauen, die den gleichen Mann lieben. Die eine weiß mehr, die andere weniger. Die eine hat mehr, die andere weniger. Beide sind erwachsen. Keine ist so abhängig von Ihnen, dass sie nicht ohne Sie leben kann, ist das richtig?« – »Ja«, sagte er ruhig, »das stimmt, das habe ich so noch nicht gesehen.«
»Wir haben also, objektiv betrachtet, eine Situation mit drei Erwachsenen, die sich in einer neuen Lage wiederfinden. Ihre Frau wird erst noch davon erfahren, aber sie war schon vorher in dieser Lage. Freilich, ohne es zu wissen.« Nun sah ich ihm direkt in die Augen. »Ich frage Sie ernsthaft: Kann es das geben im Leben, dass man etwas sehr Unangenehmes und Schmerzhaftes erfährt, etwas, das einem auf den ersten Blick unerträglich erscheint?« Er nickte. »Ja, das kann passieren.« – »Was passiert dann, wenn man im Erwachsenen-Ich bleibt?« – »Das ist dann weiterhin sehr unangenehm, aber keine Katastrophe.« – »Was passiert auf jeden Fall?« – »Dass bisherige Gewissheiten sich als Illusionen entpuppen.« – »Und dann?«, fragte ich. »Haben wir dann die Möglichkeit, uns selbst zu fragen, wie es uns damit geht, wenn wir weder in Hilflosigkeit noch in Trotz, Abwertung oder Überfürsorglichkeit abdriften?« – »Was wäre denn«, wollte mein Klient wissen, »in so einem Fall überfürsorglich? Das kann ich mir gar nicht vorstellen!« – »Überfürsorglich wäre, wenn Ihre Frau aus dem Stand alles versteht und alles verzeiht und sich sogar noch mehr um Sie und Ihre Gefühle sorgt als um sich und um ihre Situation.« – » Gibt es denn so etwas?«, fragte er

ungläubig. »Ja, das gibt es. Wenn Menschen zur Selbstverleugnung tendieren, reagieren sie auf Schmerz und Angriffe eher mit Überfürsorglichkeit als mit Wut oder gesunder Abgrenzung. Man kann Getroffensein sehr gut abwehren, indem man sich mit dem anderen und dessen Gefühlen identifiziert. Es schützt vor den eigenen Gefühlen.« Doch ich führte unser Gespräch zurück auf ihn und seine Situation. »Was ist mit Ihnen? Wenn Sie sich an die Leere erinnern, von der Sie vorhin sprachen, wenn Sie sich in der Mitte auf diesem Feld sehen. Was ist, wenn Sie nun weiterdenken und -fühlen, im selbstwirksamen Erwachsenen-Ich bleiben und dabei gemeinsam mit mir darauf achten, nicht in MINDFUCK abzudriften?« – »Dann ist die Wahrheit, dass ich beide Frauen liebe, dass ich aber noch nicht weiß, wie es weitergehen kann.« – »Welche Optionen gäbe es denn, einfach einmal geradeheraus gedacht?« Er nahm seine Figur vorsichtig in die Hand, dann sah er aus dem Fenster und dachte laut nach. »Option eins: Alles könnte so weitergehen wie bisher. Ich lebe mit meiner Frau und meiner Tochter, sehe meine Geliebte und unser Kind aber auch, und das ist offiziell. Option zwei: Ich trenne mich von meiner Geliebten, zahle aber natürlich Unterhalt für das Kind. Option drei: Ich verlasse meine Frau und ziehe zu meiner Geliebten und hole meine Tochter regelmäßig zu uns.« Er dachte weiter nach. »Option vier wäre, ich ziehe aus und nehme mir eine eigene Wohnung und sehe meine Kinder und, wenn es passt, beide Frauen jeweils auf ›neutralem Boden‹.« – »Und was steht zuerst an?«, fragte ich. »Ich muss meiner Frau sagen, was los ist«, erwiderte er.

Wir trainierten, wie ihm das im Erwachsenen-Ich ohne Selbstanklagen und ohne Beschönigung, ohne Dramatisierung und ohne »Weichspülen« gelingen könnte. Die Lösung klang etwa so: »Es gibt seit mehreren Monaten eine andere Frau in meinem Leben. Und diese Frau ist jetzt von mir schwanger. Ich weiß noch nicht, was das alles für mein Leben und unser Leben bedeuten wird, aber es wird sich stark verändern.« Nachdem er dieses Gespräch tatsächlich mit seiner Frau geführt hatte, nahm er sich ein Hotelzimmer, um seiner Frau die Gelegenheit zu geben, in Ruhe über alles nachzudenken, ohne dass er dabei war. Er war nicht der Richtige, sie jetzt zu trösten. Das Leben war so, wie es war. Er hatte vor Monaten eine Entscheidung getroffen und lernte jetzt, mit den Konsequenzen zu leben, ohne seine Selbstwirksamkeit und seine Selbstachtung zu verlieren. Ja, das Leben war einfach so, wie es war. Eine befreiende Erkenntnis. Sie ist nicht immer angenehm, aber immer erträglich.

Mein Klient entschied sich am Ende übrigens für die vierte Option. Nicht weil ihm die beiden Frauen nichts bedeutet hätten, sondern aus einem anderen Grund, der nur mit ihm selbst zu tun hatte. Diese ausgewachsene Krise in seinem Liebesleben hatte ihm deutlich gemacht, dass er für ein Vorstadtleben mit Frau und Kind »nicht gemacht« war, dass er sich immer wieder nach einem Ausbrechen und einem eigenen Leben, auf das niemand anderer Anspruch hatte, sehnen würde. Ein außerordentlich großer Wandel in seinem Leben, denn er war von Hause aus dazu erzogen worden, dass ein ordentlicher Mann eine Frau und eine Familie habe und mit dieser auch zusammenleben müsse. Für viele da draußen mag das stimmen. Für ihn war es einfach nur MINDFUCK.

Mir ist bewusst, dass die Geschichte dieses Mannes und die Art, wie ich mit ihm gearbeitet habe, viele Emotionen auslösen kann. Es war bitter und enttäuschend für seine Frau, einen Mann geheiratet zu haben, für den Ehe und Familie in Wirklichkeit nicht das Richtige waren. Das mag uns unverständlich und himmelschreiend ungerecht vorkommen. Und es gehört zum Leben. Das Leben offen und ohne MINDFUCK zu betrachten, heißt manchmal auch, im wahrsten Sinne des Wortes ent-täuscht zu werden. Es gibt viele Illusionen, die sich, von MINDFUCK befreit, als solche erweisen.

Aber viel öfter wird endlich möglich, was bisher unmöglich schien. Hätte ich mit der Frau oder der Geliebten des Mannes gearbeitet, wäre es auch für sie um ein Anerkennen der Realität, ein Überprüfen der eigenen Vorstellungen und Gefühle gegangen. Und am Ende um einen neuen Grad von Wahrhaftigkeit, Selbstwirksamkeit und Lebensqualität.

Und doch mag sich der eine oder andere fragen: Sollte das Wohl von Kindern nicht immer und überall im Vordergrund stehen? Müssen wir nicht zuallererst an die Kinder denken? Mir ist sehr bewusst, dass es Themen in unserer Gesellschaft gibt, die einem großen Findungsprozess unterworfen sind. Es gibt die unterschiedlichsten Haltungen, die alle etwas für sich haben. Ich beurteile die Dinge aus meiner Praxis in der Arbeit mit sehr unterschiedlichen Menschen und komme deshalb zu meinen ganz subjektiven Ergebnissen. Und die besagen: So gut es klingt, alles dem Wohl der Kinder unterzuordnen, so weit ist dies manchmal von einer lebbaren Realität entfernt. Gute, moralische Vorsätze, das zeigen meine Erfahrungen aus meinen zahllosen Gesprächen der letzten Jahre, haben eine eingeschränkte Halbwertzeit. Sie halten einfach nicht, wenn sie ehrlichen, legitimen eigenen Bedürfnissen entgegenstehen. Wenn Erwachsene sich selbst verleugnen, hat niemand etwas davon, weder andere Erwachsene noch Kinder. Wir alle können uns einreden, so und so sein zu müssen, fühlen zu müssen oder handeln zu müssen. Möglicherweise schaffen wir es, diese Illusion uns selbst gegenüber auch viele Jahre aufrechtzuerhalten. Aber dieser Verrat an uns kostet so viel Kraft, dass meistens nicht mehr viel übrig bleibt für ein authentisches Leben in Würde und echter Qualität. Die Zeiten, in denen sich Menschen Ideen oder Ansprüchen anderer opfern mussten, sind aber zum Glück vorbei. Ein erwachsenes Leben entfaltet sich manchmal erst jenseits dessen, was ihm bisher vorgelebt wurde oder was alle anderen machen. Das eine wie das andere ist gut, wenn es aus dem eigenen, erwachsenen Herzen stammt. Ich denke, es gibt einen Unterschied zwischen den elterlichen Pflichten und sabotierender Selbstverleugnung. Ich meine eine Tendenz zu beobachten, nach der wir aus gesellschaftlicher oder sogar staatlicher Perspektive im bewertenden oder überfürsorglichen Eltern-Ich gegenüber Eltern auftreten. Eltern werden damit zu Kindern gemacht, die »funktionieren« sollen. Das war schon in der Kindererziehung von vorgestern ein Fehler. Wie kommen wir darauf, dass dies Eltern heute helfen könnte? Jedes Leben ist gleich viel wert. Jedes. Das gilt für das Leben eines Kindes, aber eben auch für das Leben eines Vaters oder einer Mutter. Sich ein eigenes Leben »herauszunehmen«, heißt noch nicht, ein schlechter Vater oder eine schlechte Mutter zu sein. Ich warne deshalb davor, die komplette Selbstaufgabe als einzigen Maßstab echter elterlicher Liebe zu akzeptieren. Der Preis, den Kinder und Eltern dafür zahlen, ist viel zu hoch, und wir alle wissen, dass Menschen, die sich selbst aufopfern, irgendwann die Rechnung für etwas präsentieren werden, das sie freiwillig auf sich genommen haben.

Sich für seine Kinder das eigene Leben als erwachsener Mensch zu versagen ist kein Zeugnis von Reife, Güte und Moralität, sondern ein Zeugnis dafür, sich vor dem eigenen Potenzial als erwachsener Mensch in die Eltern-Rolle und manchmal darüber hinaus in die Rolle eines wirtschaftlich abhängigen Kindes zu flüchten. Großes, geradezu umwerfendes Potenzial liegt dagegen darin, als authentischer, erwachsener Mensch zugleich Vater oder Mutter zu sein. Ich habe von Klienten gehört, deren Kinder sich bei ihnen bedankt haben, dass sie plötzlich so »cool« geworden seien und dass »groß sein« tatsächlich auch »Spaß machen könne«. Ich denke, wir können Kindern ab einem bestimmten Zeitpunkt nichts Wertvolleres geben als die Lust auf das

eigene selbstwirksame und erfüllte Leben als erwachsener Mensch.
Es ist gut zu wissen, wer wir sind und was wir brauchen, wenn wir uns nicht selbst sabotieren. Noch besser ist, uns in den Facetten unseres gesamten Potenzials als Liebender oder Liebende wahrzunehmen.

Wie schwer es auch manchmal sein mag, zu sich und seinen wahren Bedürfnissen und vielfältigen Gefühlen zu stehen: Wir sind ihm bereits auf der Spur, dem wahren »inneren Lover« in uns. Dem Kern, der zwischen den Extremen von Perfektion, Klischee und Langeweile unser eigentlicher ist. Einen ersten Blick auf den Menschen, der Sie in der Liebe eigentlich sind, haben Sie schon gewagt: Sie sind in diesem wahrhaftigen Zustand, wenn Sie verliebt sind. Doch auch nach der Verliebtheit wartet in Ihnen jemand, der Sie jenseits aller MINDFUCKS, die dann auftreten können, in Wirklichkeit immer sind. Um diese Besonderheit, die Sie und nur Sie ausmacht, wieder zum Leben zu erwecken, lohnt es sich, einen genauen Blick auf jenen MINDFUCK werfen, den Sie hauptsächlich pflegen, wenn Sie sich in der Liebe selbst sabotieren. Um in einem engmaschigen »Sicherheitsnetz« zu funktionieren, müssen Sie geradezu Ihre größte Stärke am meisten torpedieren. Und die liegt womöglich im Gegenteil dessen, was Sie im MINDFUCK-Modus innerlich veranstalten.

Was Ihre stärksten MINDFUCKS verraten

Lassen Sie uns nun Ihr ganz persönliches MINDFUCK-Muster ansehen. Welcher MINDFUCK ist in der Liebe Ihre stärkste und häufigste Blockade? Womit bremsen Sie sich am sichersten selbst aus? Eine gute Nachricht vorweg: In diesen Mustern finden sich, kleinen Goldnuggets gleich, ganz entscheidende Hinweise darauf, wer Sie als liebender Mensch eigentlich sind, wenn Sie sich nicht sabotieren. Und das wiederum nützt Ihnen dabei, dass Ihr »wahrer innerer Liebender«, wenn ich das so blumig sagen darf, sich endlich zeigen kann.

Wie bekommen wir ein verlässliches Bild von unserem ganz persönlichen Störungsmuster in Sachen Liebe? Brauchen wir es überhaupt? Die Antwort lautet: Ja. Wenn wir das Bild nicht vor unserem inneren Auge haben, bleibt es ein blinder Fleck und wird immer wieder aktiviert, wenn wir in herausfordernde Lebenslagen kommen. Kennen wir uns aber selbst in unseren Verletzlichkeiten und die zum Teil verrückten Sicherheitsmechanismen, die wir uns im Laufe unseres Lebens zugelegt haben, dann haben wir wirklich etwas in der Hand, um genau dieses Sicherheitssystem abzuschalten und es gegen neue, wundervolle und wirksame Strategien auszutauschen, damit wir sicher und zugleich offen in der Liebe sind. Erinnern wir uns: Die Realität zu sehen und anzuerkennen ist die eine Fähigkeit, die wir aktivieren, wenn wir uns von inneren Blockaden befreien. Eine andere ist, genau zu erkennen, wann wir Spielchen spielen. Wir brauchen deshalb im ersten Schritt ein möglichst »objektives« Bild unserer ganz persönlichen mentalen Störungsmuster, wenn wir in der Rolle des oder der Liebender sind. Das gilt auch dann, wenn Sie chronischer Single wider Willen sind. Auch dann haben Sie ein inneres Bild von sich als Liebender oder eben Nicht-Liebender und eine Armada von MINDFUCKS, mit denen Sie dieses Bild schützen. Möglicherweise hilft es Ihnen, sich darüber bewusst zu werden, dass Sie bereits, egal, wie erfahren Sie sich in Liebesdingen einschätzen, ein ganzes Netz von Liebesgeschichten in sich tragen. Liebesgeschichten, die Sie tatsächlich erlebt haben, und solche, von denen Sie tagsüber oder in der Nacht geträumt haben. Sie alle gehören, egal, ob sie Vergangenheit oder Gegenwart sind, zu Ihnen und Ihrem inneren Liebes-

leben dazu. Und sie alle dienen uns, inklusive Ihrer aktuellsten Liebe, als »Material«, das wir brauchen, um Ihre ganz persönliche MINDFUCK-Struktur freizulegen.
Auch hier habe ich wieder eine ganze Reihe von Fragen für Sie, die Ihnen als Leitlinie dienen sollen. Sie werden erleben, dass es sowohl prickelt als auch echte Erkenntnisgewinne bringt, die Sie umgehend für Ihre weitere Entfaltung in Sachen Liebe nutzen können.

Die eigene Geschichte verstehen

Wer war Ihre erste Liebe? Mit wem waren Sie erstmals »offiziell« zusammen? Wer war der erste echte Liebespartner in Ihrem Leben, mit dem Sie auch körperliche Intimität erlebt haben? Mit wem haben Sie zum ersten Mal zusammengelebt? Was war das für ein Gefühl, mit diesem Menschen zu tun zu haben? Wie haben Sie sich selbst dabei empfunden? Wer waren Sie damals, im Gegensatz zu heute? Und warum kam die Sache zu einem Ende? Was waren die Probleme? Was ist passiert? Sind Sie gegangen oder der andere? Nun gehen Sie, nach Ihrer ersten echten Liebe, bitte die beiden nächsten wichtigsten Beziehungen in Ihrem Leben durch. Es ist dabei nicht wichtig, ob Sie mit diesen Menschen tatsächlich eine Beziehung geführt haben oder welcher Art diese Beziehung war. Es geht uns im Moment nur um Ihr Gefühl und die Gedanken, die Sie damals und vielleicht bis heute dazu haben. Sehr wichtig: welche Themen und Problematiken kehren immer wieder? An welchem Punkt wird es immer wieder anstrengend? Wenn es sich um nicht gelebte Lieben handelt: An welchem Punkt haben Sie gezögert, nicht gehandelt und dafür gesorgt, dass es ein Luftschloss blieb? Mit welchen Argumenten haben Sie Ihr Tun gerechtfertigt? Was sind dann, wenn Sie das alles zusammen nehmen, Ihre typischen Liebesprobleme und Beziehungsthemen?

»Ich bin von Natur aus eifersüchtig«, sagte mir eine Klientin. »Jede meiner Beziehungen war durchzogen von Misstrauen und der Angst, verraten und betrogen zu werden.« Und deshalb endeten sie auch. Männer, die sie wirklich geliebt hatten, hielten es nicht mehr aus. »Du bist doch bekloppt«, sagten sie. »Deine Eifersucht ist nicht auszuhalten.« Ich fragte meine Klientin zunächst, was sie genau unter Betrug und Verrat verstehe. »Wollen Sie mich auf den Arm nehmen?«, fragte sie zurück. Keineswegs.

Verrat und Betrug sind, ebenso wie Treue, Worte aus einer alten Zeit. Eine Menge Streitereien entzünden sich daran, dass wir mit Begriffen um uns werfen, die heute niemand mehr so klar versteht, weil sie nicht mehr einfach so gelten. Sie sind, ebenso wie die Frage, welchen Stellenwert Kinder in unserem Leben haben sollten, ein gesellschaftlich stark umstrittenes Thema. Die Frage nach der Treue scheint ein Teil der Neudefinition unserer selbst in unserer Zeit zu betreffen. Wir sollten uns nicht davor fürchten. Es kann uns nichts passieren. Wir müssen sie aber jeweils individuell definieren und uns darüber klarwerden, was wir damit meinen. Wir lernen an diesem Punkt unendlich viel über uns und das, was uns in der Liebe wirklich wichtig ist. Erst wenn wir die scheinbar klaren, in Wahrheit aber nicht mehr klaren Begriffe vom MINDFUCK-Mief befreit haben, wissen wir, was wir wirklich meinen, und können unseren Partnern gegenüber einen echten Standpunkt dazu einnehmen.

Was hat meine Klientin also genau mit »Betrug« und »Verrat« gemeint? »Wenn ein Mann mit einer anderen flirtet, sich ohne mein Wissen mit ihr trifft und vielleicht sogar mit ihr schläft«, erläuterte sie. Nicht ohne einen Anflug von Trotz. »Was wäre, wenn das passiert?«, fragte ich sie neugierig. »Das würde mich verletzen. Ist doch klar!« – »Und Ihre Konsequenz?« – »Ich würde ihn zur Rede stellen und mich sofort trennen.« Ich sah sie ruhig an. »Ist das jetzt nicht korrekt, oder was?«, fragte sie aufgebracht. »Sind Sie eine von denen, die meinen, dass man heute alles darf und zu allem ja und amen sagen muss?« – »Nein«, antwortete ich klar und ernsthaft. »Selbstverständlich dürfen Sie Treue zu einem Wert in Ihrem Liebesleben erklären. Aber er gilt nicht absolut, sondern für Sie. Weil Sie sich entschieden haben, ihn wichtig zu finden. Bevor Sie Entscheidungen dieser Tragweite treffen, empfiehlt es sich, die eigenen Werte noch mal ganz genau auf MINDFUCK zu überprüfen.« Haben wir sie nur, weil wir uns klein, schwach und ohnmächtig fühlen? Weil wir die Kontrolle um jeden Preis behalten wollen? Oder sogar, weil wir den blinden Regeln der vergangenen Zeit unserer Vorfahren oder unserer eigenen Biografie folgen? Oder sind es gründlich entstaubte, klar und deutlich vorhandene Werte, für die wir als Erwachsene einstehen? Auf Augenhöhe und in Respekt vor uns selbst und dem anderen? Im Wissen, dass wir vor einem anderen freien Menschen, der die Dinge auch anders sehen kann, einen Standpunkt einnehmen, den wir ernst meinen und den dieser nicht unbedingt teilen muss. Wir können also zu allem im Leben einen Standpunkt einnehmen, der aus dem MINDFUCK-Modus stammt, oder einen Standpunkt, der im vollen Bewusstsein unserer Zeit unseren Möglichkeiten, Vorlieben und Neigungen entspringt. Wir untersuchten ihre Eifersucht also auf MINDFUCK hin. Meine Klientin befürchtete, ihr Gesicht zu verlieren, nicht mehr ernst genommen und auch nicht mehr geliebt zu werden, wenn sich ein Mann auch für andere Frauen interessieren könnte. Das aber führte zu der Angst, ausgenutzt und eines Tages »für was Besseres« verlassen zu werden. Genau das war ihrer Mutter passiert, die sich ein Leben lang nicht davon erholt hatte, dass ihr Mann sie mit der kleinen Tochter, die jetzt als erwachsene Frau vor mir saß, wegen einer Jüngeren »sitzengelassen« hatte. Die Zeit nach dem Scheitern der Ehe war die »Hölle« für die kleine Restfamilie. »Niemand wollte meine Mutter mehr einladen. Alle hatten Angst um ihre Männer.« Betrogen zu werden, das war für meine Klientin sonnenklar, führt zu einer persönlichen Katastrophe. Der Haupt-MINDFUCK war damit klar *Katastrophen*-MINDFUCK. Begründet wurde die Angst mit Bewertungen und Regeln: Ein Mann, der eine Frau liebt, interessiert sich nicht für andere Frauen. Wenn er sich dennoch für andere interessiert, liebt er seine Partnerin nicht mehr richtig und ist dabei, sie zum Opfer zu machen. Wollte man sich als Frau dagegen schützen, müsse man frühzeitig Druck aufbauen und einem Mann von Anfang an klarmachen, dass hier *»der Spaß aufhört«*. Nun hatten wir alle Faktoren beisammen, die einen waschechten MINDFUCK ausmachen. Die Hauptangst um die eigene Existenz, die Wenn-dann-Konstruktion, ungeprüfte Regeln, ein Opfer-Täter/Oben-Unten/Richtig-Falsch-Konstrukt und die Konsequenz von Druck. Doch was mindestens so interessant und wichtig ist: In unserem Haupt-MINDFUCK steckt ein sehr wichtiges und zugleich sehr falsches Bild, das wir von uns selbst haben. Im Fall meiner Klientin war es das Bild, das sie selbst, ihre Würde als Frau und ihre Fähigkeiten zu leben vom Verhalten eines Mannes abhängen. Das Bild einer hilflos ausgelieferten Ertrinkenden. Kann man ein schwächeres, abhängigeres Bild von sich selbst zeichnen?

»Nun mal Butter bei die Fische«, sagte ich zu ihr. Ernst? Ich beugte mich zu ihr vor und sah ihr direkt in die Augen. »Sie sind eine gestandene Frau. Hängen Ihre Würde und Ihr Überleben in der Liebe wirklich davon ab, ob Ihrem Partner auch eine andere Frau gefallen könnte? Wie reden Sie da von sich? Was machen Sie da mit sich? Stellen Sie sich vor, Sie gehen Hand in Hand spazieren. Alles ist gut. Irgendwo sitzt eine Frau, die auch attraktiv ist, so wie Sie. Ihr Partner guckt hin. Ist das tatsächlich das Ende Ihrer Würde? Das Ende Ihrer Möglichkeiten? Das automatische Aus?« – »Natürlich nicht«, antwortete sie, jetzt ruhiger. »Da müsste schon mehr passieren als Hinschauen.« – »Okay, aber schon das Hinschauen stört Sie, nicht wahr?« – »Ja, das ist so.« – »Was machen Sie dann in diesem Moment mit sich? Was geht Ihnen durch den Kopf?« Sie seufzte. »Ich vergleiche mich. Ich frage mich, ob sie besser aussieht als ich. Ich denke mir dann, bestimmt ist sie lockerer, leichter, unkomplizierter. Nicht so schwerfällig wie ich.« – »Sie sind also im *Bewertungs*-MINDFUCK, unterstellen der anderen, fremden Frau ein Ideal, das Sie selbst nicht einhalten können.« – »Ja, genau.« – »Und was denken Sie darüber, wenn Sie sich selbst ernst nehmen?« Sie überlegte. »Ich weiß nicht, wie die andere, über die ich mir da Gedanken mache, wirklich ist.« – »Was wissen Sie denn?« – »Ich weiß eigentlich nur, dass mein Partner zu ihr hinschaut.« – »Ja, genau. Er schaut zu ihr hin. Und?« – »Und was?« – »Ja, nichts. Oder?« – »Ganz genau: nichts. Er schaut zu ihr hin. Das ist alles.« Erwachsene Menschen schauen manchmal zu anderen erwachsenen Menschen. Manchmal finden sie sie attraktiv, manchmal nicht. Das ist alles. »Führt das unmittelbar zu mehr?« – »Nein, natürlich nicht«, antwortete sie ein wenig genervt. »Aber was, wenn doch?« – »Ja, wenn doch, was dann?« – »Das ist blöd, ziemlich blöd.« – »Ist es Ihr Ende?« – »Nein, es ist nicht mein Ende. Aber es ist dann ernst.« – »Ja, ernst kann es sein. Was stört Sie wirklich daran? Warum ist es Ihnen wichtig?« Sie dachte nach. »Okay, ich weiß jetzt, was es ist. Ich wünsche mir, mit diesem Mann zusammen zu sein. Ich möchte, dass wir uns gegenseitig wahrnehmen und miteinander leben. Ich möchte, dass wir beide glücklich miteinander sind, auch wenn es andere attraktive Menschen gibt.« – »Und, darf er fremdgehen, wenn er weiterhin mit Ihnen glücklich ist?« Sie fühlte sich nun nicht mehr von mir provoziert, sondern antwortete ganz ruhig und klar: »Nein, das nicht. Ich finde es nicht respektvoll mir und uns gegenüber, wenn er fremdgeht. Ich möchte das nicht. Ich stehe dafür nicht zur Verfügung. Und ich denke, es ist fair, wenn er das weiß.« – »Würden Sie ihn, wenn es dennoch passiert, zur Rede stellen und sofort verlassen?« Jetzt zögerte sie. »Ich weiß es nicht. Es kommt darauf an, was wirklich passiert ist.« Das war die Antwort einer erwachsenen Frau. Warum? Weil sie in der Lage war, abzuwägen, die Realität als Vollbild zu sehen und nicht als Zerrbild einer absoluten Phantasie, in der die Dinge nur schwarz oder weiß sind. Je reifer wir werden, desto klarer ist uns das. Das Leben ist – zum Glück – viel bunter, als wir dachten.

Wer war meine Klientin als Liebende, nachdem sie ihre wichtigsten MINDFUCKS erkannte? Wer war sie, wenn sie sich und andere nicht mit aggressiver Eifersucht konfrontierte? In Wahrheit eine ernste, kluge und mutige Frau, die keine Angst hatte, ihre Würde durch das Fremdgehen eines Mannes zu verlieren. Und dennoch eine Frau, die eigene, klare Werte hatte und bereit war, sie am Leben messen zu lassen. Eine Frau, der eine tiefe, innige und wahrhaftige Beziehung wichtig ist, die um ihre Ängste weiß und auch weiß, dass Unzulänglichkeiten zum Menschsein gehören und man keine Angst davor haben muss. »Und wann ist das Thema dann richtig plaziert? Von Anfang an oder wenn es einen Anlass gibt?«, fragte ich sie noch. »Ich denke, erst dann, wenn es einen echten Anlass gibt. Ja, ich muss mich und den anderen nicht vorher damit terrorisieren. Das ist wirklich MINDFUCK.« Wir atmeten tief durch. Zeit für eine Tasse Kaffee.

Welches Bild zeichnen Sie von sich?

Wie ist es, wenn Sie Ihren Haupt-MINDFUCK ernst nehmen? Welches Bild zeichnen Sie dann von sich? Wer sind Sie wirklich, wenn Sie sich aufrichtig, ehrlich und mit Liebe betrachten? Wenn Sie sich selbst gegenüber wirklich fair sind?

Was, wenn Sie sich mit *Selbstverleugnungs*-MINDFUCK quälen, sind Sie dann wirklich der schwache, ausgelieferte Mensch, der funktionieren oder sich zurückziehen muss, um liebenswert zu sein? Was, wenn Sie sich mit Bewertung quälen? Stecken Sie wirklich so voller Fehler und Mängel, sind so klein und unmöglich, dass Sie dringend an sich arbeiten müssen, um die Liebe eines anderen verdient zu haben? Was ist, wenn Sie sich und andere immer wieder unter Druck setzen? Ist wirklich ständig Gefahr in Verzug? Sind Sie existenziell gefährdet oder wirklich das *»faule Stück«* oder der *»Blender«*, dem man gehörig Dampf machen muss, damit er liebenswert ist? Sind Sie wirklich so schwach und haltlos, dass Sie sich und andere mit Regeln einschnüren müssen, weil sonst niemand länger mit Ihnen zusammen sein will? Und wenn Sie sich und dem anderen chronisch misstrauen – ist es so, dass man sich »selbstverständlich« über Sie und Ihre Wünsche hinwegsetzen wird, weil man Sie nicht achten und respektieren kann, so wie Sie sind? Steht Ihnen das Wort *Opfer* wirklich schon auf der Stirn geschrieben? Und wenn Sie sich zwischen himmelhoch jauchzend und zu Tode betrübt erleben – ist das Leben wirklich so dramatisch? Kann es nicht sein, dass man Sie einfach liebt und der andere einfach liebenswert ist, auch ohne dramatische Höhen und Tiefen? Müssen Sie wirklich immer euphorisch sein, weil Sie meinen, das Leben und die Liebe sonst nicht aushalten zu können? Sind Sie wirklich so schwach? Wie ist das alles bei Ihnen?

Menschen, die sich mit MINDFUCK stören, sind in diesen Momenten weit weg von dem Menschen, der sie eigentlich wirklich sind. Menschen, die sich nicht stören, haben wiederum die Fähigkeit zu Mut, Offenheit und Großzügigkeit. Sie sind neugierig, können vertrauen, leben ihre Individualität, sind dabei kreativ und selbstwirksam. Sie können mit anderen in einem tiefen, wahrhaftigen Kontakt verbunden sein, ohne sich zu verlieren. Sie respektieren sich selbst und andere auf Augenhöhe. Sie nehmen sich selbst und andere ernst. Sie sind stark, auch wenn sie einmal schwach sind. Sie sind im Ganzen gesehen emotional stabil, auch wenn es manchmal in ihrem Innenleben brodelt. Jeder Mensch kann das alles tun und sein, wenn er sich nicht selbst sabotiert.

Das Potenzial hinter den MINDFUCKS

Ich sagte bereits, dass sich der Weg zu unserer eigentlichen, ganz individuellen Persönlichkeit als Liebende oder Liebender über unsere »Lieblings«-Blockaden öffnet. Wie kann das sein? Ich habe die Beobachtung gemacht, dass wir uns mit dem Muster am stärksten innere Gewalt antun, das unsere eigentlich größte Stärke blockiert. Würden wir sie frei entfalten, würden wir zu dem Menschen werden, der wir eigentlich sind. Und das ist in der Logik von MINDFUCK, wenn unser Innerer Wächter noch nicht weiß, was die Stunde heute geschlagen hat, nicht erwünscht. Noch will uns der Wächter in schwachen und autoritären Positionen halten. Es ist also eines der großen Abenteuer unseres wahren Selbst, die Stärke hinter dem Haupt-MINDFUCK zu erkennen und uns zu fragen, wer wir in der Liebe wirklich sind, wenn wir uns nicht sabotieren. Und dem Wächter dann einen entsprechenden Hinweis zu geben, dass er seinen Job heute anders erledigen muss, wenn er uns wirklich helfen möchte. Ich lade Sie ein, alle MINDFUCKS und die dahinter liegenden Potenziale beherzt und mit Lust durchzugehen. Sie werden überrascht sein, was passiert, wenn Sie diese Erkenntnisse in Ihrem Herzen reifen lassen. Ich wage zu behaupten, dass ohne MINDFUCK die folgenden Aussagen auf Sie zutreffen:

Mut und Entdeckerfreude – statt *Katastrophen*-MINDFUCK

Hinter Angst und der Neigung, das Schlimmste zu erwarten, wartet ein mutiger, offener und unerschrockener Mensch mit großer Entdeckerfreude. Ein Mensch, der sich eigentlich vor gar nichts fürchtet, weil er viel zu neugierig auf das große Leben da draußen ist und es auf seine ganz eigene Art erobern möchte. Mut und Aufgeschlossenheit sind eine der stärksten Fähigkeiten in der Liebe. Sie garantieren Lebendigkeit, Abwechslung und Intensität. In einer Paarbeziehung sind Sie mehr als andere in der Lage, die Dinge, die anstehen, mutig anzugehen und für aufregende Abwechslung und Lebendigkeit zu sorgen. Packen Sie das Leben wieder bei den Hörnern.

Originalität und Individualität – statt *Selbstverleugnungs*-MINDFUCK

Hinter der Angewohnheit, sich anderen anzupassen und die eigene Interessen chronisch hinter die anderer zu stellen, wartet ein sehr origineller, individueller Liebender, der besser als viele andere in der Lage ist, sich auf eine tiefe Begegnung einzulassen, ohne sich selbst zu verlieren. Was für ein Glück für Sie, in Ihnen einen originellen, zu echter Beziehung fähigen Menschen zu treffen, der sich zeigen und zugleich sein Gegenüber sehen kann. Sie bringen die Farbe ins Leben, sind ein angenehmer Mensch, vor dem man keine Angst haben muss. Und gleichzeitig so besonders, dass es einfach Spaß macht und prickelt, das Leben mit Ihnen zu teilen. Sie geben der Liebe die Würze und das Sahnehäubchen obendrauf. Mehr davon!

Genuss und Großzügigkeit – statt *Bewertungs*-MINDFUCK

Die großen Bewerter sind eigentlich sensible, großzügige und offene Menschen mit einer bewundernswerten Beobachtungsgabe, einem riesengroßen Herzen und Sinn für die schönen Dinge im Leben. Niemand weiß so gut wie Sie, dass das Leben groß, vielfältig und einfach wunderbar ist. Was für ein Glück, das Leben auch mit Ihren Augen sehen zu dürfen. Sich selbst in seiner ganzen Besonderheit wahrgenommen und gewürdigt zu sehen. Mit Ihnen bekommt das Leben Tiefenschärfe und eine Qualität, die einfach Freude macht. Man darf sich mit Ihnen frei entfalten und wird gesehen. Wie war das noch gleich mit Wolke sieben?

Die Kraft der Gelassenheit – statt *Druckmacher*-MINDFUCK

Hinter der Neigung, sich und andere immer wieder unter Druck zu setzen, wartet ein sehr entspannter Mensch mit einem ganz eigenen Tempo darauf, endlich in seinem eigenen Timing leben und handeln zu können. Auch hier liegt die Stärke in einer Offenheit und Toleranz und in dem Wissen, dass jede Art von Lebendigkeit und Leben nicht nach Schema F funktioniert. Sich und anderen Zeit zu geben und dabei auf die eigene Stärke und ungeheure Flexibilität zu vertrauen, ist eine Ihrer ganz großen Stärken. In Anwesenheit eines zu so großen Stärken fähigen Menschen darf die Liebe wachsen und sich in ihrem eigenen Timing optimal entfalten. Sie sind ein liebevoller, entspannter Macher und gleichzeitig ein großer Genießer. Was für eine wundervolle Mischung!

Phantasie – statt *Regel*-MINDFUCK
Große Phantasie, Kreativität und Unkonventionalität in Liebesdingen sind Ihre eigentlichen Stärken, die Sie sorgsam hinter dem *Regel*-MINDFUCK versteckt haben. Doch warum? Die Liebe darf für Sie heiter, verspielt und von einer großen Bandbreite sein, jede neue Erfahrung ist Anlass für neues, intensives Lernen und Erleben. Es sind die großen Weisen in der Liebe, die wissen, dass große Gefühle keinem engmaschigen Regelwerk folgen und dass es eine ganz eigene Kunst ist, dennoch eine phantasievolle Kultur daraus zu machen. Was für eine Freude, von einem derart phantasievollen, offenen Menschen umgeben und geliebt zu sein.

Fels in der Brandung – statt *Misstrauens*-MINDFUCK
Sich selbst und anderen im tiefsten Inneren zu misstrauen ist eine Folge von oft jahrelangen Bewertungsorgien, die man erlitten oder erlernt hat. Misstrauende sind aber eigentlich große Vertrauende. Damit halten Sie den Schatz und das Geheimnis jeder menschlichen Verbundenheit in Händen. Sie sind zu einer außergewöhnlichen heiteren Offenheit und Neugierde auf die Vielfalt des Lebens fähig. Ein Gefühl von Ruhe und Sicherheit gehört dann zu Ihrem normalen Lebensgefühl. Denn was sollte man befürchten? Eine Ruhe, die eine große Kraft für die Liebe in allen Lebenslagen in sich trägt. Ein Fels in der Brandung, ein echter Partner. Mit Ihnen kann man das Leben tief und vielfältig erleben. Was für ein Geschenk.

Balancierte Abenteuer statt *Übermotivations*-MINDFUCK
Die wirklich großen, tiefen und beständigen Gefühle – dazu sind Sie eigentlich mehr fähig als alle anderen, wenn Sie sich nicht mit *Übermotivations*-MINDFUCK blockieren. Zwischen himmelhoch jauchzend und zu Tode betrübt wartet ein Erwachsener, der auch die ganz starken Gefühle erleben und in traumhafter Weise balancieren kann. Denn Sie sind ein wirklich groß und stark Liebender. Ein Mensch, wie gemacht für die großen emotionalen Abenteuer des Lebens. Umwerfend, anziehend. Wollen wir das nicht alle haben?

Wer sind Sie also, wenn Sie sich nicht mehr selbst sabotieren? Auf jeden Fall eines: ein hochindividueller Mensch. Offen, neugierig, großzügig und wach. Phantasievoll und im Bewusstsein eines unantastbaren Kerns innerer Stärke, die ganz natürlich aus Ihrem selbstwirksamen Erwachsenen-Ich kommt. Sie wissen, dass die Liebe nicht immer leicht ist, und können damit großzügig umgehen. Sie haben keine Angst davor, weil Sie sich bewusst sind, dass wahres Leben nur in einer bestimmten Form von Risikozone zu haben ist. Der Preis, den Sie für vollkommene emotionale Sicherheit zahlen würden, wäre zu hoch. Er würde dem inneren Leuchten Ihres einzigartigen Lebens nicht gerecht werden.
Was braucht es, um dieses innere Leuchten richtig zum Strahlen zu bringen? Was brauchen Sie, um sich als der wahre Liebende, der Sie in Wirklichkeit sind, zu erleben? Nicht mehr viel, denke ich. Aber das, was noch fehlt, verlangt noch einmal Ihre Phantasie, Ihre Emotionen und eine echte, tiefe Wahrhaftigkeit mit sich selbst. Und vorweg eine einzige,

aber unerlässliche Entscheidung: die Entscheidung, Liebe, die unterhalb der eigentlichen Möglichkeiten bleibt, nicht mehr zu akzeptieren. Die Entscheidung, Ihr Leben in allen Bereichen MINDFUCK-frei in Ihrem vollen Potenzial zu erleben.

Die eigene Lebensvision kennen

Kommen wir nun zu einem Punkt, der tatsächlich erst in unserer Zeit seine volle Gültigkeit erfahren hat, da er unseren Vorfahren in dieser Dimension wahrscheinlich fremd war. Liebe gab es schon immer. Und immer gab es auch Überlegungen dazu, was passt und wann es nicht passt zwischen zwei Menschen. Nicht angemessen fanden unsere Vorfahren in einer hierarchischen Welt Beziehungen, die sozial und wirtschaftlich nicht zusammenpassten. Die Liebesgeschichten der letzten Jahrhunderte sind voll von Berichten darüber. Gibt es so etwas heute auch? Gibt es einen Grund, weshalb die Liebe nicht passt? Ich denke, es gibt einen Grund. Beziehungen passen nicht, auch im MINDFUCK-freien Modus nicht, wenn sie uns dazu zwingen, uns selbst und unsere ureigene Lebensvision zu verbiegen.

Ich habe einmal mit einer Frau gearbeitet, die aus der Sicht ihrer Freundinnen alles hatte: einen geistreichen und attraktiven Mann, zwei tolle Kinder und eine große Villa im Grünen. Doch als sie zu mir kam, war sie unglücklich. »Ich mache meinem Mann insgeheim Vorwürfe. Er lebt seinen beruflichen Traum, und mir bleibt nur das öde Leben als Hausfrau und Mutter.« Es war nicht seine Schuld gewesen. Er hatte sie als glücklich Berufstätige kennengelernt und sich sofort in diese Powerfrau, wie er sie nannte, verliebt. Sie selbst war es, die in einem »Anfall von MINDFUCK«, wie sie es im Coaching bereits bezeichnete, »den Beruf hingeschmissen und

sich in das Leben als ›Supergattin‹ gestürzt« hatte. Sie war drauf und dran, »alles hinzuschmeißen« und »ganz neu anzufangen«. In unserer Sitzung beschimpfte sie sich für die »eigene Dummheit« und schüttelte den Kopf über sich, bis sie sich schließlich etwas beruhigte und mit mir gemeinsam analysierte, was eigentlich vorgefallen war.
Sie hatte ihre Lebensvision nicht gekannt und nicht ernst genommen und sich Bilder von anderen geliehen, von denen sie glaubte, dass sie ein glückliches und wertvolles Leben führen würden. »Meine Familie ist schon immer perfekt gewesen. Wie aus der Werbung. Mama immer schick zu Hause, wohlgeratene Kinder, und abends kommt Vati heim und alles ist gut.« – »Schönes Bild. Und Sie? Wer sind Sie wirklich?«, fragte ich sie. »Ich habe immer für meinen Beruf gelebt, habe die Welt gesehen. Habe Jahre in Italien gelebt und dort im Management einer Fluglinie gearbeitet. Es war die glücklichste Zeit meines Lebens.« Damals hatte sie auch ihren Mann kennengelernt. »Dann starben meine Eltern und mein Schwager. Und ich fing an, alles zu hinterfragen. Begann, das Leben zu führen, das meine sogenannte Ursprungsfamilie gut fand.« Und auch das machte sie perfekt. Doch als alles erreicht war und sie eines Morgens das zweite Kind in die Schule gebracht hatte, brach sie in Tränen aus und verstand die Welt nicht mehr. »Ich sollte doch glücklich sein. Ich habe doch alles!« Aber das alles, was sie hatte, war nicht ihres. Es war der Traum von anderen. Nicht ihr Traum. Von einem Extrem ins andere schlitternd, wollte sie zuerst alles hinwerfen, ihren Mann und die Kinder verlassen. Und »irgendwo bei null wieder anfangen«. Sie tat es nicht. Weil sie den MINDFUCK erkannte, ins Erwachsenen-Ich ging und von dort anfing, Stück für Stück sich wirklich ernst zu nehmen und die Realität trotzdem nicht aus den Augen zu verlieren.
Ja, sie hätte unter heutigen Bedingungen selbstverständlich Mann und Kinder verlassen können. Aber als sie sich aus der

Negativspirale löste und sich ihren Gefühlen wirklich stellte, wurde ihr sehr bewusst, dass sie diesen und keinen anderen Mann haben wollte und dass ihr ihre Kinder ebenso am Herzen lagen. Gleichzeitig aber erlaubte sie sich, ihre ureigene Lebensvision wiederzuentdecken. In dieser Lebensvision waren Partnerschaft auf Augenhöhe und Kinder zwar wichtig, aber nicht das Zentrum, um das sich alles drehen sollte. Sie begann wieder zu arbeiten, suchte sich eine anspruchsvolle Position, die sie wirklich ausfüllte, und erlaubte sich die ganze, nicht nur die halbe Portion: eine erfüllende Karriere und eine glückliche Familie. Mann und Kinder waren nach anfänglichen Zweifeln dabei, denn die ganze Familie wusste, dass Glück nicht auf Kosten eines einzelnen Familienmitglieds zu haben ist.

Welchen Stellenwert hat die Liebe?

Liebe kann heute nur gelingen, wenn wir wissen, was wir vom Leben und der Liebe wollen. Welchen Stellenwert soll die Beziehung in Ihrem Leben haben? Wie wichtig ist sie Ihnen, und was wollen Sie erleben? Geht es Ihnen darum, sich mit dem einen Menschen in Ihrem Leben ein echtes Zuhause aufzubauen? Wollen Sie eine eigene Familie haben? Und wenn ja, welchen Stellenwert soll sie in Ihrem Leben haben? Soll sie das Zentrum oder einer von vielen Orientierungspunkten in Ihrem Leben sein? Vielleicht ist Ihnen etwas anderes aber noch wichtiger, und Sie wollen die Welt verändern, ein Werk schaffen, Menschen oder Tieren helfen und an Ihre eigenen Grenzen gehen? Vielleicht gibt es die eine große Leidenschaft in Ihrem Leben, die nichts mit der Liebe zu tun hat und die dennoch das Wichtigste für Sie ist? Denken Sie daran: Heute dürfen Sie wählen. Ernsthaft. Möglicherweise ist Ihnen aber nach einem ganz und gar anderen Leben zumute. Vielleicht wollen Sie lieber die Vielfalt des

Lebens und der Liebe erleben? Sich nicht binden, um immer wieder neue Begegnungen möglich zu machen und sich darin in vielen Facetten zu finden? Vielleicht wollen Sie ganz tief in Ihrem Inneren auch beides erleben? Eine echte, tiefe Partnerschaft und dazu noch andere Lieben? Niemand kann Ihnen vorschreiben, was richtig ist. Die Grenzen setzen heute Sie und die Menschen, mit denen Sie leben wollen. Nicht mal zur Ehrlichkeit sind Sie gezwungen, wenn wir ehrlich sind. Es droht keine Steinigung mehr, wenn Sie fremdgehen. Aber möglicherweise beschädigen Sie Ihre Beziehung und damit etwas, das Ihnen wichtig ist, und das können nur Sie selbst verantworten.

Eines ist klar: Opfer sind »out«. Beziehungen, in denen Sie oder der andere das Opfer der eigenen Lebensvision bringen müsste, gehen heute nicht mehr gut. Sie haben eine sehr begrenzte Halbwertzeit und zerstören die Lebensqualität beider Partner. Was Sie wirklich haben möchten, darf also nicht Ihrer ureigenen Lebensvision entgegenstehen.

Die eigenen Erwartungen kennen

Der Stellenwert, den die Liebe im eigenen Leben hat, ist das eine. Das andere ist, was Sie unmittelbar von Liebe und Beziehungen erwarten. In den letzten Jahren hört man immer wieder, man solle, wenn man wirklich liebt, alle Erwartungen fallen lassen. Wir haben bereits analysiert, dass diese Vorstellung, die meist einen religiösen oder spirituellen Hintergrund hat, vermutlich eine veraltete und sehr kindliche Vorstellung von Liebe ist. Sie dürfen selbstverständlich Erwartungen haben. Sie sind dem Leben nicht mehr passiv ausgesetzt. Sie dürfen es gestalten, dürfen entscheiden, wofür Sie zur Verfügung stehen und wofür nicht. Es ist wichtig, sich da sehr gut zu kennen und zu wissen, wo die Grenzen sind. Dennoch ist es für viele, denen ich diese Frage stelle, ganz neu, ernsthaft darüber nachzudenken und wirklich zu formulieren, worum es ihnen konkret in der Liebe geht, welche Art von Umgang sie sich wünschen, was sie von ihrem Partner, von sich selbst erwarten und was nicht. Das geklärt zu haben ist eine der wirksamsten Vorbeugungen gegen Beziehungsstress. Denn der entsteht bekanntlich häufig, wenn Erwartungen eben nicht besprochen und geklärt, sondern stumm vorausgesetzt werden. Das aber geht heute nicht mehr. Wichtig ist auch: Der andere hat ebenfalls die Wahl. Und seine oder ihre Bedürfnisse sind ebenso relevant wie unsere eigenen. Wir sprechen heute von Liebe und Partnerschaft auf Augenhöhe. Die Erwartungen an die Liebe und das, was wir von ihr »brauchen«, um glücklich zu sein, bedürfen eines MINDFUCK-freien Blicks auf die Dinge. Denn nirgends gibt es mehr Einfallstore für MINDFUCK als da, wo wir dann doch etwas erwarten, sei es, dass ein anderer unsere Schwächen ausbügeln oder auf seine Schultern nehmen soll. Doch es gibt eben auch Erwartungen aus dem Erwachsenen-Ich, die absolut legitim und wichtig sind.

Kompensatorisch und damit MINDFUCK-lastig sind Erwartungen, die darauf abzielen, dass wir den anderen »brauchen«, um emotional oder wirtschaftlich zu überleben. Er soll sich kümmern, uns dauerhaft umsorgen, immer und ganz für uns da sein, uns beschützen und jedes Problem für uns lösen. Er soll uns am besten die Wünsche von den Augen ablesen oder zumindest ohne Murren erfüllen, wenn wir sie äußern. Er soll uns Lasten abnehmen und dafür sorgen, dass wir es möglichst gut und bequem haben. Das sind die Erwartungen eines Kindes an seine Eltern. Oder die Erwartungen, die Partner in autoritär-hierarchischen Beziehungen voneinander hatten. In besonders autoritären Eltern-Kind-Beziehungen wurde dieses Verhalten sogar von Kindern ihren Eltern gegenüber erwartet. Geliebt zu werden wie ein Kind oder zu lieben wie ein Kind ist, wie gesagt, ein Ideal in Abhängigkeitsbeziehungen. Eine gute Orientierung bietet die Frage, ob die Erwartungen, die wir an die Liebe oder den anderen haben, ein Ideal von Allmacht, Bewunderung und Dominanz oder Ohnmacht und Versorgtsein erfüllen. Dann sind wir ganz sicher auf der falschen Spur. Es gibt auch abgemilderte Zwischenformen, die jedoch auch nicht mehr auf der Höhe der Zeit sind. Dann ist die Beziehung eine Art »Notgemeinschaft« mit Partnern, die immer füreinander da sein müssen. Als ob draußen vor der Tür noch der Säbelzahntiger lauern würde. Lassen Sie uns lieber realistisch bleiben.

Wünsche auf Augenhöhe

Liebe ohne Selbstsabotage ist Liebe auf Augenhöhe unter zwei erwachsenen Menschen, die freiwillig zusammen sind. Eigentlich eine Binsenweisheit, wenn wir ehrlich sind. Was ist Ihnen in der Liebe wichtig? Was erwarten Sie von einer erfüllten Liebesbeziehung? Ein Mann, der sich im MINDFUCK-Modus immer eine »liebe, angepasste Sie« gewünscht hatte, sehnte sich im Erwachsenen-Ich nach einer Frau, mit der er »Pferde stehlen« kann. Eine Frau mit Humor, die gerne Zeit mit ihm verbringt und auch eigene Ideen für gemeinsame Abenteuer hat. Er war sich klar, dass er sich eine wirklich intensive Begegnung wünschte, keine lockere Geschichte, bei der man sich nicht so oft sieht. Eine Frau, die sich im MINDFUCK-Modus »nur was ganz Loses« wünschte, wo »er eine eigene Wohnung hat und mir nicht auf die Nerven geht«, überdachte ihre Vorstellungen von Liebe im Erwachsenen-Ich. Bisher sollten Männer immer unkompliziert und ohne jede Erwartung an sie sein. Sie sollten zwar da sein, wenn sie sie brauchte, aber selbst keinerlei Ansprüche stellen. Eine fast schon liebenswert kindliche Vorstellung. Zusammenziehen war auch im MINDFUCK-freien Bild nicht ihr Ding. Aber sie war sich jetzt bewusst, dass sie mehr zu geben hatte in der Liebe als kurze, unverbindliche Begegnungen. »Ich möchte auch für ihn da sein, wenn es Probleme gibt. Möchte zuhören und meinen Teil beitragen, ihn zu stärken und zu ermutigen. Ja, ich möchte auch in schwierigen Phasen an seiner Seite sein und meine Frau stehen. Und wünsche mir das auch umgekehrt.« Was passt bei Ihnen, wenn Sie sich realistisch einschätzen? Und was geht, wenn Sie ehrlich sind, zu weit? Geht es Ihnen ums Zuhören, wenn Sie Sorgen haben? Ein phantasievolles Sexleben? Ein zärtliches, vertrauensvolles Miteinander? Gemeinsam Ziele haben? Gemeinsam Berge versetzen? Familie? Gemeinsame Hobbys und Interessen? Oder ein eigenes Leben, das Sie mit jemandem teilen wollen, der oder die auch ein eigenes Leben hat? Vielleicht auch nur eine Liebe für gewisse Stunden? Für aufregende, außergewöhnliche Momente? Außerhalb von Raum, Zeit und Alltag? Welche Liebe passt zu Ihnen, und in welcher Liebe wird Ihr erwachsenes Herz genährt?

Falls Sie noch solo und auf der Suche nach einer Liebe sind, ist es jetzt Zeit, das »Beuteschema« neu zu fassen. Wer sind Sie? Und welche Art von Charakter, welche Art von Mensch passt zu Ihnen? Je besser Sie ein Ziel kennen, desto leichter treffen Sie es.

Falls Sie bereits einen Liebsten oder eine Liebste haben und sich nun ernsthaft fragen, ob Sie zusammenpassen, haben Sie noch ein wenig Geduld. Der Realitätstest, dem wir uns in der Liebe 2.0 stellen, braucht alle Ebenen. Also auch die »Du«- und die »Wir«-Ebene. Haben Sie diesen Punkt geklärt oder es zumindest zu ersten Antworten gebracht, dann ist es Zeit, sich mit Ihrem Verhältnis zum Gegenüber Ihrer Liebe, mit dem anderen, zu beschäftigen. Willkommen auf der Du-Ebene der Liebe.

Den anderen sehen

Möglicherweise ahnen Sie bereits, welches ungeheure Potenzial Liebe ohne Selbstsabotage hat. Sie selbst sind ein einzigartiger, faszinierender individueller Mensch. Ein Unikat. Ein Wesen voller Fähigkeiten in einer Welt voller Möglichkeiten. Ein Wunder. Und das Wunder wächst. Denn der andere, den Sie schon kennen oder dem Sie noch begegnen werden, ist es auch. Vielleicht sitzt er sogar gerade neben Ihnen. Wenn noch niemand in Sicht ist, glauben Sie mir, irgendwo da draußen lebt er oder sie schon. Und wartet im noch unbewussten Fluss seines Lebens darauf, dass Sie sich aufmachen, ihn oder sie zu finden.

Wir haben bereits gesehen: Liebe ohne Selbstsabotage hat nur dann eine Chance, wenn sich beide Partner persönlich entfalten können. Für die Liebe ergeben sich daraus besonders interessante neue Fragen. Denn wenn wir wirklich konsequent individuell, also ganz wir selbst sind – können wir dann überhaupt noch ernsthafte Beziehungen mit anderen führen? Sind wir dann nicht so sehr in unserem »eigenen Film«, dass andere bestenfalls Statistenrollen übernehmen? Diese Frage ist nicht nur spekulativ, ich sehe sie häufig im realen Leben. Aus der Idee der freien, individuellen Lebensgestaltung entsteht ein unerwünschter Nebeneffekt, wenn wir nur noch das akzeptieren, was zu unserem Lebenskonzept und zu unserem persönlichen Komfort passt. Alles andere wird als Zumutung wahrgenommen und nur so lange zähneknirschend akzeptiert, wie das erste Verliebtsein andauert. Später wird jede Eigenart des anderen abgelehnt, und die Liebe geht den Weg des Sterbens, den ich zu Beginn beschrieben habe: Aus dem Wunder wird die Wunde. Wenn wir uns die Situation aus dem Blickwinkel der MIND-

FUCK-Theorie ansehen, dann stellt sich die Frage, in welcher Ich-Ebene wir uns bewegen, wenn wir der Meinung sind, im Leben würden nur unsere ureigenen Interessen zählen. Ich denke, die Antwort liegt auf der Hand: Wir befinden uns dann auf der Ebene des Kind-Ichs. Wäre es demnach besser, wieder zu den guten alten Werten zurückzukehren und sich und seine Individualität für die Liebe zu opfern? Sich für den anderen zurückzunehmen oder sich ganz auf das Gemeinsame zu konzentrieren? Ist das nicht die wahre Liebe? Betrachten wir es nüchtern: Auch dann wären wir nicht in unserer vollen Kraft, sondern in die unteren Ebenen abgerutscht.

Realität und Potenzial

Der erste Schritt hin auf ein »Du« ist also, sich zu öffnen, und dann fängt sie an, die wirkliche Kunst der Liebe. Die wirkliche Kunst der Liebe hat damit zu tun, sich selbst und den anderen wirklich zu sehen. Die Realität, die da ist, wirklich wahrzunehmen. Nicht die, die man im MINDFUCK meint erwarten zu dürfen. Und zu sehen, welches immense Potenzial da ist. Keine Abziehbilder alter, verflossener Beziehungen oder nicht erfüllbarer Ideale, sondern das tatsächliche aktuelle Potenzial, das man mit diesem Menschen in diesem Leben tatsächlich hat.
In der Regel sind wir es nicht gewohnt, den anderen zu sehen. Wir machen uns ein mehr oder weniger schemenhaftes Bild und reichern es mit unseren Erwartungen und Projektionen an. Das ist die Ausgangslage für fast alle Menschen, mit denen ich je zu diesem Thema gearbeitet habe. Die erste Fähigkeit in der neuen Kunst des Liebens ist deshalb, den anderen wirklich zu sehen. Seine Realität zu sehen. »To walk in his shoes«, in den Schuhen des anderen laufen, wie eine alte Indianerweisheit sagt, sich also in ihn hineinzuversetzen.

Erst dann können wir sehen, wen wir da lieben und welchen Lebensweg der andere gerade geht, was ihn bewegt, was er braucht und was passieren muss, damit Sie beide Ihre Begegnung als wundervolle Bereicherung erleben. Eine Hilfestellung, wie Sie dies anstellen können, erfahren Sie im folgenden Absatz.

Den anderen von außen betrachten

Ich lade Sie also ein, sich auf ein Gedankenexperiment einzulassen, das Ihre Fähigkeiten in der neuen Kunst des Liebens weiter stärken wird. Stellen Sie sich vor, Sie haben einen bequemen Platz auf einer dicken, weißen Wolke oder auf einer üppigen Baumkrone und können den Menschen, um den es geht, von diesem Platz aus beobachten, ohne dass er oder sie es merkt. Falls Ihnen das schwerfallen sollte, stellen Sie sich einfach vor, Sie seien in seiner Nähe, aber unsichtbar. Sie sehen ihm oder ihr einfach beim Leben zu. Sehen den Menschen, den Sie lieben, aus einem guten und respektvollen Abstand heraus. Falls Sie noch auf der Suche sind, stellen Sie sich zum Training einen Bekannten, den Sie einfach mögen, oder einen imaginären Menschen vor, jemand, der Ihnen noch begegnen mag. Es kommen nun recht viele Fragen auf Sie zu, und ich möchte Sie bitten, sich ernsthaft darauf einzulassen. Es macht Freude, ist eine echte Erfahrung und wird ein umfassendes und wahrhaftiges Bild des anderen in Ihnen entstehen lassen.

Wer ist der andere?

Tun Sie einmal so, als würden Sie den Menschen, um den es geht, jemand anderem beschreiben, der ihn nicht kennt. Ausführlich und umfassend, offen und mit einem liebevollen Blick. Wie sieht er aus? Wie klingt seine Stimme? Wie sehen seine Hände aus? Wie fühlt er oder sie sich an? Welche

Kleidung trägt er? In welchen Situationen fühlt er sich am wohlsten? Unter Menschen? Allein mit sich? Sonntagmorgens in der Familie? In einem edlen Restaurant? In seinem Auto? In seinem Garten? Bei einem Cocktail in einer coolen Bar? An einem Schreibtisch mit wunderbarem Ausblick? Beim Shoppen? Mit einer großen Tüte Eis in der Hand? Vor dem Fernseher? Auf einem eigenen Segelboot? Wenn er ganz mit sich allein wäre: Was würde er oder sie tun? Wie sieht dieser Mensch aus, wenn er schläft? Stellen Sie sich vor, er oder sie steht morgens allein im Bad vor dem Spiegel. Wen oder was sieht er da? Was denkt er zuerst?

Wie geht es ihm?
Ja, wie geht es ihm, wie geht es ihr gerade? Wie fühlt sich das Leben wohl im Moment für ihn an? Ist es eine gute Zeit in seinem Leben? Oder eher eine herausfordernde? Welche Schwierigkeiten gibt es? Ist er oder sie ein Glückskind, oder hat er oder sie sich schon eine Menge erkämpfen und erarbeiten müssen? Wie steht es mit dem Beruf? Mit dem Umfeld? Hat er oder sie wirklich gute Freunde? Menschen, denen er vertrauen kann und auf die er bauen kann? Wenn er oder sie mit Ihnen oder anderen Kinder hat: Ist er gerne Vater oder Mutter? Welche Note würde er sich wohl selbst ausstellen? Was gerne verändern?

Was sucht dieser Mensch im Leben?
Jeder Mensch hat etwas, nach dem er sucht und strebt. Was ist es bei diesem Menschen? Was treibt ihn oder sie an? Welche Frage treibt ihn um? Worum geht es in seinem oder ihrem Leben? Was ist die zentrale Frage, die er oder sie in diesem Leben beantworten möchte? Welche »Baustellen« sind noch offen und nicht geklärt? Welche Wunden möchte der Mensch, den Sie lieben, schließen? Welche schmerzen immer noch oder immer wieder? Welches Rätsel würde er

gerne lösen? Was möchte er oder sie einmal, und wenn es nur ein einziges Mal ist, erleben?

Wovon träumt er?
Welche Lebensträume hat er oder sie? Auf welche Erlebnisse würde er oder sie am 80. Geburtstag wirklich stolz zurückblicken? Was möchte er oder sie verändern auf dieser Welt? Was ist ihm oder ihr wichtig? Und in der Liebe? Was wäre die Tagseite und die Nachtseite seiner oder ihrer Wünsche, über die wir im ersten Kapitel gesprochen haben? Welche Werte? Welche Erotik? Welche Geheimnisse? Fragen Sie ihn nicht selbst, sondern überlegen Sie, was er oder sie denkt. Welche Träume sind nicht nur Träume und Wünsche, sondern wirkliche Ziele?

Was braucht er?
Welches Leben passt zu dem Menschen, den Sie lieben? Wenn es Sie nicht gäbe, wie würde er oder sie dann am besten und liebsten leben? Was wäre anders als heute? Was ist ihm oder ihr wichtig in der Liebe? Welchen Stellenwert hat sie in seinem oder ihrem Leben? Welche Werte sind ihm oder ihr aus einer ernsthaften, erwachsenen Position heraus wichtig? In Fragen des Alltags? Der Lebensorganisation? Der Zeit für sich, für die Liebe, für die Arbeit, für andere? Worüber würde er oder sie sich wirklich freuen? Wenn Sie zaubern könnten, was wäre das größte Geschenk, das Sie ihm oder ihr machen könnten?
Fragen wir also noch einmal geballt und mit dem gesamten liebenden und respektvollen Abstand, den wir in unserem eigenen Erwachsenen-Dasein aufbringen können: Wer ist dieser Mensch, wenn er in seinem selbstwirksamen und balancierten Erwachsenen-Ich ist? Was macht diesen wunderbaren, einzigartigen Menschen aus?

Als ich alle diese Fragen einmal einer Klientin stellte, tat diese sich ungeheuer schwer mit den Antworten. Um es ihr zu erleichtern, holte ich einen weiteren Stuhl zu uns heran und bat sie, sich vorzustellen, ihr Partner säße auf dem leeren Stuhl. »Er hat keine schönen Hände. Sie sind ganz haarig. Sehen brutal aus.« Das war der Anfang. Ich bat sie, sich einen liebevollen und großzügigen Blick auf ihn zu gönnen. Sie fuhr fort: »Er schnarcht. Es ist furchtbar, mit ihm in einem Bett zu liegen.« Ganz offensichtlich war sie geradezu gefangen im *Bewertungs*-MINDFUCK. Ich fragte sie, ob sie bereit sei, einen anderen Blick auf diesen Menschen zu werfen. Ich bat sie, sich zu erinnern, wen sie ganz am Anfang in dieser Beziehung getroffen habe. Die Antworten wurden ein wenig freundlicher. »Ja, er ist groß und stattlich. Ein Mann, der auffällt, wenn er den Raum betritt.« – »Und wenn Sie ihn als ganz normalen Menschen sehen? Ein Mensch mit Ecken und Kanten? Guten und weniger guten Seiten? Wenn Sie einen fairen, gerechten und menschlich-liebevollen Blick auf ihn werfen?« An diesem Punkt gab sie auf. »Nein, das kann ich nicht. Beim besten Willen nicht. Er hat mir zu viel angetan.« Sie sah sich als Opfer, und womöglich war sie das auch. Denn es gibt sie, die echten, tiefen Verletzungen, die wir uns niemals schönreden sollten. Und es geht auch nicht darum, sie zu vergessen und zu verdrängen. Worum es hier jedoch immer geht, was auch passiert sein mag, ist erwachsene Wahrhaftigkeit. Die klang bei meiner Klientin so: »Er mag seine sehr guten Seiten haben und ja, vielleicht auch wirklich ein toller Mann sein. Zwischen uns aber sind Dinge vorgefallen, die ich ihm nicht verzeihen kann und mag. Das ist die Situation. Das ist die Wahrheit.« Ich fragte sie: »Lieben Sie ihn noch?« Und sie antwortete mit einem offenen, wahrhaftigen und gleichzeitig sehr betroffenen »Nein«. Auch das ist ein Moment der Wahrhaftigkeit in der Liebe. »Was wollen Sie noch von ihm?« – »Dass er sich entschuldigt.« – »Was passiert, wenn er es nicht tut?« Ich sprach sie mit vollem Ernst und voller Klarheit an. Sie blickte wie durch mich hindurch. »Seien Sie ehrlich und gleichzeitig so stark, wie Sie es wirklich sind«, bat ich sie. Und sie antwortete: »Ich weiß, dass ich auch damit leben muss. Und anfangen muss, diese Liebe zu vergessen. Irgendwann wird sie irgendeinen Platz in mir haben, der nicht mehr weh tut. Aber dafür brauche ich noch Zeit.«

Ist der Blick auf die Du-Ebene verstellt, dann stimmt etwas nicht. Entweder sind wir noch voll im MINDFUCK-Modus und blicken als verletzte Kinder oder bewertende Eltern auf den anderen, oder es geht um etwas anderes: Das Gefühl ist weg. Möglicherweise war es niemals da. Eine Frau merkte, als ich sie danach fragte, dass sie ihren jetzigen Partner niemals als innerlich Erwachsene geliebt hatte. Er war nach der Scheidung von ihrer großen Liebe in ihr Leben getreten, und sie brauchte ihn einfach, um alles andere zu vergessen. »Er war nur eine gute Ablenkung. Wenn ich ihn beschreibe, dann sehe ich einen an sich guten Mann, der aber nicht meiner ist. Er passt nicht zu mir. Er berührt mich nicht. Das ist mir jetzt wirklich klar.«

Wenn es Ihnen nicht gelingt, den anderen mit einem offenen, neugierigen Blick zu sehen, dann ist es Zeit, sich wirklich ernsthafte, wahrhaftige Fragen zu stellen und sich sehr ehrliche Antworten darauf zu geben. Lieben Sie diesen Menschen? Oder haben Sie damit aufgehört? Es nie getan? Oder so viele Rechnungen mit ihm offen, dass Sie nicht in der Lage sind, ihm oder ihr gegenüber eine liebevolle und gleichzeitig selbstbewusste Position einzunehmen?

»Sie liebt mich nicht genug. Jedenfalls nicht so wie ich sie. Das ist die traurige Wahrheit.« Zu diesem Resümee kam ein Mann, als er sich diesen Fragen stellte. »Ich sehe sie ganz deutlich vor mir. Sie ist eine grandiose Frau. Offen, feinfühlig, voller

Ideen. Es ist ein Traum, mit ihr den Tag und die Nacht zu verbringen. Sie hat selbst große Träume, will etwas bewegen in der Welt. Sie arbeitet in einer Organisation, die sich für Menschenrechte einsetzt. Und wenn ich mir die Sache sehr mutig ansehe«, sagte er betroffen, »dann ist das ihr Lebensinhalt.« Er schwieg und kämpfte mit den Tränen. »Aber ich möchte ein anderes Leben, und die Liebe reicht nicht. Ihre Liebe reicht nicht, um mit mir in diesem Land zu bleiben und eine Familie zu gründen. Es zieht sie hinaus in die Welt, immer zu anderen Menschen. Ich muss anfangen, wahrhaftig mit mir, mit ihr und mit uns zu sein.«

Nichts als die Wahrheit

Die Fragen gehen tief und können uns sehr bewegen. Für die meisten Menschen ist es eine gute, eine tiefe, wahrhaftige und äußerst intensive Erfahrung, den anderen auf diese Weise wirklich zu sehen. Vielleicht zum ersten Mal wirklich zu sehen. Manchmal fließen dann Tränen, und eine Welle von Gefühl überrollt und zeigt uns: Ja, wir lieben diesen Menschen. Aus tiefstem Herzen. Ja, dieser Mensch hat – unabhängig von uns – sein ganz individuelles, eigenes Schicksal, seinen eigenen Kampf und seine eigenen Freuden mit dem Leben. Er wurde geboren, lebte bereits, bevor er uns kennengelernt hat, und wird irgendwann auch wieder gehen. Das alles ist groß, größer als der größte MINDFUCK, mit dem wir uns bisher selbst sabotieren. Und das ist auch gut so. Denn es ist die Wahrheit. Wir können sie nicht nur aushalten. Wir können auf diesem Fundament anfangen oder fortfahren, diese große Liebe zu leben.

»Ich sehe ihn jetzt mit anderen Augen«, sagte eine Frau, die ins Coaching gekommen war, weil ihre Beziehung kurz vor dem Aus stand. »Ich glaube, ich mache mich mit Dingen verrückt, die mich gar nichts angehen. Es ist sein Leben, es sind auch seine Themen, die ihn bewegen. Und es steht mir nicht zu, sie ständig zu bewerten.« Zunächst hatte sie sich mit einem wahren Redeschwall Luft gemacht über den *»faulen Hund«*, der nur *»rumsitze und lese und gescheit daherrede, ohne in die Puschen zu kommen«*. Um ihre Wut abzuholen, notierte ich mir alle Beschwerden, die sie über ihren Freund auf dem Herzen hatte. Ich zeigte ihr die vollbeschriebenen Blätter und sagte: »Passen Sie auf, wir legen das jetzt zur Seite. Aber wir holen es zurück, versprochen!« Dann stellte ich ihr die entscheidenden Fragen. Und heraus kam ein völlig anderes Bild. Das Bild eines Mannes, der sich viele Gedanken machte, der ernsthaft an einem Drehbuch arbeitete. Frühmorgens schrieb und tagsüber in einem Cafe jobbte, um sich seinen großen Traum zu erfüllen, die eine große Geschichte, die ihn seit Jahren bewegte, niederzuschreiben. Wenn er allein war, hörte er experimentelle Musik oder Stücke von Bach, beschäftigte sich intensiv mit dem Gehörten und sprach anschließend mit ihr darüber. Es interessierte sie sehr, sie bewunderte ihn für dieses Wissen und fühlte sich von den Gesprächen sehr bereichert.

»Ja, genau in diesen Mann habe ich mich verliebt. Bis ich angefangen habe zu denken, Männer müssen doch anders sein.« Sie sah mich an, als verstünde sie sich selbst nicht mehr. »Ich habe noch meine Mutter im Ohr: Das ist ein Faulpelz, der lebt doch auf deine Kosten. Aber er lebt nicht auf meine Kosten. Und ich nicht auf seine. Und das ist doch gut so, oder?« Von diesem Gespräch an war sie sehr sensibel für ihre eigenen Bewertungs-Anflüge. »Das ist alles MINDFUCK«, wusste sie nun und konnte darüber lachen. Was ihr Partner wirklich brauchte, das sah sie jetzt, war eine Partnerin, die ihn so sein ließ, wie er war. Die seinen Traum verstand und das annehmen konnte, was er so gut geben konnte: Tiefe und Zärtlichkeit, wahre Gespräche, ein ernsthaftes Sich-Anschauen.

Es wird einiges klar, wenn man die ehrlichen Antworten über den anderen mit den eigenen Ängsten, Sorgen und Vorwürfen vergleicht. Die MINDFUCKS springen einem dann geradezu ins Auge. Meist ist es eine Mischung aus Bewertung und Regel. Wir meinen zu wissen, wie der andere zu sein hat, wenn wir ihn lieben sollen. Wie kommen wir eigentlich dazu?

»Er liebt mich, und er liebt seine Frau« bekannte eine Klientin, die sich geradezu verrückt machte in der Affäre mit einem verheirateten Mann. »Das ist seine Wahl. Und es darf so sein, denn es ist einfach die Wahrheit.« Genau das hatte sie in Streitereien mit diesem Mann immer weit von sich gewiesen, es war ihr »zu einfach« gewesen, der andere schien ihr »in Wahrheit feige, einfach feige«. Allein und mit Abstand, mit mir als unbeteiligter Zeugin, konnte sie sich die Realität ohne Furcht ansehen und sie auch aussprechen. Konnte ihrer Begegnung mit diesem Menschen wieder die Würde zurückgeben, die sie verdient hat. Ja, das Leben ist voller Dilemmata. Ja, es ist häufig nicht eindeutig. Aber das ist keine Lüge, sondern es kann tatsächlich die Wahrheit sein. An meiner Klientin lag es jetzt, als erwachsene Frau zu entscheiden, ob sie für diese Art der Beziehung, auch wenn sie wahrhaftig war, weiterhin zur Verfügung stehen wollte oder nicht. Diese Frage zu beantworten ist aber keine Selbstsabotage, sondern ein Akt wahrhaftiger Selbstwirksamkeit. Unabhängig davon, wie die Antwort ausfallen mag.

Die MINDFUCKS des anderen erkennen

Eine Frau, die nicht wusste, ob ihr Partner der Richtige für sie sei, nahm die Technik der zwei Übersichtskarten zu Hilfe. Auf der einen Karte standen die wahrhaftigen Aussagen über sie selbst. Auf der anderen jene Aussagen, die sie über ihren Partner getroffen hatte. Sie fügte beide Profile zusammen wie bei einem Puzzle. »Wir könnten prima in einem Hollywoodfilm mitspielen«, lachte sie schließlich. »Ich, der lebensfrohe Sonnenschein, und er, der große Schweigsame, der sich zurückzieht.« Sie sah mich fragend an. Ich sah fragend zurück. »Und wissen Sie was, ich liebe ihn trotzdem. Genau so. Und will ihn gar nicht anders haben, wenn ich es mir genau überlege.« Zur nächsten Sitzung wollte sie mit ihm zusammen vorbeikommen. »Ich denke, er ist jetzt auch neugierig. Es gibt noch ein paar Punkte, für die wir gute Strategien finden wollen, zum Beispiel, was ist, wenn er tagelang schweigt, und was, wenn ich den Mund nicht halten kann, obwohl er seine Ruhe braucht.« Daran konnten wir arbeiten. Denn das wichtigste Hindernis, der *Bewertungs*-MINDFUCK und ein elterlicher Blickwinkel auf ihren Partner, war dem liebenden Blick einer erwachsenen Frau gewichen.

Auch der Mensch, den Sie lieben, hat höchstwahrscheinlich mit einer Menge MINDFUCKS zu kämpfen. Möglicherweise haben Sie beim Lesen schon Verdacht geschöpft, welche das sein könnten. Auch diese Frage gehört auf die Du-Ebene einer Liebe ohne Selbstsabotage. Womit stört sich mein Liebster? Womit blockiert sich meine Liebste? In der Regel fällt es Menschen leicht, die Fehler zu sehen. MINDFUCKS sind aber keine Fehler, sondern Denkgewohnheiten. Mit ihnen will sich ein Mensch unbewusst und nicht mehr zeitgemäß vor etwas schützen, das er noch nicht kennt oder sich noch nicht erlaubt.

Doch zuerst ist es wichtig, fair zu bleiben. Was sind echte MINDFUCKS, und was sind Haltungen und Bedenken, die jemand tatsächlich hat? Wir müssen uns selbst immer kritisch im Auge behalten, wenn wir uns Gedanken über die MINDFUCKS anderer machen. Manchmal würden wir gerne behaupten, etwas sei MINDFUCK, obwohl uns in Wirklichkeit einfach ein uns fremder Wert oder ein uns nicht verständliches Bedürfnis des anderen begegnet. Was sind Werte, mit denen sich jemand verbarrikadiert, und was sind Werte, die eine Person wirklich ausmachen und deshalb unter Menschen auf Augenhöhe unantastbar sind?

»Er sagt, wir müssen sparen, weil es einmal sehr schlimm kommen könnte und wir dann gewappnet sein müssen«, erzählte mir ein Mann, dessen Partner fast jeden Tag über sein Geldausgabeverhalten schimpfte. »Ich würde mir so gerne ein eigenes Auto kaufen, traue mich aber nicht, weil ich keinen Streit haben will. Wenn ich mir mal etwas gönne, habe ich sofort ein schlechtes Gewissen, obwohl ich es mir leisten könnte. Es ist ein Dauerthema, das mich mittlerweile so nervt, dass ich nicht mehr weiß, was ich tun soll.« Ich fragte ihn, wie er die Sache als gestandener Mann erwachsen, offen und ehrlich beurteile. »Ich werfe kein Geld zum Fenster raus. Wirklich nicht. Aber ich bin der Meinung, dass ich mir von dem, was ich verdiene, auch mal etwas leisten darf. Ich habe keine Panik vor der Zukunft und glaube, mein Partner sieht das alles viel zu schwarz.« Eine klare Aussage. Der Spartrip des Partners war wahrscheinlich eine Folge von akutem *Katastrophen*-MINDFUCK. Der Ärger meines Klienten die gesunde Reaktion eines Mannes, der sich nicht von Ängsten verrückt machen lassen will. Er entschied für sich selbst, kaufte sich sein Auto, und beide erlebten, dass die Welt davon wirklich nicht unterging.
Wie aber sieht es mit folgendem Fall aus?
»Sie sagt mir, sie will nicht jedes Wochenende mit meinen Kindern aus erster Ehe verbringen. Das ist doch krasser MINDFUCK, oder? Es sind nun mal meine Kinder, ich kann sie nicht wegzaubern. Eine normale Frau muss doch auch irgendwie Lust auf Kinder haben.« Das sagte ein Mann über seine zweite Ehefrau, mit der er keine Kinder hatte. Ich dachte laut nach: »Hm. Darf eine erwachsene Frau auch das Bedürfnis haben, ein Wochenende ohne die Kinder aus erster

Ehe ihres Partners zu verbringen?« Nun war er sich nicht mehr so sicher. »Will sie die Kinder gar nicht sehen, oder verlangt sie sogar, dass Sie die Kinder nicht mehr sehen?«, wollte ich wissen. »Nein, das nicht«, meinte er. »Aber nicht jedes Wochenende.« – »Wollen Sie denn Ihre Kinder jedes Wochenende sehen?« Er zögerte. »Nun ja, ich liebe sie sehr. Aber ich kann mir auch mal ein Wochenende ohne die Kinder vorstellen. Das schon.« »Also, wo ist der MINDFUCK bei Ihrer Frau?« Er schwieg. Dann lächelte er. »Verstanden. Ist gar kein MINDFUCK. Es ist einfach ihre Meinung und ihr legitimes Bedürfnis. Wir müssen noch mal darüber reden.« Er verließ meine Praxis in Gedanken versunken und wirkte dabei irgendwie erleichtert.
Welche MINDFUCK-Landkarte hat der Mensch, den Sie lieben? Womit stört er sich wirklich? Und was ist sein eigentliches Potenzial dahinter? Welche Rolle neigt der andere im MINDFUCK-Modus eher einzunehmen? Das Kind-Ich oder das Eltern-Ich? Ist es die Neigung, sich hinter Hilflosigkeit, Trotz, Wut oder Rückzug zu verschanzen, oder eher, groß aufzudrehen, abzuwerten oder in die Rolle eines allwissenden, alles verstehenden Kümmerers zu schlüpfen? Wohin verschwindet der Mensch, den Sie lieben, wenn er sich selbst sabotiert? Welchen MINDFUCK wir beim anderen auch ausfindig machen: Er ist kein Zeichen von Unfähigkeit oder Unreife, sondern ein Ausdruck der ganz normalen Selbstsabotage, mit der wir uns alle behindern. Auch dahinter steckt ein wunderbarer, liebens- und achtenswerter Mensch, der seine Bahn noch sucht und finden kann.

»Er hat Angst davor, alles zu verlieren, wenn er aus dem Hamsterrad aussteigt. Das stresst ihn, und das stresst uns ungemein. Diesen ganzen Stress, die Angst – all das bekommen die Kinder und ich ab«, sagte eine Frau.
Erinnern wir uns – was ist das Potenzial hinter dem *Kata-*

strophen-MINDFUCK? Ein mutiger, offener, neugieriger und unerschrockener Mensch, ein Entdecker, der sich mit Existenzangst dazu bringt, eng und klein zu bleiben.

»Sie macht sich anderen gegenüber immer klein. Sie glaubt nicht an sich, passt sich viel zu schnell an. Auch in unserer Beziehung habe ich immer das Gefühl, es passiert nur, was *ich* möchte. Ich fühle mich schon richtig schlecht damit, weiß aber nicht, wie ich ihr helfen kann, sich mehr durchzusetzen.«

Hinter dem *Selbstverleugnungs*-MINDFUCK steckt eine große Originalität und Individualität und die Fähigkeit, mit anderen wunderbar in Kontakt zu sein, ohne sich selbst zu verlieren. Jeder MINDFUCK ist lästig und stört. Doch ich kenne keinen Menschen, der nicht damit zu tun hätte. Stellen wir uns also darauf ein, dass es sie gibt, die besonderen MINDFUCKS im Leben des Menschen, den Sie lieben. Und lernen wir mehr darüber, wozu sie führen und wer sich wirklich dahinter verbirgt. Wenn wir uns mit den MINDFUCKS des anderen beschäftigen, ist es wichtig, offen, fair und zugewandt zu bleiben. Es geht nicht um uns, es geht nicht darum, recht zu haben. Es geht darum, mehr zu verstehen:

Hinter dem **Katastrophen**-*MINDFUCK: ein mutiger Entdecker*

Jemand, der einmal gelernt hat, sein wirkliches Potenzial mit Angst- und Katastrophenszenarien zu unterdrücken, neigt möglicherweise zu lautstarken Wutausbrüchen oder einem ängstlichen, manchmal sogar panikartigen Verhalten. Die Gespräche drehen sich häufig um unangenehme Risiken, um Gefahren oder Beispiele von Scheitern. Er oder sie geht immer lieber auf »Nummer sicher«, beschäftigt sich viel mit Beziehungsproblemen, mit »Frühwarnzeichen« oder echten Katastrophen, die auch im eigenen Leben drohen könnten. Häufig ist das verbunden mit einer Neigung zur Hypochondrie und der Angst um das eigene Leben und das des anderen. In Wirklichkeit schlummert in diesem Menschen jedoch eine mutige, offene und sehr neugierige Persönlichkeit, die sich ohne Scheu Dinge ansehen und vieles erleben und verstehen möchte. Nur schiere Existenzangst und eine Palette von Verlustängsten bringen es fertig, die außergewöhnliche Offenheit dieses sehr erlebnisfähigen und erlebnishungrigen Menschen zu unterdrücken.

Hinter dem **Selbstverleugnungs**-*MINDFUCK: ein origineller Individualist*

Neigt Ihr Gegenüber zum *Selbstverleugnungs*-MINDFUCK, dann wird er oder sie sich über Gebühr zurücknehmen, immer erst auf die Interessen anderer achten und sich selten trauen, einen eigenen Standpunkt zu vertreten, besonders dann nicht, wenn er auf Widerstände trifft. *Selbstverleugnungs*-MINDFUCK ist häufig gekoppelt mit einer ausgeprägten Scheu vor offen ausgetragenen Konflikten. Rückzug, gute Miene machen, Schweigen, Beleidigtsein und, wenn überhaupt, bei anderen über die Partnerschaft zu lästern, kennzeichnet das Konfliktverhalten von Menschen, die sich selbst verleugnen. Sie leben in der Regel nicht das Leben, das sie wirklich haben wollen, gehen zu schnell zu viele Kompromisse ein. Insgesamt entsteht dann ein Bild vom Leben, in dem man sich eher als Opfer wahrnimmt, als ohnmächtigen, unfähigen Menschen, der wohl niemals richtig glücklich sein wird. In einer stärkeren Form kommt es bei manchen zu »Fremdgehen aus Rache« oder Flirts und Nebenbeziehungen, mit denen der Betreffende den Preis, den er immer wieder für die Selbstverleugnung zahlt, zu kompensieren sucht. In Wirklichkeit schlummert in diesem Menschen eine äußerst individuelle, originelle Persönlichkeit, die die Fähigkeit hat, mit dem anderen in einen tiefen, wahrhaftigen Kontakt zu treten, ohne sich zu verlieren. Menschen, die sich mit *Selbstverleugnungs*-MINDFUCK stören, sehen die Dinge in

Wirklichkeit oft anders, viel offener, freier und phantasievoller als ihre Mitmenschen. Sie haben früh gelernt, sich zurückzupfeifen und anzupassen, um sich sicher zu fühlen.

Hinter dem **Bewertungs-*MINDFUCK:*** *ein großherziger Menschenkenner*

Die Neigung zu Idealmaßstäben und Bewertungen führt zu Dauerkritteleien an sich selbst oder dem anderen. Häufig kann man eine aggressive und eine autoaggressiv-depressive Variante beobachten. Jemand kritisiert sich dauernd selbst, wertet sich ab, genügt sich nicht oder meint, anderen nicht zu genügen. In der aggressiven Variante wird der Partner, also Sie, einem strengen Bewertungsraster unterzogen. Die Beziehung wird zu einem Kampf um Macht und Rang. Wer ist der bessere? Wer der reifere? Wer ist der »bewusstere«? Wer hat sich weiter entwickelt? Wer ist der attraktivere? Wer der gescheitere, erfolgreichere, fähigere Partner? Konflikte, Angst, Misstrauen und Rückzug sind die Folgen. Menschen, die Sicherheit und Kontrolle über bewertende Rangordnungen und perfektionistische Maßstäbe suchen, sind in Wirklichkeit sehr offene, großzügige und sensible Menschen, die ein gutes Gefühl für Stimmungen und Beziehungen unter Menschen haben. Sie sind gerne in Gesellschaft und interessieren sich offen, aufmerksam und bewertungsfrei für andere. Sie verfügen durch ihre große Offenheit nicht nur über eine hervorragende Wahrnehmungsgabe, sondern haben auch ein großes Herz für Unterschiede und Besonderheiten, die sie würdigen, wenn sie sich nicht selbst dabei stören.

Hinter dem **Druckmacher-*MINDFUCK:*** *ein gelassener Macher*

Baut der Mensch, den Sie lieben, sich selbst und Ihnen gegenüber Druck auf, ist er meist in einer Falle aus Angst, Regeln und Bewertung gelandet. In der unbewussten Hoffnung und unhinterfragten Überzeugung, Sicherheit und Kontrolle nur dann zu erreichen, wenn man Druck aufbaut und Leistungen einfordert, sorgen sie bei sich und anderen für ein Klima der Angst und für starken Stress. Häufig setzen sie sich selbst und anderen die Pistole auf die Brust. *Entweder du machst das, oder …, wenn du das nicht machst, dann …* Sie vertrauen nicht darauf, dass andere Menschen etwas von sich aus freiwillig und wirklich gut machen. Kontrolle und Druck gehen deshalb oft Hand in Hand. Spielt Eifersucht, Misstrauen oder Ehrgeiz mit hinein, kann eine Partnerschaft im *Druckmacher*-MINDFUCK extrem anstrengend werden und ein Gefühl von tiefer innerer Unfreiheit auslösen. Menschen, die sich mit Druck sabotieren, können in Wirklichkeit mit ihrem eigenen Tempo und ihrem eigenen Rhythmus alles erreichen, was sie wollen. Sie haben die Fähigkeit, sich wirklich und nachhaltig zu entspannen, und können auf eine bewundernswerte Gelassenheit zurückgreifen. Tief in ihrem Inneren sind sie stark und geben den Dingen ihre Zeit.

Hinter dem Regel-*MINDFUCK: ein offener, phantasievoller Partner*

Rigiden Regeln zu folgen ist eine Art der Selbstsabotage, die aus dem Wunder der Liebe ein starres Gefängnis macht. Die Dinge haben so und nicht anders zu laufen. Menschen, die sich mit willkürlichen und engmaschigen Regeln stören, glauben, alles unter Kontrolle zu haben, solange sich alle, auch sie selbst, an die Regeln halten. Oft kommt der *Regel*-MINDFUCK im Gewand der Moral daher. *Das macht man nicht*, ist ein häufiger Satz. Oder: *Wenn man sich wirklich liebt, dann muss man … tun.* »Man muss« ist eine scheinbar objektive Umschreibung für die Worte »ich muss« und »du musst«, die, wenn sie exzessiv genutzt werden, zu einem Absterben von Spontaneität und Lebensfreude führen. Man fühlt sich mit dem anderen in einem »Korsett« gefangen, einer engen, miefigen Zwangsgemeinschaft, in der viel über andere gelästert und jedes Eigenleben verteufelt wird. Hinter dem *Regel*-MINDFUCK schlummert eine Persönlichkeit, die vor Kreativität und Phantasie nur so strotzt. Die in Wirklichkeit ungemein frei denkt und fühlt und immer einen dritten, wenn nicht vierten Weg sieht, die Dinge zu tun. Befreit sich ein Mensch von *Regel*-MINDFUCK, wird er wieder der offene, liebenswerte und im besten Sinne verrückte, individuelle Mensch, der er eigentlich ist. Glücklich, wer einen so lebendigen Partner an seiner Seite weiß!

Hinter dem Misstrauens-*MINDFUCK: ein neugieriger, offener Mensch*

Menschen, die sich selbst und andere mit Misstrauen sabotieren, leiden häufig, ohne es zu merken. Denn Misstrauen gibt das trügerische Gefühl, alles zu durchschauen, besonders schlau und damit sicher zu sein. In Wirklichkeit untergräbt Misstrauen die wichtigste Basis menschlichen Zusammenseins: Vertrauen und Offenheit, die Fähigkeit, zu verzeihen und neu anzufangen. Misstrauen ist damit Gift für jedes Leben und jede Liebe. Es beginnt mit dem fehlenden Vertrauen in sich selbst, die eigenen Fähigkeiten und Möglichkeiten. Sich klein halten, aufgeben, in Schutzhaltungen verharren sind die Folgen. Und es geht weiter mit fehlendem Vertrauen, Kontrollen und Unterstellungen dem anderen gegenüber. Eifersucht, Kontrollsucht, Kleinlichkeit und Zynismus kommen dabei heraus. Misstrauen ist damit die vielleicht gefährlichste Form der Selbstsabotage in der Liebe. Für Menschen, die in diesen Strudel hineingeraten sind, ist es höchste Zeit, aufzuwachen und sich von diesen Störungen beherzt zu befreien. Denn eigentlich wartet da eine überaus offene, großzügige Persönlichkeit, die zu wirklichem Vertrauen mehr als fähig ist. Ein Mensch, der sich und anderen mehr zuzutrauen vermag als gedacht. Ein Mensch, der den Nährboden für echtes Wachstum und ein ehrliches, vertrauensvolles Miteinander in sich trägt, in dem niemand Angst haben muss. Manchmal sagen Menschen, die sich mit diesem Punkt konfrontiert sehen, es fehle ihnen einfach an Urvertrauen. Sie hätten das niemals von zu Hause mitbekommen. Vertrauen ist eine Entscheidung, nichts, das einem angeboren sein oder das man von früher Kindheit her kennen muss. Sicherlich fällt es jenen leichter, die selbst viel Vertrauen geschenkt bekommen haben. Aber Vertrauen zu können ist eine menschliche Fähigkeit. Jeder kann es schenken. Manchmal aber muss man sich dafür entscheiden. Es funktioniert!

Hinter dem Übermotivations-*MINDFUCK: ein Mensch, der das Leben liebt*

Falls, der Mensch, den Sie lieben, im *Übermotivations*-MINDFUCK immer wieder himmelhoch jauchzend oder zu Tode betrübt ist und zwischen euphorischen und niedergeschlagenen Gefühlen wechselt, werden Sie Schwierigkeiten haben, selbst einmal zur Ruhe zu kommen. Alles muss super, grandios, extrem und »berührend« sein. Nichts darf einfach nur gut sein. Es muss besonders, außergewöhnlich emotional daherkommen. Das setzt beide Partner unter starken emotionalen Druck und läuft sich leider irgendwann tot. Dramen, Auseinandersetzungen, immer neue Spleens können die Versuche sein, dem MINDFUCK-Muster neue Nahrung zu beschaffen. All das gehört in den Wirkungskreis des *Übermotivations*-MINDFUCKS und kann Beziehungen ernsthaft aus dem Ruder laufen lassen. Dabei wartet da ein emotional und psychisch überaus starker und selbstwirksamer Mensch darauf, endlich entdeckt zu werden und in Ruhe seine Kraft entfalten zu dürfen. Wer im MINDFUCK-Modus häufig so flatterhaft daherkommt, ist in Wirklichkeit ein neugieriger, sehr kreativer Mensch, der ein intensives, aufregendes und dabei sehr stabiles Leben führen kann.

Auch wenn diese Punkte Anregungen für Sie sein können, jenes Potenzial, das womöglich in Ihrem Liebsten oder Ihrer Liebsten stecken mag, zu erkennen, ist dennoch Zurückhaltung geboten. Wenn ich mit Menschen arbeite, die in einer Beziehung sind, aber alleine ins Coaching kommen, werde ich häufig von ihnen gefragt, wie sie denn ihren Partner mit dem neuen Wissen über MINDFUCK helfen könnten.
Was, wenn der andere seine MINDFUCKS nicht erkennt und auch gar nichts verändern will? Ja, was ist, wenn Sie selbst erkennen, welche Spielchen gespielt werden, ihr Partner aber auf stur stellt?
»Wie kann ich denn gut damit umgehen?«, fragte mich eine Klientin. »Ich kann ihm doch nicht sagen, was er machen soll. Das wäre doch wieder aus dem Eltern-Ich heraus, oder?« Die Sorge ist berechtigt. Anderen Menschen ungefragt deren MINDFUCKS zu offenbaren, geht in der Regel nach hinten los. Es befeuert die Spielchen im Unterwasserballett. »Was willst du damit sagen?, Wo hast du das her?, Du spinnst wohl?« sind Aussagen, die auf solche ungefilterten Konfrontationen kommen könnten. Ohne nachzufragen oder sogar innerhalb eines Konfliktes mit der MINDFUCK-Theorie um sich zu werfen, ist deshalb nicht besonders hilfreich. Sagen Sie nicht, ich hätte Sie nicht gewarnt, wenn Sie es dennoch tun. Sie nutzen dann das, was helfen könnte, um dem anderen eins draufzugeben. MINDFUCK wird dann, so paradox das klingt, zu einem neuen, ganz speziellen Fall von MINDFUCK. Doch keine Sorge: Es gibt einen guten Umgang mit der Thematik, der im folgenden Kapitel, in dem es um die Wir-Ebene in einer Beziehung geht, zur Sprache kommen wird. Im Abschnitt »Krisen und Probleme meistern« werde ich Ihnen ganz konkrete Hinweise geben, wie Sie versiert mit unmittelbarem MINDFUCK umgehen und sich beiden eine Chance geben können, aus der Frustspirale auszusteigen. Worauf es, wenn wir hier ein Fazit ziehen möchten, ankommt,

ist, im Verhältnis zu dem Menschen, den Sie lieben, auch in schwierigen Momenten einen die Autonomie und Eigenständigkeit des anderen respektierenden Abstand einzunehmen. Es geht um freie erwachsene Menschen, die einen Weg suchen, glücklich zu sein. Manchmal gibt es Dinge, die einfach weh tun. Aber eines bleibt die Wahrheit: Hinter der Wunde steht immer noch das Wunder: Zwei einzigartige Menschen, die sich auf einer sehr emotionalen, intensiven und bedeutungsvollen Ebene begegnet sind. Und die jederzeit die Chance haben, aus dieser Begegnung ein bisher nicht gekanntes glückliches Erlebnis zu machen.

Miteinander wachsen

Ja, Liebe ohne Selbstsabotage führt zu einer neuen Qualität in jeder Art von Paarbeziehung. Das »Wir« verändert sich, wird größer, kraftvoller, lebendiger und wahrhaftiger. Die Liebe ist leidenschaftlich und tief, leicht und gleichzeitig bedeutsam. Lebendige Liebesbeziehungen bringen starke Gefühle auf Augenhöhe. Und tragfähige Partnerschaften sind heute von genau dieser Art. Dabei müssen sie nicht besonders außergewöhnlich oder glamourös sein. Sie können nach außen hin ganz unspektakulär daherkommen. Aber nach innen gibt es eine Kraft und ein Leuchten, das, manchmal erst auf den zweiten Blick, auch für andere sichtbar und wirklich unwiderstehlich ist. Es gibt etwas Gemeinsames, eine echte, kraftvolle Wir-Ebene, die das Potenzial beider noch stärker hervorkommen lässt. Paare, die sich von MINDFUCK befreit haben, berichten von einer neuen Qualität. Sie bremsen sich nicht gegenseitig oder verbrauchen auf Kosten des anderen dessen Kraft. Sie wachsen beide. Und schaffen etwas Größeres, für das sich alles lohnt, was das menschliche Leben ausmacht. Manchmal hätte ich richtig Lust, Vorher-nachher-Fotos mit meinen Klienten zu machen, so eklatant sind die Unterschiede. Ich beobachte, dass das Leben der Paare, die ihre Liebe ohne Selbstsabotage leben, sich geradezu explosionsartig verbessert. Es ist, als ob eine Knospe aufgehen und zu voller Blüte heranreifen würde. Treffe ich sie nach Jahren wieder, haben sie sich ein wunderbares Leben aufgebaut, sind gewachsen und haben neue, frische Ideen, die sie beflügeln. Manche haben aus ihrer Beziehung erfolgreich eine MINDFUCK-freie Zone gemacht. Andere wissen, wann es gefährlich wird, und wissen auch, was sie tun müssen, um allein und zu zweit wieder ins rechte Lot zu kommen. Was wirklich besonders ist: Paare, die die Mechanismen der Selbstsabotage einmal verstanden haben, können nicht mehr zurück in ihr altes Leben. Sie sind verändert. Sie können nicht mehr sehenden Auges einfach so weitermachen wie bisher. Manche Paare trennen sich an diesem Punkt. Aber auch diese Trennung läuft, wie wir noch sehen werden, anders ab als bei anderen. Die meisten aber entdecken sich neu, machen sich auf und fragen sich höchstens, warum sie nicht schon viel früher damit begonnen haben.

Entdecken Sie Ihre Paar-DNA

Paare, die diese Art der Liebe für sich erleben wollen, entdecken und legen ihr Potenzial frei. Jede Beziehung hat eine Art DNA, einen Code, der schon in den ersten Begegnungen sichtbar wird und in dem bereits die Informationen über das gesamte Potenzial der Beziehung enthalten sind. Sorgen beide dann noch dafür, aus der Verliebtheit die Essenz ihrer Beziehung mitzunehmen und in die nächste Stufe der gemeinsamen Paarentfaltung zu gehen, dann wird aus einer frischen Liebe diese echte, tiefe, wahrhaftige und intensive Partnerschaft. Eine Partnerschaft kann heute nur jedes Paar für sich selbst definieren. Ebenso wie wir uns nicht mehr vorschreiben lassen müssen, wie wir zu leben haben, gibt es kein fertiges »Idealbild« mehr von der Liebe, wie sie zu sein hat.

Gemeinsam ist Paaren, die ohne Selbstsabotage auf der Höhe der Zeit leben, dass sich jeder Einzelne in dieser Beziehung optimal entfalten kann. Bei starken Paaren sind beide auf ihre Weise stark. Jeder hat etwas wie ein eigenes Leben, eine eigene Welt, Zeit für sich und Beschäftigungen, die nicht auf der Wir-Ebene stattfinden. Das Individuum verschwindet nicht in der »Zweierkiste« oder der Familie, sondern bringt sich als vollständiger Mensch ein, wird berührt und sicherlich auch

verändert, aber seinem Wesen gemäß gestärkt und nicht verbogen.
Für diese Form des »Wir« braucht es das Wissen, das wir im Kapitel über die Ich-Ebene und die Du-Ebene bereits erarbeitet haben. Wir müssen uns selbst kennen und den anderen wirklich sehen. Erwachsen und ohne MINDFUCK. Holzschnittartige Vorstellungen, wie jeder zu sein hat, um »richtig« zu sein, gehören auf die Müllhalde der Geschichte. Nörgeleien und Beschwerden werden durch Gespräche auf Augenhöhe ersetzt. Dramen? Sind passé! Sich aufführen, wie es einem gerade in den Sinn kommt? Indiskutabel. Einfach immer mit den gleichen Endlosschleifen weiterwursteln? Kommt nicht mehr in Frage. Ein Leben akzeptieren, das weit unter unseren Möglichkeiten und Träumen liegt? Nicht attraktiv. Wirklich interessant ist, wer Sie beide sind, wenn Sie sich nicht mehr stören. Wie also ist die DNA Ihrer Liebe beschaffen, was macht diesen ganz speziellen Organismus Ihrer Beziehung aus? Wie braucht er, um zu wachsen und zu gedeihen? Wenn Sie diese Fragen zulassen und gemeinsam wahrhaftig beantworten, wird Ihre Liebe die völlig neue Qualität zeigen, von der Paare ohne MINDFUCK sprechen. Die Träume und Lebensziele sind dann so stark, dass es sich für beide lohnt, sich wirklich dafür zu engagieren.
Im Dschungel der Liebe sind diese Fragen oft nicht einfach zu beantworten. In der Regel gibt es schon einige Problemzonen, bis diese Fragen so dringlich werden, dass die Liebe in Gefahr ist. Kommen wir nun zu den Herausforderungen in der Liebesbeziehung, wie sie sich in einer Welt voller fauler Kompromisse und MINDFUCK noch zeigen. Und sehen Sie sich anhand von echten Beispielen an, wie Sie aus dem Dschungel herausfinden und Ihr wahres Potenzial leben können.

Ein schöner Morgen in Berlin-Mitte. Die Sonne scheint mild in meine hohen Altbauräume. Es duftet nach Kaffee. Gleich treffe ich ein Paar, auf dessen Zukunft wohl niemand eine Wette abgeschlossen hätte. Am wenigsten sie selbst. Stefanie und Mark leben in einem hübschen Reihenendhaus am Rand einer Großstadt. Die halbwüchsigen Kinder seien fordernd, die Eltern kurz vor der Pflegebedürftigkeit, Mark sei viel zu oft unterwegs, und Stefanie stecke mitten in einer Midlife-Crisis, erzählen sie. Der ganz normale Wahnsinn zweier Mittvierziger eben. »In unserer Nachbarschaft trennt sich jetzt ein Paar nach dem anderen«, sagen sie. »Das macht uns Angst. Wir wollen nicht glauben, dass auch bei uns alles kaputtgehen soll.« Aber es ist schon viel passiert. Viel mehr, als die beiden meinen, ertragen zu können. Mark hatte im Jahr zuvor eine kurze, heftige Affäre mit einer Kollegin. Die Sache flog auf, als die Kollegin eines Abends einfach an der Haustür klingelte und Stefanie mit der Realität konfrontierte. »Das war der absolute Alptraum. Drinnen saßen Mark und die Kinder beim Abendbrot. Und ich stand an der Tür, Auge in Auge mit dieser fremden, völlig aufgelösten Frau, und musste mir Dinge anhören, die mir den Boden unter den Füßen wegzogen. Sie sagte mir auf meiner eigenen Türschwelle, wo und wie sie Sex mit meinem Mann gehabt hatte.« Bei den beiden war das Intimleben bereits seit mehreren Jahren so gut wie eingeschlafen. Und Stefanies Schockreaktion war charakteristisch für die Muster ihrer Ehe: Sie fraß das Erlebnis in sich hinein und tat so, als ob an diesem Abend nichts passiert sei. Ging zurück an den Abendbrottisch und fragte die Kinder, wie ihr Tag gewesen sei. Insgeheim war sie davon überzeugt: *Du bist selbst schuld, dass er fremdgegangen ist. Die andere ist eine interessante Frau, eine Granate im Bett, und du bist langweilig und total frigide!* Bewertung und Selbstverleugnung, gepaart mit der panischen Angst, dass Mark gehen würde, wenn sie ihn mit den Tatsachen konfrontierte, führten zu einem Schweigepakt, den sie mit sich selbst abschloss. »Nur nichts anmerken lassen. Einfach im Stillen um ihn und die Familie kämpfen.« Eine Opfergeschichte, wie sie sich auch in den fünfziger Jahren hätte abspielen können. Was Stefanie an diesem Morgen in meiner Praxis von sich preisgab, lag bleischwer im Raum.

Viele Paare kommen mit einer konkreten und ernsthaften Problematik zu mir. Viele haben es schon mit Paartherapie versucht, andere wollen genau das nicht und versprechen sich mehr von einem Coaching. Wir fragen uns dann gemeinsam, was gerade los ist, was passiert ist und was einmal war, bevor die Beziehung in Schieflage geriet. Diese Gespräche gehen tatsächlich ans Eingemachte. Sie erfordern von allen Beteiligten ein hohes Maß an Wahrhaftigkeit und Respekt. Viele Dinge kommen auf den Tisch, die die Partner selbst gar nicht bemerkt oder angesprochen hätten. Aber oft sind eben diese Dinge besonders wichtig, wenn man die Knoten lösen möchte.

»Ich habe die Achtung vor ihm verloren, seit das mit seiner Kollegin passiert ist«, erzählt Stefanie. Aussagen wie diese treffen. Vor allem dann, wenn sie eben nicht im Streit, sondern in aller Wahrhaftigkeit und vor Dritten ausgesprochen werden. Das aber ist der Anfang jeder Befreiung von Selbstsabotage. Mutig und erwachsen der Realität ins Auge zu sehen. Sich ihr zuzuwenden, sie anzusehen und auszusprechen, was ist. Wir müssen uns heute nicht mehr vor der Wahrheit verstecken. Wir können mit ihr umgehen. Wir dürfen darauf vertrauen, eigene gangbare und individuelle Wege und für uns passende Lösungen zu finden. Wohin auch immer sie führen mögen: Alles ist besser, als sich mit dem Mief eines inneren Doppellebens zu begnügen, wie es die Menschen in den Generationen vor uns häufig tun mussten. Denn für sie galt häufig: »Es kann nicht sein, was nicht sein darf.« Augen zu, Mund zu, innerlich abstumpfen und aushalten, war die Devise. Die Wahrheit aber ist der Beginn der Selbstwirksamkeit. Sie holt uns raus aus einem passiven Funktionieren und führt uns wieder in das Feld des Handelns. Und nur dort sind die Dinge erträglich und schaffen parallel Raum für viele Prozesse, auch echte Trauerprozesse.

Gefangen im MINDFUCK

Mark hatte in jener Zeit auf seine Weise reagiert. Natürlich konfrontierte ihn seine Geliebte mit der Szene an der Tür. »Ich habe mich sofort klar und deutlich von ihr getrennt, das war dann gar keine Frage für mich. Ich war fassungslos, dass Stefanie nichts gesagt hatte. Auch fassungslos darüber, dass ich überhaupt nichts gemerkt hatte. *›Du bist ein Gefühlskrüppel, ein absoluter Idiot‹*, war das Erste, das mir durch den Kopf ging.« Und natürlich die Vorwürfe, die er sich schon während der Affäre gemacht hatte. *Du fährst dein Leben, deine Familie an die Wand, du setzt für diese Nummer alles aufs Spiel, du bist vollkommen verrückt!* Doch Aufhören ging irgendwie nicht. »Ich hatte das Gefühl, nicht in unser anstrengendes und zugleich langweiliges Leben zurück zu können. Immer wenn ich nach Hause kam, hörte ich mir Stefanies Sorgen an: die Kinder, die Eltern, ihre eigenen Probleme. Ich hatte den Eindruck, es nur mit diesem Kick aushalten zu können. Nach jedem heimlichen Treffen hatte ich gute Vorsätze, wollte wieder ein guter Ehemann sein. Aber wirklich gespürt habe ich mich leider nur noch in dieser Affäre, obwohl mir diese Frau selbst emotional nichts bedeutete.« Nachdem er Schluss gemacht hatte, fühlte sich die Ehe an wie Blei. Beide schwiegen. Keiner sagte dem anderen, was ihn bewegte. Sie versuchten zu tun, als sei nichts geschehen. Stefanie hörte mit ihren Klagen auf und begann, am Abend nur noch »schöne Sachen« zu erzählen. Sie schönte ihre Tage, die in Wirklichkeit fast nicht mehr zu ertragen waren. Dazu Stefanie im O-Ton: »Die Eltern, die Kinder und nun noch meine Ehe vor dem Aus. Ich sah mein ganzes Leben davonschwimmen. Heulte tagsüber stundenlang, sah mir alte Fotos an und fragte mich, womit ich das alles verdient hatte.« Für Mark war es ebenfalls eine Zeit, die ihm vorkam wie *ein falscher Film*. »Ich war unfähig, mit Stefanie zu sprechen. Ich konnte ihr nicht einmal erzählen, dass Schluss war mit der Affäre. Ich fuhr morgens wie ferngesteuert ins Büro und kam abends zurück, setzte eine freundlich-gelassene Miene auf und versuchte, den Abend irgendwie zu überstehen.« Die Kinder wurden in dieser Zeit, wie beide übereinstimmend sagen, »unerträglich«. »Streit, es gab nur noch Streit. Die Kinder wurden richtig brutal miteinander. Sie schrien sich an, prügelten sich. So schlimm war es niemals zuvor gewesen. Manchmal dachte ich, ich müsste Mark genau so eine scheuern, dann würde es mir bessergehen«, erzählt Stefanie. Doch da nichts geschah, ging es monatelang so weiter. Stefanie war wie ein angepasstes, liebes Mädchen, das jetzt wieder »brav sein«, eine gute Ehefrau und Mutter sein wollte. Und Mark war der angepasste Junge, der sich gleichzeitig wie ein guter, behütender Vater seiner Frau gegenüber wieder fürsorglich und verständig verhielt. In ihnen aber tobte eine fatale Mischung aus Wut, Verzweiflung und Frust. Am liebsten hätten sie sich geprügelt, wie ihre eigenen Kinder es taten.

Die richtigen Fragen mutig beantworten

In wirklich ernsthaften Beziehungskrisen, in der die gesamte Begegnung und die Zukunft auf dem Spiel stehen, muss man sich zunächst eine Frage sehr deutlich stellen: Gebe ich dir, gibst du mir, geben wir uns noch eine echte Chance? Es kommt wirklich darauf an, dass sich beide diese Fragen stellen. Glauben wir, wenn wir uns erwachsen und klar in die

Augen sehen, dass wir den Weg zurück finden und eine neue Richtung einschlagen können? Wollen wir das? Will das jeder Einzelne von uns? Wollen wir es wirklich, oder glauben wir, glaubst du, glaube ich, dass wir es aus irgendeinem Grund wollen müssen?
Wer an diesem Punkt unschlüssig ist, sollte, bevor er Konsequenzen zieht, auf jeden Fall noch einen Blick auf das wahre Potenzial der Beziehung werfen. Möglicherweise verpassen Sie etwas, wenn Sie sich zu früh trennen.
Den Anfang machen wir immer mit weiteren wahrhaftigen Fragen, die nur Erwachsene aufrichtig beantworten können: Was ist gerade los? Was ist passiert? Was steht im Raum? Was muss in aller Ernsthaftigkeit gesagt werden? Die meisten Schieflagen haben eines gemeinsam: Sie finden auf den unteren Ebenen im Kind-Ich oder im Eltern-Ich statt. In Momenten, in denen es uns nicht gutgeht, steigt die MINDFUCK-Gefahr. Das erleben auch Paare, die in tatsächlich schweren, von außen aufgezwungenen Krisen stecken, wie zum Beispiel beim Tod eines Kindes oder schwerwiegenden finanziellen Problemen. Sie fangen an, sich gegenseitig zu blockieren und die gemeinsame Perspektive zu verlieren, die sie jetzt noch viel dringender als jemals zuvor brauchen. Viele Paare blicken sich in meiner Praxis zum ersten Mal nach Jahren wieder ernsthaft in die Augen und sehen, wer da wirklich vor ihnen sitzt. Im Zustand der Verliebtheit hatten sie noch einen Zugang zu diesem Wunder des anderen. In den Zeiten danach ist genau das verlorengegangen.

Pulsfühlen

»Was meinen Sie, ist Ihre Beziehung schon tot, oder ist da noch ein Fünkchen Leben? Sind Sie hier, um ordentlich Abschied zu nehmen, oder wollen Sie sich noch eine Chance geben?«, frage ich Paare häufig zu Beginn eines Coachings.

Ich nenne das »Pulsfühlen«. In der Regel ist da noch ein Puls, denn sonst wäre das Paar nicht bei mir, aber er ist häufig schon ziemlich schwach. Dennoch ist diese klare Frage für die meisten Paare wie ein Wachrütteln. Sie tauchen aus ihrer Problemtrance auf und bekommen wieder Leben in die Augen. Denn die Liebe ist, wenn sie ehrlich ist, wie das Leben: ziemlich zäh. So auch bei Stefanie und Mark. »Ich weiß nicht, ob ich einfach nur störrisch bin, aber ich will nicht glauben, dass wir wie die anderen aufgeben. Es bedeutet mir zu viel«, sagt er. »Ich habe keine Ahnung, wie wir das schaffen sollen. Aber ich wünsche es mir sehr«, sagt sie. »Das ist doch schon mal ein Anfang«, sage ich. Jetzt lächeln sie zum ersten Mal.

Stefanie und Mark werden nicht so bleiben, wie sie sind. Auch nicht so, wie sie vor der Eskalation der Krise waren. Sie werden wieder richtig lebendig werden müssen, wenn sie eine echte Chance wollen. Sie brauchen wieder das echte Leben. Dann aber können sie eine neue Qualität erreichen, ein echtes »Wir«, wie es im Kern einmal da war und wie es sich in einer tiefen, wahrhaftigen und glücklichen Beziehung unabhängig von der Großwetterlage anfühlt. Wie wir gesehen haben, stimmten mehrere Faktoren im Leben von Stefanie und Mark nicht. Das geht den meisten Paaren in der Krise so. Meist ist bereits ein ganzer Teil des Lebens in einer Schieflage, und das Paar versucht, die Beziehung als emotionales Auffangbecken zu nutzen. Bekommt die Liebe dann keine Nahrung mehr, wird sie überfordert. Sie ist dann ein Krisenmanagementsystem und keine Liebesbeziehung mehr. Der Ton wird geschäftsmäßig, viele Gespräche drehen sich bloß noch um Organisatorisches. Wer holt die Sachen von der Reinigung ab? Wer kauft ein? Wer kümmert sich um die Hausaufgaben der Kinder? Wer ruft mal wieder bei den Schwiegereltern an? Hundert Prozent Leben sehen anders aus.

Im Moment geben sich Stefanie und Mark, was ihr Wir-Gefühl betrifft, auf der Zehnerskala eine schwache Zwei. »Immerhin«, sage ich. Nun ist es Zeit für stärkere Emotionen. Für eine echte Vitaminspritze, aber eine, die nachhaltig wirkt. Ich frage sie nach ihrem Kennenlernen und der Zeit, in der sie verliebt waren. Wie sie sich selbst, den anderen und sich gemeinsam erlebt haben. Auf der Wir-Ebene der Liebe interessiert uns der Kern, die Essenz des ersten liebenden Wir-Gefühls.

Die Essenz des Anfangs suchen

»Wenn ich Sie beide in dieser wunderschönen Anfangszeit erlebt hätte, wen hätte ich da getroffen? Was für ein Paar war das?«, frage ich die beiden. Und sie leben, wie alle Paare, die sich auf diese Frage einlassen, umgehend auf. »Ein unschlagbares Team!«, platzt es aus ihr heraus. »Ja, genau! Genau so hat sich das angefühlt«, bestätigt er. »Wir hatten so einen Tatendrang. Tausend verrückte Ideen und Pläne. Bereits nach wenigen Wochen fuhren wir gemeinsam durch die schönsten Straßen der Stadt und zeigten uns gegenseitig die Häuser und Wohnungen, die uns am besten gefielen.« Ich frage nach. Sie wünschten sich eine Art »Start- und Landeplatz«, von dem aus es in die große weite Welt gehen sollte. »Wir träumten von einer Safari, wollten gemeinsam die großen Naturparks in Afrika besuchen.« Sie stellten sich vor, jedes Jahr eine große Reise zu machen. »Die Welt erleben und lernen. Viel lernen.« Das war es, was beide begeisterte. Stefanie sah in Mark den Mann, mit dem sie jedes Abenteuer bestehen würde. Und Mark endlich die Frau, die »keine Memme« war, sondern selbst anpackte und auch am Steuer eines Jeeps eine gute Figur machte. Abenteuer, leben, erfahren, lernen, ein starkes Team sein – das war die Essenz des Anfangs der beiden. Es ist die DNA ihrer Liebe. Im Reihenendhaus war davon nichts mehr übrig. Schon lange bevor die Kollegin ins Spiel kam.

»Was würden Sie davon halten, wenn es Ihnen gelänge, dieses Gefühl Ihres gemeinsamen Anfangs wiederzuerleben?«, frage ich sie. »Was wäre, wenn Sie sich genau so ein Leben aufbauen würden? Eine Liebe und ein Leben, das wieder Abenteuer, neue Erfahrungen, exotische Erlebnisse und das großartige Gefühl, ein starkes Team zu sein, ermöglicht? Ein Leben, wo selbst der Alltag nicht routiniert und öde verläuft, sondern in Vorfreude und Vorbereitung auf die nächsten Erlebnisse? Wo Pflichten und Arbeit einfach erledigt werden, aber mental und emotional nicht mehr die Hauptrolle einnehmen?« Zuerst reagieren sie zurückhaltend. Wissen nicht, ob sie überhaupt davon träumen dürfen. Ist nicht schon viel zu viel passiert? Müssen nicht erst die Verletzungen heilen, wenn alles überhaupt eine Chance haben soll? Ich meine, ihnen diese Fragen von der Stirn ablesen zu können.

»Wir können jetzt alles bis ins Detail analysieren, wenn Sie möchten. Wir können uns jeden MINDFUCK einzeln ansehen. Ich denke, Sie wissen selbst, dass Sie beide in ein Leben geraten sind, das weit unter Ihren Möglichkeiten liegt. Dass Sie beide irgendwann in die typischen Eltern-Kind-Rollen abgedriftet sind, dass Langweile und Frust in Ihr Leben eingezogen sind, dass es nichts mehr gab, worauf Sie sich wirklich freuen konnten, und deshalb folgerichtig das Beste im Leben aus dem Lösen oder Vermeiden von Problemen bestand. Wenn aber die aufregenden Lebensziele und gemeinsamen Erlebnisse fehlen, dann ist alles nur noch ein mehr oder weniger erfolgreicher Kampf um den Status quo.« – »Und die MINDFUCKS? Was ist damit?«, fragen sie mich.

»Sie sollten sich selbst kennen«, antworte ich. »Deshalb werde ich Sie beide bitten, die Sache unabhängig voneinander zu analysieren. Wir sollten uns aber nicht mit den Schwierigkeiten aufhalten, die Sie sich gegenseitig gemacht haben, als das

Kind schon in den Brunnen gefallen war. In der Krise ist niemand in seiner Kraft. Viel wichtiger ist der erste Wendepunkt. Der Punkt, an dem Sie angefangen haben, falsche Kompromisse mit sich selbst und dem anderen einzugehen. Hier ist der neuralgische Punkt jedes MINDFUCK-Musters. Am Anfang sollten wir ansetzen, nicht am Ende. Das Ende ist im Grunde geschenkt. Es ist ›nur‹ ein Endpunkt einer längeren Entwicklung und nicht die Ursache der Probleme.« So hatten sie die Lage nicht gesehen. »Das ist auch ein wenig erleichternd«, sagt Mark und atmet tief durch. Ich frage sie also noch einmal, ob das etwas wäre für sie, ein Leben, das die besten Momente und den wahren Kern ihres Anfanges verwirklicht.

»Ja, das wäre absolut grandios.« Beide sind jetzt voll dabei. Doch unmittelbar darauf passiert etwas, das typisch ist, wenn wir uns nach langer Zeit wieder mit unseren wahren Träumen konfrontieren: Es kommen Zweifel auf. »Aber wie soll das gehen? Wie sollen wir das machen? Das Haus ist noch nicht abbezahlt, die Kinder gehen noch zur Schule. Und außerdem ist viel zu viel passiert ...« »Stopp!«, werfe ich ein. »Lassen Sie uns etwas von echten Leistungssportlern abschauen. Wie wir eine Sache erreichen, sollte uns erst dann interessieren, wenn wir wirklich wissen, was wir wollen. Ein Sportler muss sein Ziel kennen, dann erst ist es sinnvoll, an der Strategie zu arbeiten. Will ich Olympia schaffen, muss ich ganz anders daran herangehen als an die Kreismeisterschaften. Es ist also nicht sehr sinnvoll, nach dem *Wie* zu fragen, wenn das *Was* noch nicht geklärt ist. Und dieses *Was*, das Ziel, muss uns wirklich anmachen. Wir müssen es wirklich wollen. Es muss attraktiv genug sein, um uns in Gang zu bringen.« Das leuchtet beiden ein. Halten wir uns von vornherein schon mit Umsetzungsfragen auf, dann fehlt es in der Regel an Kraft, die ein wirklich attraktives Lebensziel hat.

Wenn wir uns weiter fragen, wie das alles denn gehen soll, droht absolute MINDFUCK-Gefahr. *Ach, lassen wir das lieber. So schlimm ist es doch auch nicht. Wird schon wieder … Wer bist du denn, dass du von so einem Leben träumst. Und außerdem, ist unsere Ehe nicht schon längst zerrüttet?* Es gibt tausend faule Ausreden, wenn wir an der Schwelle zu einer echten Veränderung stehen. Lassen wir nicht zu, dass sie uns wieder ausbremsen! Sie sind MINDFUCK. In unserer vollen Selbstwirksamkeit und in voller Klarheit über unsere Ziele und Wünsche werden wir immer – immer! – Wege finden, diese auch zu erreichen oder uns ihnen zumindest so weit anzunähern, dass wir schon den Duft des Lebens schnuppern können, nach dem wir uns so sehnen.

Für heute ist unsere Sitzung beendet. Ich bitte Stefanie und Mark, sich klarzuwerden, wie sehr sie einen Neuanfang wollen und welches Leben wirklich etwas für sie wäre. Welches Ziel sie beide wieder zurück in ein gemeinsames Leben bringen würde, wenn das ihr Wunsch und ihr echter Wille ist. Wir verabschieden uns mit einem festen Händedruck.

Das Ruder herumreißen

Worum geht es also zuerst, wenn wir der Beziehung eine neue Richtung geben wollen? Wie bekommen wir wieder sicheren Boden unter den Füßen? Am Anfang steht der mutige Blick auf die Wahrheit. Was ist gerade los bei uns? Was läuft schief? Was geht uns, getrennt voneinander, durch den Kopf, und worüber sprechen wir? Nennen Sie es Realitätscheck oder »Stunde der Wahrheit« – wichtig ist, dass jeder voll und ganz als selbstwirksamer Erwachsener spricht. Ohne Spielchen, ohne Manipulation, ohne strategische Hintergedanken. In Anwesenheit einer dritten Person, die keine Interessen im Spiel hat, ist das häufig leichter. Dann ist es Zeit, den Puls zu fühlen. Ist da noch Leben? Wollen beide weitermachen?

Wenn ja, ist jetzt Zeit für die Vitaminspritze. Wie war die Beziehung in den ersten guten Wochen und Monaten der Verliebtheit? Was war die Essenz? Wie war die Magie des Anfangs? Wie fühlte sich das »Wir« für beide an? Wie war jeder von beiden, als alles gut lief und sich das volle Potenzial dieser Liebe erstmals zeigte? Formulieren Sie diese Essenz dann neu: Welches Leben würde wieder Spaß machen? Welche Energie suchen wir? Was verbindet uns in der Tiefe miteinander? Nehmen Sie sich Zeit für diese Fragen. Lassen Sie die Gedanken, Gefühle, Bilder und Erinnerungen zu, die jetzt hochkommen. Die Essenz verrät Ihr eigentliches Potenzial als Paar. Das können Sie miteinander erleben, wenn Sie sich nicht selbst sabotieren. Wenn es Sie traurig machen sollte, dann weinen Sie und lassen trotzdem die Freude zu, die all der Trauer zugrunde liegt. Sie leben noch! Ihre Liebe lebt noch! Die Signale, die eben noch so schwach waren, sind wieder deutlich spürbar. Der ganze Beziehungsorganismus dehnt sich wieder, fängt wieder an zu pulsieren. Das ist eine großartige, bewegende Erfahrung! Das ist Leben. Sollten sich jetzt Zweifel melden, ist das normal, aber Sie sollten sie nicht hinnehmen. Es ist MINDFUCK, der immer dann hervorkommt, wenn wir dabei sind, eine morsche Grenze zu überwinden. Der Wächter meldet sich mit Misstrauen und mit der Angst, nur nicht wieder die gleiche Hoffnung und dann den gleichen Schmerz erleben zu müssen. Der Wächter in uns konserviert die Erfahrung und macht sie zu einem ehernen Gesetz. Aber das ist sie nicht. Sie ist kein Gesetz, sie ist einfach eine Erfahrung. Und Sie können jederzeit eine neue, andere machen.

Das Geheimnis des Wendepunktes

Wie fing es an?

Ich habe bereits erwähnt, dass aus meiner Beobachtung jede Beziehung nach ihrem Anfang einen Wendepunkt erlebt, an dem sich entscheidet, ob aus dem Verliebtsein eine echte, erwachsene Liebe oder ein kindliches Spiel mit MINDFUCKS wird. Ob sich eine tragfähige, erfüllende Partnerschaft entwickelt oder eine Arena von manchmal stillen, manchmal lauten Machtkämpfen. Die gute Nachricht ist, dass man an diesen Punkt innerlich zurückgehen kann und eine echte Chance hat, diesmal die andere Abzweigung zu nehmen.
Sicherlich ist dieser Weg zurück zum Wendepunkt kein Spaziergang. Für viele Paare ist es sehr schmerzhaft, durch die vielen Auseinandersetzungen hindurch an diesen ersten Punkt zurückzukehren. Je mehr wir uns nämlich dem Wendepunkt nähern, desto näher rücken wir auch an die Zeit unseres eigentlichen Potenzials heran. Die gefühlte Lücke zwischen diesem Potenzial und unserer aktuellen Situation kann uns jetzt erst richtig bewusst werden. Und das kann verdammt weh tun. Doch stellen wir uns der Wahrheit, dann schlagen manche von uns sprichwörtlich die Hände über dem Kopf zusammen. Sie können gar nicht fassen, wie sie sich an manchmal geradezu belanglosen Punkten so verlieren konnten. Es reichen schon Kleinigkeiten: ein vermeintlicher Vertrauensbruch, das leise Gefühl, nicht gesehen worden zu sein, ein falscher Blick, eine unbedachte Bemerkung – und die gesamte Beziehung rutscht in die Kind-Eltern-Ebene ab. Manchmal verlieren sich Paare, weil sie noch während der Flitterwochen für einen Moment den gewissen Grad der tatsächlichen Fremdheit, die zwischen zwei erwachsenen Menschen immer besteht, erkennen und nicht auszuhalten

meinen. Doch genau in dieser eigentlichen Fremdheit liegt wohl das Geheimnis der erotischen Liebe. Die Andersartigkeit und die fundamentale Fremdheit des anderen ist das Reizvolle, das wir mit unserer ganzen Phantasie zu überbrücken suchen. Es weckt unsere Neugier, unsere Sehnsucht und unsere Leidenschaft. Wäre uns der andere zu vertraut, dann würde die Spannung nicht entstehen. Selbst Paare, die sich, bevor sie sich verliebt haben, lange kannten und »tausend Mal berührt« haben, bevor »es« passiert ist, berichten von dem Moment, in dem der andere plötzlich eine Facette gewinnt, die ihnen bisher fremd war. Und genau in diesem Spannungsfeld entsteht sie, die erotische Spannung, Vorbotin der Liebe.

Und gleichzeitig konfrontiert uns die Fremdheit des anderen auch mit einer existenziellen Wahrheit, einem tragischen Wissen unserer menschlichen Existenz: die Tragik des Wissens darum, dass wir auf einer Ebene jeder für uns selbst sind. Dass wir alleine in diese Welt gekommen sind und alleine gehen werden, dass alles, was uns ausmacht, eine begrenzte Zeit hat, die eines Tages vorbei ist. Die Ahnung davon könnte der Auslöser sein, wenn jung verliebte Paare an Momenten der Fremdheit leiden. Sie reagieren, wohl aus Angst, mit MINDFUCK. Statt aus der Spannung den Grundstein für eine erotisch und partnerschaftlich starke Beziehung zu legen, rutschen sie ab in kindliche Ängste und fragen sich, ob der oder die andere wirklich noch »der Richtige« oder »die Richtige« ist. Dennoch kann es auch in einer stabilen, guten Beziehung passieren, dass man an Punkte gerät, die nicht günstig sind und MINDFUCK hervorrufen. Schwere Schicksalsschläge wie der Tod eines gemeinsamen Kindes oder eine schwere Krankheit können einen oder beide Partner so sehr aus der eigenen Kraft bringen, dass einer oder beide in die Eltern- oder Kind-Rolle wechseln und damit die Beziehung auf Dauer stark belasten.

Die MINDFUCK-Falle schnappt zu

Bei Anna und Michael, einem Paar Mitte dreißig, war der Wendepunkt sehr deutlich. Sie hatten sich über das Internet kennengelernt und mehrere Wochen nur virtuell miteinander geflirtet, bis sie sich trafen und sofort verliebten. Anna erzählte: »Ungefähr nach zwei Monaten, wir waren heftigst verliebt und kamen nicht mehr raus aus den Betten, gestand mir Michael, dass er während der ersten Zeit, in der wir schon Kontakt hatten, auch andere Frauen getroffen hatte und sogar mit einer im Bett war. Das hat mich so verletzt! Es war, als hätte er mir den Boden unter den Füßen weggezogen. Ich konnte mich nicht mehr beruhigen. Habe eine ganze Nacht lang durchgeweint, während er mich im Arm gehalten und sich entschuldigt hat. Aber das Vertrauen war dann einfach weg.« Wir gingen das Thema anhand der MINDFUCK-Theorie durch. Anna rutschte offensichtlich ins hilflos-enttäuschte Kind-Ich ab, als sie von den anderen Flirts erfuhr. Sie war davon überzeugt, ein Recht darauf zu haben, dass Michael keine anderen Frauen kontaktierte, sobald er mit ihr im Mailwechsel stand. Als erwachsener Mann hatte Michael bei Tageslicht betrachtet aber jedes Recht, auch mit anderen Frauen zu flirten, zumal er Anna noch nicht einmal persönlich getroffen hatte. In dem Moment, in dem er Annas Leid aber »anerkannte« und sich entschuldigte, verließ er selbst die erwachsene Ebene und rutschte in ein schuldbewusstes Kind-Ich ab, das sich dafür entschuldigte, etwas »ausgefressen« zu haben, oder in ein überfürsorgliches Eltern-Ich, wie ein Vater, der sich bei seiner Tochter entschuldigt, nicht aufgepasst zu haben. »Von diesem Punkt an«, so Michael im Gespräch, »habe ich mich immer irgendwie falsch und schuldig gefühlt. Ich hatte den Eindruck, der ›Schlechtere‹ von uns zu sein und dass Anna irgendwie ein Opfer wäre, dem ich etwas Schreckliches angetan habe.« Ich fragte Michael, wie er denn die Sache als der erwachsene

Mann, der er ist, betrachten würde. Er antwortete: »Ich fand und finde es, ehrlich gesagt, absolut normal, dass ich auch Kontakt zu anderen Frauen hatte und auch mit einer dieser Frauen geschlafen habe. Ich war auf der Suche nach einer Partnerin, und ich finde es nicht verwerflich, mehrere Frauen zu treffen und zu sehen, ob die richtige dabei ist. Anna war ja dann die absolut richtige, und ich habe sofort den Kontakt zu den anderen Frauen abgebrochen. Ich hatte niemals vor, sie zu betrügen, und habe das auch nicht so empfunden.« Dennoch war ab dieser Nacht in ihrer Beziehung der Wurm drin. Ein klassischer Wendepunkt, an dem die MINDFUCK-Gefahr mit jedem neuen Vorwurf oder Zugeständnis steigt. Als beide mit mir arbeiteten, hatten sie bereits eine mehrmonatige Phase täglicher Streitereien hinter sich. Michael hatte den Eindruck, grundsätzlich der Stärkere, Reifere von beiden zu sein. Aber auch derjenige, der frühe Schuld auf sich geladen hatte. Anna fühlte sich schwächer als mit anderen Männern und zweifelte grundsätzlich an der Vertrauenswürdigkeit und Glaubwürdigkeit ihres Freundes. Sprach er mit ihr über Pläne, dann sagte sie schnippisch: »Warten wir erst mal ab, ob du auch dranbleibst.« Sprach sie mit ihm über berufliche Themen, belehrte er sie und bescheinigte ihr, »weltfremd« zu sein. Aus dem Traumpaar der ersten beiden Monate war ein Zankpaar geworden, das selten einen Tag ohne Streit erlebte.

Ich erlebe häufig, dass MINDFUCK beginnt, wenn die eigenen Eltern ins Spiel kommen. Sie scheinen immer wieder unsere ältesten Instinkte wachzurufen. Bei Alexandra und Markus, einem weiteren Paar aus meiner Praxis, war es der erste Besuch bei seinen Eltern, der den Wendepunkt in die falsche Richtung einleitete. »Er hat mich plötzlich nicht mehr beachtet«, erzählte Alexandra. »Statt sich neben mich zu setzen, nahm er beim Essen neben seiner Mutter Platz, und ich musste zwischen seinem Vater und seinem Bruder sitzen. Ich dachte, ich bin im falschen Film! Ich habe mich so allein gefühlt während dieses Essens. Er war bisher immer so aufmerksam, so feinfühlig, und dann das. Na, das kann ja heiter werden, dachte ich mir und war gleich auf Krawall gebürstet. Auf der Heimfahrt habe ich ihm erklärt, dass ich nie wieder mit zu seinen Eltern fahren würde. Er hatte mich zu sehr gedemütigt.« Markus sagte dazu: »Ich habe mich so schlecht gefühlt bei meinen Eltern. Alexandra ist die Frau, die ich heiraten möchte. Gleichzeitig habe ich das Gefühl, es meiner Mutter nie recht zu machen. Mir ist klar, dass das nicht gerade eine reife Haltung in dieser Sache ist, aber ich kann irgendwie nicht anders.« Aussagen wie diese bringen Alexandra dazu, ihrem Freund einen »Ödipus-Komplex« zu unterstellen. Sein Verhalten sei »krank«, er brauche dringend eine Psychotherapie. Markus brauchte keine Psychotherapie, sondern lediglich eine stabile innere Haltung als erwachsener Mann seiner Partnerin und seiner Mutter gegenüber. Markus und ich arbeiteten in intensiven Einzelsitzungen an der Thematik. Dann war das Thema durch und Markus klar in seiner Haltung: liebevoll als erwachsener Sohn mit seiner Mutter und Seite an Seite mit der Partnerin, die er liebte. »Natürlich sitze ich in Zukunft neben meiner Partnerin«, lachte er danach erleichtert und fasste sich sprichwörtlich an den Kopf. »Das passiert mir nicht mehr. Gleichzeitig fühle ich mich meiner Mutter wirklich sehr verbunden. Wir haben ein herzliches und nahes Verhältnis. Und das ist auch gut so.«

Manchmal bin ich selbst erstaunt, wie schnell erwachsene Menschen, wenn sie diese stabile Haltung bewusst einnehmen, neue und sofort passende Lösungen für jahrelange Probleme entwickeln. Manchmal gebe ich aber auch Impulse als Hilfestellung und schlage vor, wie man die Sache aus einem erwachsenen Blickwinkel betrachten könnte. Klienten,

die eben noch den Wald vor lauter Bäumen nicht mehr sahen, haben das Prinzip des inneren Haltungswechsels dann rasch verstanden und finden die besten Lösungen ganz von selbst.
Alexandra wurde klar, dass auch sie selbst nicht in einer erwachsenen Haltung geblieben war. Die sogenannte »Demütigung« führte sie zuerst in die Haltung eines hilflosen Kindes, das vor den Erwachsenen »fremdelt«, und schließlich in die eines beleidigten Kindes, das nicht mehr »mitspielen« mag. In der Haltung der erwachsenen Frau dagegen konnte sie Markus wieder ganz wahrnehmen und auch verstehen, dass die Situation für ihn einfach neu und noch nicht geklärt war. »Eigentlich ist das eher zum Lachen, wenn die Folgen nicht so zum Weinen gewesen wären!« Das war ihr Resümee, nachdem sie zu ihrem Wendepunkt zurückgekehrt waren, diesen geklärt und ihrer Liebe eine neue Basis gegeben hatten.

Gemeinsam verstehen, was passiert ist

Ich empfehle Paaren, die sich auf dem Weg miteinander verlaufen haben, sich ernsthaft zu fragen, was los ist. Was ist geschehen? Was ist passiert? Wann und wo nahm der Weg in die falsche Richtung seinen Anfang? Wie sind die Rollen im MINDFUCK-Modus verteilt? In welche Muster geraten wir immer wieder? Wer ist wann im Eltern-Ich? Wer übernimmt die Rolle des Kindes? Wann? In welchen Situationen?
Bei Stefanie und Mark, dem Paar, dem keiner mehr eine Chance gegeben hätte, war es die Geburt des ersten Kindes, die alles veränderte und die MINDFUCKS auslöste, die schließlich zur beinahe finalen Ehekrise führten. »Wir haben zunächst selbst nicht verstanden, was los war. Wir wurden beide so konservativ und ›glückenmäßig‹, wie wir es heute, wenn wir uns unseren Anfang und unser Potenzial anschauen,

gar nicht mehr für möglich halten«, meint Stefanie. »Ich bin von einem Tag auf den anderen zum Familienspießer mutiert«, lacht Mark. In seinen Augen blitzt eine Art Schalk, den ich in der letzten Sitzung noch nicht wahrnehmen konnte. Er ist ganz offensichtlich dabei, zu seinen eigentlichen Wurzeln zurückzufinden. Auch sein Outfit ist heute anders. Er trägt keinen Anzug, sondern Jeans und Turnschuhe. Er scheint ein paar Jahre zurückgedreht zu haben. Stefanie fragt sich, wie viele andere Paare auch, ob man den Wendepunkt zurückholen und verändern kann. Oder ob durch diesen Wendepunkt, wie viele denken, alles »unwiederbringlich den Bach runter gegangen ist«. Ihre Frage klingt heute so leicht, dass sie die Antwort bereits lange selbst weiß. Wir können das Stück Weg zurückgehen, können sehen, wo wir die falsche Abzweigung genommen haben, wo und wie die MINDFUCKS in die Liebe kamen. Dann können wir uns entscheiden, ob wir gemeinsam in Zukunft den richtigen Weg nehmen wollen oder ob es Zeit ist, sich zu verabschieden. Das einzige »Risiko«, das Paare dabei wirklich eingehen, ist, dass ein Zurück ins alte MINDFUCK-Leben nicht mehr gelingen wird. Selbst wenn man wollte, lässt sich das Rad nicht mehr zurückdrehen, wenn man einmal verstanden hat, wo der MINDFUCK liegt und was passiert ist. Wir alle wissen, wenn wir einmal einen erwachsenen Blick auf die Dinge geworfen haben: Es gibt nichts Richtiges im Falschen. Die alten Spielchen machen einfach keinen Spaß mehr, wenn wir sie einmal durchschaut haben.

Die Frage, wie Sie einzeln und als Paar wären, wenn Sie immer öfter und konsequent ein erfülltes Leben im Erwachsenen-Ich leben würden, ist wieder eine dieser sehr mächtigen Fragen. Beantworten Sie sie ernsthaft, sind Sie bereits ein anderer Mensch. Und um ein neues Level an Erfüllung in der Liebe zu finden, werden Sie ein anderer sein, als Sie es bisher gewohnt waren. Sie werden immer mehr Sie selbst im

Bewusstsein Ihres wahren Potenzials sein, wenn Sie die Liebe in Ihrem Leben voll und ganz erleben. Sie sehen sich und den anderen in einem klareren Licht. Die meisten Paare wachsen sichtlich, wenn sie sich innerlich mit dieser Frage auseinandersetzen. Saßen sie vorher zusammengesunken in den Sesseln in meiner Praxis, dann richten sie sich auf, ihr Blick wird klar, und sie schauen in die Ferne. Sie entwickeln wieder Visionen, wie in den ersten Tagen ihrer Liebe, bevor der MINDFUCK kam.

Wir kommen dem Potenzial noch näher, wenn wir die Lehren aus der Verliebtheit mit der Frage verbinden, welcher Art Ihre Liebe sein soll, wenn Sie beide sich voll entfaltet haben. Paaren, die Liebe in einer neuen Dimension erleben möchten, gebe ich, ebenso wie Singles, deshalb gern die Aufgabe, sich nach dem Charakter, der Färbung, dem Ton der Liebe zu fragen, die sie in der Verliebtheit erlebt haben und die sie sich – inklusive der Tag- und der Nachtseite – wünschen. Welcher Art ist die Liebe und die Beziehung, die Sie sich wünschen? Ist es eine besondere, erotische Energie mit hoher Intensität, mit Abenteuern, Abwechslung und einer tiefgehenden Begegnung auf Augenhöhe? Ist es die intensive Freundschaft mit einem Menschen, mit dem Sie echte Nähe, Vertrauen und Geborgenheit erleben, mit dem Sie gemeinsame Lebensprojekte verwirklichen und zu zweit so viel mehr sind als die Summe der Teile? Geht es um eine Liebe, in der etwas Neues in Ihrer beider Leben entsteht? Sei es neues Leben, neue Projekte, Erlebnisse, an die Sie sich noch Jahrzehnte später erinnern werden? Geht es darum, mit einem anderen Menschen »Pferde zu stehlen«, gemeinsam lachen und weinen zu können, sich in guten Gesprächen wirklich zu begegnen und auch dann, wenn Worte nicht mehr wichtig sind, eine aufregende, gemeinsame Sprache zu finden? Möchten Sie als Paar auftreten, ja, gemeinsam wie ein Sternenpaar

strahlen? Wollen Sie an der Seite eines anderen Menschen sein und ihn oder sie an ihrer Seite wissen, als echten erwachsenen Partner, den Sie lieben und wirklich respektieren, dessen Lebensziele Sie kennen und fördern? So wie Ihre gefördert werden? Ein Partner oder eine Partner, mit dem oder der Sie dabei auch ausgelassen herumalbern können wie zwei Kinder, ohne jedoch den Boden zu verlieren, auf dem die echten Abenteuer von Erwachsenen stattfinden? Welche Qualität von Sex möchten Sie erleben? Wie möchten Sie die Liebe erleben, wenn es einmal schwierig wird? Wenn die ernsten Themen des Lebens da sind? Wie wollen Sie sich dann begegnen? Wie dann in die Augen schauen? Wie wahrhaftig wollen Sie von sich, vom anderen oder miteinander sprechen. Was wollen Sie geben und, wenn es sein muss, aufgeben, um gemeinsam eine nächste, wundervolle und aufregende Stufe an Lebensqualität zu erreichen?
In der Phase der Verliebtheit zeigt sich, welche Energie die Liebe hat. Ist sie eher leidenschaftlich und wild? Ist sie eher romantisch? Ist es eine Macher-Energie? Eine Genießer-Energie? Ist sie voller Kreativität und spannender Pläne? Oder ist sie leise, zart und nah? Ist sie bodenständig, häuslich? Träumten Sie von einem Haus im Grünen oder einem Penthouse in der Großstadt? Wohin ging Ihre erste gemeinsame Reise? Was waren Ihre Lieblingsrestaurants? Was Ihre Lieblingsessen? Exotisch oder leckere Hausmannskost? Wie war es im Bett? Was haben Sie am anderen besonders gerne gesehen? Was hat Sie fasziniert? Was mochten Sie von Anfang an? Wann dachten Sie zum ersten Mal über eine Zukunft nach und über welche Art von Zukunft? Was war der schönste Moment, an den Sie sich erinnern können? Wie haben Sie sich selbst erlebt damals? Wie Ihren Partner? Wie sind Sie miteinander umgegangen?

Das Potenzial hinter den Paar-MINDFUCKS

Ebenso wie auf der Ich- und auf der Du-Ebene profitieren auch Paare davon, die Stärken hinter ihren Beziehungs-MINDFUCKS zu beleuchten und neu zu entdecken. Jedes Paar hat, ebenso wie jeder einzelne Mensch oder jede Familie, seine eigenen typischen MINDFUCKS, die auch aus der Kombination verschiedener Störungsmuster bestehen können. Sie bestimmen häufig das Beziehungsklima, doch, wie ich bereits erläutert habe, liegt in jedem MINDFUCK eine große Stärke und der eigentliche Charakter der Beziehung verborgen. Diesen gilt es wiederzuentdecken! Das bewegt und macht viel Spaß. Fragen Sie sich am besten gemeinsam, welche der sieben MINDFUCK-Arten in Ihren Auseinandersetzungen am häufigsten eine Rolle spielen.

Katastrophen-*MINDFUCK*

Paare, die sich mit Angst vor dem Schlimmsten gegenseitig in Schach halten oder unter Druck setzen, profitieren von der Wiederentdeckung des Mutes und der Unerschrockenheit, die sie eigentlich auszeichnen. Wagen Sie Neues, gehen Sie auf Entdeckungsreise. Lassen Sie wieder Frischluft und Leben in Ihre Beziehung.

Selbstverleugnungs-*MINDFUCK*

Paare, die sich chronisch für den jeweils anderen zurücknehmen oder sich Dritten gegenüber klein machen, erleben einen wahren Energieschub, wenn sie sich auf einen originellen und ganz individuellen Weg der Liebe begeben. Unkonventionalität und die Fähigkeit, sich auf andere einzulassen, ohne sich selbst zu verlieren, sind die großen Stärken dieser Paare.

Bewertungs-*MINDFUCK*

Offenheit, Großzügigkeit, Neugierde und die Fähigkeit, wahrzunehmen, ohne zu bewerten, helfen Paaren, die sich mit Idealmaßstäben quälen. Vergleiche führen zu oft zu Unzufriedenheit und erhöhen die Gefahr, sich und andere unter Druck zu setzen. Erfinden Sie Ihre eigenen, großzügigen Maßstäbe. Sie sind ohnehin ein außergewöhnliches Paar.

Druckmacher-*MINDFUCK*
Hinter der Angewohnheit, sich gegenseitig oder als Paar unter Druck zu setzen, steckt MINDFUCK-frei die Fähigkeit, das eigene Tempo zu erkennen und danach handeln. In Ihrem eigenen Tempo können Sie viel mehr erleben und erreichen als mit dauerhaftem, chronischem Druck. In der Ruhe und ausgeglichener Lebendigkeit liegt die wahre Kraft.

Regel-*MINDFUCK*
Kreativität und Unkonventionalität sind die eigentlichen Stärken hinter der Angewohnheit, sich mit rigiden, willkürlichen oder längst überholten Regeln zu sabotieren. Wie würde Ihre Partnerschaft aussehen, wenn Sie einmal alle Gewohnheiten auf den Prüfstand stellen und ganz neue Rituale erschaffen?

Misstrauens-*MINDFUCK*
Paare, die sich gegenseitig misstrauen oder Dritten gegenüber wie eine uneinnehmbare Zweier-Festung auftreten, nehmen sich jeden Tag Lebensfreude. Dabei gehört die Fähigkeit, auf andere offen zuzugehen und vertrauensvoll interessante Begegnungen zu erleben, zu ihren echten Stärken. Im Wissen darum, dass die Liebe trägt und das Leben ein guter Platz ist, können Sie wieder an Dynamik, Fröhlichkeit und wohltuender Intensität in Ihrem Leben dazugewinnen.

Übermotivations-*MINDFUCK*
Das Leben ist nicht nur schwarz oder weiß. Tief in Ihrem Inneren wissen Sie das und wissen auch, dass Sie zu einer

großen Liebe fähig sind. Echte starke Gefühle und die Fähigkeit, mit dem Leben in einer aktiven Balance zu bleiben, sind Ihre eigentlichen Stärken. Freuen Sie sich auf die wirklich großen Momente in Ihrem Leben. Diese werden Sie erleben, wenn Sie frisch am Ball bleiben und sich nicht von jedem Wölkchen die Stimmung vermiesen lassen.

Was MINDFUCK-freie Paare gemeinsam haben

Paare, die sich ihrer eigentlichen Kraft bewusst sind, sind höchst individuell, ähneln aber im Kern einander. Sie sind dem Leben und anderen Menschen gegenüber offen und interessiert. Sie sind mutig und blicken unerschrocken in die Zukunft, ohne waghalsig zu sein. Sie sind originell und individuell, leben auf ihre Art und passen in keine Schublade. Sie sehen die Welt um sich herum sehr genau, ohne sie abwerten zu müssen. Sie haben Werte und ein ausgeprägtes Gespür für Qualitäten, sind aber großzügig in ihrem Urteil und stören sich nicht mit perfektionistischen Ansprüchen. Sie haben ihr eigenes Tempo und wissen, wann es Zeit ist, zu leisten, und Zeit, zu genießen. Sie haben ihre eigenen kreativen Regeln und Rituale und haben sich längst von Kleinlichkeit und alten Zöpfen verabschiedet. Sie schauen im Wissen um das Vertrauen, das sie verbindet, ebenso vertrauensvoll in die Welt, ohne naiv zu sein. Sie haben motivierende Ziele und wissen dennoch, dass Licht und Schatten im Leben zusammengehören. Das führt sie zu einem zugleich aktiven und balancierten Leben, das auch dann trägt, wenn es einmal schwieriger werden sollte. Sie sind ein erwachsenes Paar auf Augenhöhe, das in zwischenmenschlichem Respekt und tiefer Liebe miteinander verbunden ist. Sie nähren die Tagseite ihrer Liebe mit gemeinsamen Werten, Projekten und Zielen ebenso wie die Nachtseite mit ihren ganz intimen Sehnsüchten. Sie wissen, dass sie freiwillig zusammen sind und dass Liebe irgendetwas zwischen einem Wunder, einem Geschenk und einer Aufgabe ist, der man sich am besten mit Neugierde und Offenheit zuwendet. Lebensqualität und nicht mehr Sicherheit und Kontrolle steht im Mittelpunkt ihrer Planungen.

Jedes Paar hat seine eigene gemeinsame Energie. Es ist ein eigenes, kleines System mit eigenen Stärken, Schwächen und Herausforderungen. Ob es nun die Gegensätze sind, die sich anziehen, oder ob sich doch eher Gleich und Gleich gern gesellt. Meine subjektive, rein aus der Erfahrung gewonnene Meinung dazu ist, dass Paare, die sich als sehr unterschiedlich empfinden, sich noch stabiler im Erwachsenen-Ich halten sollten als jene, die sich in Bedürfnissen und Gewohnheiten sehr ähnlich sind. Warum? Weil man ganz einfach Offenheit und Großzügigkeit braucht, gepaart mit der Fähigkeit, selbst für sich zu sorgen, um damit umzugehen. Gerade wenn es einmal schwieriger wird, braucht es Liebe auf Augenhöhe, um die Eigenheiten des anderen stehen zu lassen und nicht bewerten zu müssen. Die Konfliktherde sind von vornherein deutlicher, und jeder Konflikt birgt das Risiko, in das Eltern-Kind-Drama zu verfallen. Nichtsdestotrotz können aber auch sehr unterschiedliche Menschen wundervolle Liebesbeziehungen leben, wenn sie ihre MINDFUCKS im Griff haben.

Ich coachte einmal ein Paar, das von sich selbst behauptete, wie Feuer und Wasser zu sein. Er Frühaufsteher, sie Langschläferin, er ein pragmatischer Handwerker, sie eine vergeistigte Wissenschaftlerin, er ein Berge-Typ, sie liebte das Meer, er saß gerne vor dem Fernseher, sie war eine ausdauernde Spaziergängerin. Sie kamen ins Coaching, weil sie sich fragten, ob sie noch »normal« seien. »Unsere Freunde sind gemeinsam viel aktiver als wir. Sie lachen schon über uns ›Schlafmützen‹. Aber es ist nun einmal so, wir haben nicht die gleichen Interessen.« Die Schnittmenge, die beide verband,

war ein großes, tiefes Gefühl füreinander. »Ich kann und will mir niemand anderen vorstellen«, sagten sie einhellig voneinander. Und das war von Anfang an so gewesen. Sie hatten sich bei einem Wanderausflug mit Freunden kennengelernt und waren eine Stunde lang wortlos nebeneinander hergegangen. Genug Zeit, um sich innerlich zu begegnen, meinten sie. Sie sprachen von einem Gefühl des »Gefunden-Habens« oder des »Endlich-angekommen-Seins«. Das große Potenzial, das wir aus der Verliebtheitsphase sehr einfach herauskristallisieren konnten, war dieses Wissen um ein tiefes Gefühl der Verbundenheit und Vertrautheit, das sich jederzeit einstellte, wenn sie sich dafür öffneten. Auf die Frage, was passieren würde, wenn sie beide dieses Gefühl immer wieder bewusst als die Liebenden, die sie waren, wahrnehmen würden, erhellten sich ihre Gesichter. »Wir müssen keine Action miteinander veranstalten. Das ist es gar nicht, was wir miteinander haben können und wollen. Es sind diese kostbaren Momente, um die es geht. Und dass man sich ansonsten akzeptiert und fördert, wie man ist.« In diesem Licht gab es keine Langeweile, sondern ein gemeinsames Leben, das trotz aller Unterschiede vom Gefühl füreinander lebte. Wichtig war deshalb, von Bewertungen und unpassend überzogenen Vorstellungen, wie aktiv eine richtige Liebe zu sein hätte, Abstand zu nehmen und sich darauf zu konzentrieren, was beiden wirklich wichtig war.
Es gehört zu den schönsten Momenten im Coaching, wenn Paare sich dieses Potenzials bewusst werden. Menschen, die sich in der Liebe nicht mehr selbst sabotieren, können jedes beliebige Leben wählen. Sie können gemeinsam auf Abenteuerreise gehen und ein Haus bauen, Kinder haben und Bäume pflanzen. Sie können sich beruflich voll entwickeln und zugleich Raum für ihre ganz persönliche, vielleicht auch spirituelle Seite finden. Sie gestehen sich Zeit zu. Für den Beruf, die Gemeinsamkeit, mit der Familie, mit Freunden und

jeder für sich. Sie wissen, dass das Leben zu groß und zu vielfältig ist, um in einem virtuellen Kinderzimmer auf bildlich gesprochenen zehn Quadratmetern gelebt zu werden. Deshalb gestehen sie sich Raum zu.

Die Identität verändert sich positiv

Manchmal frage ich: »Wer sind Sie ganz persönlich, wenn Sie Ihre Beziehung auf diese Art in Ihrem vollen Potenzial leben würden?« Eine nicht ganz leichte Frage, die uns einlädt, einen offenen, liebevollen und zutrauenden Blick von außen auf uns selbst zu werfen. Die meisten antworten nach einer kurzen Denkpause auf diese Frage begeistert mit Sätzen wie: »Ich wäre dann wirklich frei« – »Ich wäre stark wie ein Baum« – »Ich hätte keine Angst mehr und würde mich trauen, meine Träume zu verwirklichen« – »Ich hätte den Mut, ganz neu anzufangen« oder »Ich wäre so lebendig wie noch nie«.

Stefanie und Mark, dem Paar, das sich vor dem Coaching schon so gut wie aufgegeben hatte, schrieb ich folgende Fragen auf: »Was ist anders in meinem/deinem/unserem Leben, wenn wir uns vom MINDFUCK verabschiedet haben und eine intensive, wahrhaftige Beziehung auf Augenhöhe erleben? Wer bist du dann? Wer bin ich dann? Wer sind wir beide dann? Was passiert, wenn wir wirklich dauerhaft so leben? Welches Leben ist uns dann möglich?«

Fragen wie diese können eine wahre kreative Explosion auslösen. Entfesseltes Potenzial fühlt sich an wie pure Lebensenergie. Wir atmen tief ein und befreit wieder aus. Jetzt kann es losgehen mit dem Leben, das wir wirklich haben wollen. Ein neuer Fall von Übermotivation? Unter der Voraussetzung, dass wir innerlich im Erwachsenen-Ich mit uns selbst und unserem Partner in Kontakt sind, ist das das wahre Potenzial, das erwachsene Menschen in der Liebe heute haben.

Stefanie und Mark arbeiteten mit mir einen ganzen Tag lang an ihrer gemeinsamen Lebensvision. Ich bat sie, alte Fotos aus glücklichen Tagen, Zeitungsausschnitte und Bücher mitzubringen, die sie an die DNA ihrer Liebe, an Entdeckung, Abenteuer, Lernen, Ein-Team-Sein erinnerten. Die Aufgabe war nun, daraus eine praktische Lebensstrategie zu machen. Wie konnte ihr neues Leben konkret aussehen? Die DNA in Lebensziele und -projekte zu übersetzen ist eine spannende Arbeit mit den verschiedenen Puzzleteilen. Sie macht viel Freude, belebt ungemein und bringt großen Schwung in die gemeinsame Selbstwirksamkeit. Ein Paar wird wieder zukunftsfähig, wenn es wieder gemeinsam nach vorn sehen und sich auf Neues freuen kann. Auch in dieser Phase kann es zu kritischen Momenten mit MINDFUCK-Gefahr kommen. Aber die beiden hatten ja mich dabei, und ich passte auf sie auf wie ein Luchs. Selbstverständlich hatte ich mir vorher die Erlaubnis dazu von beiden eingeholt.
Stefanie und Mark entschieden sich am Ende für einen großen Wurf, der dennoch kein Harakiri-Unternehmen war, bei dem sie sich und ihre Lebensgrundlagen aufs Spiel gesetzt hätten. Mark arbeitete als Ingenieur bei einer großen Firma. Stefanie war vor ihrer Familienzeit freiberufliche Journalistin gewesen. Beide entschieden sich, dass Mark in der Firma einen Auslandsaufenthalt im Mittleren Osten beantragen würde. Stefanie plante, endlich wieder zu schreiben. Stoff bot ihr so ein neues Leben genug. Sie erkundigten sich nach Schulen für ihre Kinder, die von dieser Idee wider Erwarten hellauf begeistert waren. »Zu den Scheichs? Wie cool!« Als ich das Paar zum letzten Mal sah, steckte es mitten in den Vorbereitungen für seine neue aufregende Lebensphase. Und die Sache mit der Kollegin? »Wir haben uns ausgesprochen. Eine ganze Nacht lang. Glauben Sie mir, ich war noch nie so erwachsen«, erzählte Stefanie. »Aber uns beiden war klar, dass die Schieflage schon vorher begonnen hatte. Das macht

aus dem Seitensprung keine Heldentat, aber dennoch. Ich kann jetzt damit umgehen.« Und jetzt? »Jetzt habe ich einen gut bei Mark«, sagt sie und boxt ihm scherzhaft in die Seite. Vor mir saßen zwei Verwandelte. Und dabei hatten sie einfach aufgehört, sich selbst zu sabotieren, und waren zu dem eigentlich immer vorhandenen Potenzial zurückgekehrt.

Manchmal werde ich gefragt, ob es denn Paare gebe, die gleich den richtigen Weg finden würden. Ja, die gibt es. Sie gehen aus verschiedenen Gründen den richtigen Weg. Zum Beispiel, weil sie bereits wissen, dass echte Liebe nur im Erwachsenen-Ich eine Chance hat. Daraus erwächst eine besondere Form von Offenheit, Interesse und Großzügigkeit für den anderen. Wieder andere finden den richtigen Weg, weil sie durch eine Krise zusammenwachsen. Sie erkennen in Momenten, die kritisch sind, dass sie einander wollen, auch wenn nicht immer alles Zuckerschlecken ist. Genau hier liegt ein wichtiges Geheimnis gelungener Liebe. Paare, die langfristig glücklich miteinander sind, leben weder im *Übermotivations*-MINDFUCK noch im Dauerkompromiss. Sie wissen, wie viel Erfüllung sie sich in einer Beziehung wünschen, und haben einen gut ausgeprägten Radar dafür, wann es ernst wird und dauerhaft zu wenig Leben in der Liebe steckt. Häufig sind das Paare, bei denen jeder Partner vorher schon andere Beziehungen hatte und die sich selbst und ihre Bedürfnisse deshalb sehr genau kennen.

Eine neue Kultur der Liebe

Die vier Fähigkeiten des Erwachsenen

Die einzige echte und unerlässliche Voraussetzung für Paare, um ein MINDFUCK-freies Leben in ihrem vollen Potenzial zu führen, ist die Bereitschaft, immer wieder und irgendwann dauerhaft im Erwachsenen-Ich miteinander in Kontakt zu sein. Im Erwachsenen-Ich zu sein bedeutet, konsequent für ein erfülltes Leben einzutreten. Ein Leben in unserem vollen Potenzial. Wir sind dann nicht perfekt, haben aber eine außergewöhnlich große Wirksamkeit und die Fähigkeit, unser Leben selbständig zu erhalten und zu gestalten – der Schlüssel zum Glück in jeder Liebesbeziehung.
In meinem Buch *MINDFUCK. Das Coaching* habe ich den Elementen und Stärken des Erwachsenen-Ichs ein ganzes Kapitel gewidmet, das ich sehr zur Lektüre empfehle. Daraus an dieser Stelle das Wichtigste abgeleitet für Paare, die ohne MINDFUCK leben wollen:
Die vier wichtigsten Kompetenzen, die wir als Erwachsene automatisch haben und die auch in der Liebe entscheidend sind, sind die folgenden Fähigkeiten:

1. **sich und das, worum es geht, ernst zu nehmen**
2. **selbst für gefühlte innere Sicherheit zu sorgen**
3. **Impulse zu erkennen und konstruktiv zu steuern**
4. **Risiken richtig abzuschätzen**

Wenn wir dann noch das Leben mit Neugier, Vertrauen und Freude an der puren Erfahrung angehen, passieren Dinge, die wir nicht für möglich gehalten hätten.

1. Sich, den anderen und die Beziehung ernst nehmen

Es gehört zu den Grundfähigkeiten jedes Erwachsenen, Liebesthemen nicht schwer, sondern ernst zu nehmen. Im Coaching erlebe ich häufig, dass Menschen über Einsamkeit oder ihre Beziehung klagen, das Thema aber nicht wirklich ernst nehmen. Ich sehe es daran, dass sie nichts tatkräftig versuchen, außer darüber zu sprechen oder zu lesen. Sie sind Expertinnen und Experten ihrer Beziehungsprobleme, aber nicht im Handeln und Verändern. Einmal war ich mit einem Mann im Gespräch, der sich sehr darüber beklagte, dass in seinem Berufsleben zwar alles bestens liefe, sein Privatleben aber eine Katastrophe sei. Ich stellte ihm nur wenige Fragen: Wie viel Zeit investieren Sie am Tag in Ihren Beruf? Wie viel Zeit in Ihr Privatleben? Was würde Sie mehr beschäftigen: eine kritische Mail Ihres Chefs oder eine kritische Nachricht Ihrer Partnerin?

Er stutzte. Dann lachte er. »Alles klar, ich habe verstanden.«

Es geht nicht darum, für die Liebe immer alles liegen und stehen zu lassen. Dennoch fällt mir auf, dass sich sehr viele Menschen sehr viel mehr um andere Dinge kümmern als um die Qualität in ihrem Privatleben. Sie sind zwar unzufrieden, wenn nicht alles klappt, sehen aber zunächst nicht, dass es eine kindliche Vorstellung ist, von seinem Privatleben ein einfaches, voraussetzungsloses Funktionieren zu erwarten, wie wir es als Kinder von unserem Elternhaus erwarten durften. Dort hat jemand (hoffentlich!) mit dem Essen auf uns gewartet und uns die Tränen getrocknet, wenn wir es beim Spielen übertrieben haben. Ein erwachsener Partner und eine Familie aber sind nicht wie die eigenen Eltern. Wir würden in die bereits erwähnte Verwechslungsfalle tappen und ins Kind-Ich rutschen, wenn wir davon ausgingen, dass unser Partner uns voraussetzungslos liebt und selbst keine Bedürfnisse hat. Es ist ein heute weit verbreitetes Missverständnis, zu denken, unser Job würde zwar unseren ganzen Einsatz verlangen, Liebe, Partnerschaft und Familie aber müssten einfach so klappen. Viele wünschen sich, dass ihr Zuhause ein Ort des »Auftankens« ist. In einer Beziehung sind es aber zwei, die auftanken müssen. Der eine ist nicht für das Auftanken des anderen verantwortlich. Dieser kleine Unterschied aber macht es aus: Beide sind dafür da, dass eine Atmosphäre entsteht, in der beide auftanken können. Beide sind verantwortlich für das gemeinsame Biotop. Das verstehen übrigens schon Kinder, die gerne darauf eingehen, wenn man ihnen ab einem gewissen Alter zutraut, dass auch sie zum Klima im Biotop beitragen.

Erika und Walter waren ein Paar, das kurz vor der Pensionierung stand, als sie sich zum ersten Mal auf das Abenteuer Coaching einließen. »Er kommt jeden Abend total fertig und schlecht gelaunt nach Hause. Dann höre ich mir beim Essen seine Sorgen an. Er ist frustriert vom ruppigen Ton und den ständigen Neuerungen bei der Arbeit. Er regt sich über Kleinigkeiten auf und lässt auch kein gutes Haar an dem, was ich ihm dann erzähle.« *Bewertungs*-MINDFUCK, Katastrophen-Stimmung, Misstrauen. Das war der Cocktail, der sich über Jahre hinweg zusammengebraut hatte. »Ich hatte mir das im Alter anders vorgestellt«, sagte er. »Ich dachte, da wird man in einer Firma, für die man zig Jahre gearbeitet hat, anständig behandelt und bekommt Respekt entgegengebracht. Nichts da. Jetzt führen die Jungen das große Wort. Ich komme mir jeden Tag wie ein Versager vor, der nichts versteht und nichts mehr zu sagen hat.« Beiden war völlig entgangen, wie viel sie sich in den Jahren aufgebaut hatten. Ich lud sie ein, die Bilanz ihres Lebens und die Perspektive der nächsten Jahre mit einer Einstellung von Offenheit, Großzügigkeit, Mut und

Vertrauen zu betrachten. Als wir uns gemeinsam die »Früchte ihrer Arbeit« ansahen, erfüllte sie das mit einem schüchternen, bewegten Stolz. Ein schönes Haus, wunderbare Reisen, eine tolle Familie. »So schlecht ist das doch gar nicht, oder?«, sagte Erika kleinlaut, aber glücklich. »Manchmal sehen wir einfach den Wald vor lauter Bäumen nicht«, erwiderte ich. »Die Frage ist nun, wie Sie miteinander umgehen wollen, um sich dieses Glücks bewusst zu sein?« Wir sprachen dann über das Ernstnehmen des anderen, des gemeinsamen Lebens und der Partnerschaft. Walter war sofort klar: »Ich muss mit einer anderen Einstellung nach Hause kommen. So geht das wirklich nicht. Erika freut sich auf mich. Und ich freue mich auch auf sie, wenn ich nicht nur meinen Beruf in den Mittelpunkt stelle. Wir beide sind wirklich wichtiger als der Bürokram.«
Wir gingen auch die anderen Bereiche durch: Das Potenzial in der Verliebtheit, die Stärken hinter den MINDFUCKS, die Tag- und die Nachtseite ihrer Sehnsüchte. Das wichtigste Ergebnis dieses mehrere Monate dauernden Prozesses war, dass sich Walter im Guten von seinen Berufsjahren trennen konnte und sich beide zum ersten Mal auf ihre Rentenjahre freuten. »Vorher hatte ich richtig Angst, diesen Miesepeter jeden Tag zu Hause zu haben«, sagte sie. Und dass sie sich tatsächlich heimlich nach einem Scheidungsanwalt erkundigt hatte. Auch nach dreißig Jahren Ehe ist der andere nur freiwillig da. Der Beginn dieser Veränderung war jedoch die Bereitschaft und Fähigkeit beider, sich und ihre Themen wirklich ernst zu nehmen.
Wie sieht dieser Punkt in Ihrem Leben aus? Nehmen Sie sich, den anderen und Ihre Beziehung ernst? Woran könnte Ihr Partner erkennen, dass Sie ihn und die Themen, die Sie beide gerade beschäftigen, ernst nehmen? Woran erkennen Sie, dass Ihr Partner Ihre Beziehung ernst nimmt?

2. Die innere Sicherheit stärken

In der Liebe ist es wichtig, die eigene innere Sicherheit zu stärken. Wenn Sie wissen, dass Sie sicher sind und im Notfall auch allein leben können, dann sind Sie freier und wahrscheinlich leichter im Erwachsenen-Ich. Das Gefühl, innerlich oder äußerlich abhängig zu sein, im Grunde nicht sicher zu sein oder sich sogar einem Menschen ausgeliefert zu fühlen, führt unweigerlich in die unteren Ebenen von Kind- und Eltern-Ich. Sie können Ihre innere Sicherheit stärken, indem Sie mit dem Modell des Worst-Case-Szenarios arbeiten, also der Vorstellung vom Schlimmsten, was passieren könnte. Damit das kein *Katastrophen*-MINDFUCK, sondern eine hilfreiche Übung wird, ist es unerlässlich, dass Sie währenddessen im Erwachsenen-Ich sind.

Für meine Klientin Angelika war diese Übung nicht leicht. Aber gemeinsam konnten wir sie gut bewältigen. Angelika fühlte sich abhängig von ihrem Mann. Die Ehe war nicht glücklich, ihr Mann selten zu Hause, und wenn er da war, war die Stimmung nicht gut. Eines Tages erhielt sie einen Anruf von einer Frau, die sagte, sie sei die Geliebte ihres Mannes und dass ihr Mann plane, sie und ihr gemeinsames Kind zu verlassen. Die Lage war ernst. Angelika konnte nicht anders, als das zu sehen und sich dem zuzuwenden, was lange ihre größte Angst war: dass es zur Scheidung kommen könnte. Als sie sich erlaubte, die Sache wie eine Feldherrin mit mir vor dem Figurenbrett durchzuspielen, gewann sie mit jedem Moment an Stärke und Selbstvertrauen. Ihr Fazit am Schluss des Prozesses: »Selbst wenn er mich über den Tisch zieht: Ich verdiene mein eigenes Geld, ich kann mir eine eigene Wohnung nehmen und mit unserem Sohn ein neues Leben anfangen.« Vor unserer Sitzung hatte sie nicht gewagt, diesen Gedanken zu denken, geschweige denn laut auszusprechen. Nun wusste sie, dass auch das, was sie bisher für das Schlimmste gehalten hatte, machbar war: sich ein eigenes Leben aufzubauen und

nach vorne zu schauen. Das Worst-Case-Szenario sollte jeder Partner für sich durchgehen. Gestärkte innere Sicherheit von beiden stärkt die gesamte Beziehung.
Manchmal sagen mir Menschen, die viel mit dem *Katastrophen*-MINDFUCK zu tun haben, dass sie sich leider immer vor allem dann, wenn sie glücklich sind, vorstellen, dem geliebten Partner könnte etwas passieren. Man kann dann entweder den MINDFUCK einfach beenden oder sich überlegen: Ja, was wäre, wenn? Und im Erwachsenen-Ich entdecken, dass auch diese echte Katastrophe überlebbar wäre. Mit diesem Wissen können wir uns dann wieder gestärkt der Realität zuwenden, die meist viel freundlicher ist, als uns die Alpträume des *Katastrophen*-MINDFUCKS glauben lassen.

3. Impulse erkennen und steuern

In einer Beziehung sensibel für die eigenen emotionalen und mentalen Impulse zu sein ist enorm wichtig. Erwachsene können das. Impulssteuerung meint, dass wir guten Impulsen folgen und weniger gute oder sogar destruktive Impulse kontrollieren, statt sie ungefiltert auszuleben. Schwierige Beziehungen erkennt man sehr schnell daran, dass es an dieser Art der Impulssteuerung fehlt. Da wird geschrien, gedroht, geheult, erpresst und manipuliert, ganz abgesehen von den Klassikern der Impulsthemen, die die sogenannten guten Manieren im Umgang miteinander betreffen. Ich habe bereits mit Menschen gearbeitet, die ihrer Beziehung eine neue Richtung gaben, indem sie anfingen, auf den obligatorischen Jogging-Anzug am Abend zu verzichten und sich stattdessen wieder füreinander schön machten. Einem Mann, der darauf bestand, es sich abends in seinen abgewetztesten Klamotten bequem zu machen, sagte ich: »Denken Sie an die Monate der Verliebtheit. Hätten Sie sich da auch in diesem Look gezeigt?« Natürlich nicht. Und damit wären wir wieder beim Thema Potenzial. Geben Sie den Impulsen nach, die Sie

bereits in den ersten Wochen erlebten: sich pflegen, Überraschungen planen, die guten Seiten ausspielen. Für Spannung müssen immer wieder wir selbst sorgen. Entspannen wird sich die Lage von selbst. Niemand braucht Angst davor haben, sich zu Hause nicht mehr wohl zu fühlen und dauernd etwas »vorspielen« zu müssen.
Dann gibt es noch Impulse, deren Wahrnehmung und Kontrolle manchmal ein wenig der Übung bedürfen. »Wenn sie sich nicht mindestens ein Mal am Tag bei mir meldet, habe ich Angst, dass etwas nicht stimmt und sie vielleicht einen anderen hat«, sagte ein langjährig verheirateter Mann. Ganz klar: Er war in diesem Moment im Kind-Ich, fühlte sich unsicher, hilflos und hatte Angst, verlassen zu werden. Im Erwachsenen-Ich sah er die Sache natürlich weit entspannter. Nun kam es darauf an, den Impuls der Angst wahrzunehmen und sich wieder ins Erwachsenen-Ich zu bringen. Bereits mit der bewussten Wahrnehmung seiner Gedanken und Angstphantasien trainierte er seine Selbstwirksamkeit als Erwachsener. Dann besann er sich auf seine Fähigkeit, mit allem klarzukommen, egal, was es sein mochte. Nach ein wenig Training hatte er den Impuls umgesteuert: »Sie meldet sich nicht? Wahrscheinlich hat sie heute einfach viel um die Ohren.«
Es lohnt sich also, guten Impulsen zu folgen und sie zu trainieren, indem man dem anderen spontan eine liebe SMS oder eine kleine Aufmerksamkeit schickt, spontan einen Tisch im gemeinsamen Lieblingsrestaurant reserviert oder ein Kompliment nicht nur denkt, sondern auch ausspricht. Oder einfach einmal ernsthaft nachfragt, wie es dem anderen im Moment geht.

4. Risiken richtig einschätzen

Risikokompetenz ist die vierte Kompetenz eines starken Erwachsenen-Ichs. Auch diese Fähigkeit ist in der Liebe Gold wert. Viele Menschen unterschätzen zum Beispiel die Risiken

der Gewohnheit und überschätzen die Risiken von Lebendigkeit und Austausch mit anderen.
Antonia und Edith trauten sich nach drei Jahren Beziehung nicht mehr aus dem Haus, weil sie fürchteten, jede von ihnen könnte eine andere kennenlernen und sich dann trennen. »Immer die gleichen Gespräche, immer der gleiche Lieblingsgrieche. Freundschaften nur mit Menschen, die keine von uns attraktiv finden könnte. Wir klammern und langweilen uns gleichzeitig«, war ihr schonungsloses Resümee. Wir analysierten die Lage. Beide waren in ihrer Beziehung längst im Kind-Ich oder überfürsorglichen Eltern-Ich gelandet. Kein Wunder, dass Sex mittlerweile zu den Ausnahmesituationen zählte. Über andere Frauen, die ein offensichtlich aufregenderes Leben führten, wurde gemeinschaftlich gelästert. *Katastrophen*-MINDFUCK in der Angst, die andere zu verlieren, war einer der Haupt-MINDFUCKS ihrer Beziehung. Der andere war *Selbstverleugnungs*-MINDFUCK, denn sie nahmen an, die Interessen der jeweils anderen zu verletzen, wenn sie einmal etwas allein oder mit anderen unternehmen wollten. Es galt, den Mut und die Individualität wiederzuentdecken. Beide beschlossen, das Thema ernst zu nehmen, stärkten im Gespräch ihre innere Sicherheit, spürten die Impulse auf, die günstig waren, und jene, die sie fortan unterlassen wollten. Dann besannen sie sich auf ihre Verliebtheit und die Tages- und Nachtseite ihrer Sehnsüchte. Und fingen an, sich voller Zutrauen zueinander ein lebendiges, aufregendes Leben aufzubauen. Die eine schloss sich einem Sportverein an, die andere gründete eine Skat-Runde. Gemeinsam freuten sie sich auf spontane Städte-Trips und planten ihr Jahr als eine Vielzahl von interessanten Erlebnissen, die sich wie Perlen auf der Kette aneinanderreihten.

Risikokompetenz ist auch gefragt, wenn es um das Thema Mut geht. Besonders heftig verliebte Singles profitieren davon. Ich habe einmal mit einer Frau gearbeitet, die seit Jahren mehr oder weniger heimlich in einen Mann verliebt war, der in Trennung von seiner Frau lebte. Sie trafen sich öfter, es waren herzliche und entspannte Begegnungen. Aber sie traute sich nicht, ihm ihre Gefühle zu offenbaren. Als ich ihr das Wort »Risikokompetenz und Mut im Erwachsenen-Ich« aufschrieb, atmete sie erst einmal tief durch und wurde puterrot im Gesicht. »Ich verstehe, was Sie meinen«, stotterte sie aufgeregt. »Muss ich das wirklich?«, fragt sie. Ich nickte, und sie richtete sich auf. Dann sagte sie: »Alles klar, was kann mir im schlimmsten Fall passieren?« Ich sah sie fragend an. Sie fuhr fort: »Nun ja, er könnte ›Nein‹ sagen. Das glaube ich aber nicht. Oder ›Vielleicht‹. Das kann schon sein. Vielleicht braucht er noch Zeit. Aber irgendwie weiß ich, dass wir uns zueinander hingezogen fühlen. Er hat mir das schon signalisiert, aber ich war zu feige, darauf einzugehen. Dachte, mich vielleicht zu täuschen und dann lächerlich zu machen.« Falsche Scham ist eine Funktion des Kind-Ichs. Angst vor Ablehnung und die daraus möglicherweise folgende Ohnmacht bringen uns dazu, uns schüchtern zu verhalten. Als erwachsene, reife Frau war es meiner Klientin natürlich möglich, ihren Gefühlen dem geliebten Mann gegenüber Ausdruck zu verleihen. Und wenn er nicht wollte? Jeder Mensch hat ja das Recht, nein zu sagen. »Das wäre schlimm. Es wäre traurig und würde mich sehr beschäftigen. Aber es würde mich nicht umhauen.« Manche Singles glauben, sie bräuchten eine Jahre andauernde Therapie. Manchmal geht es aber auch so einfach: Rein ins Erwachsenen-Ich und raus ins Abenteuer. Mit Neugier, Vertrauen und Freude an der Erfahrung

Die vier Fähigkeiten, die wir im Erwachsenen-Ich ganz natürlich haben, sind echte Joker in allen Liebes-Lebenslagen. Sie können den Versuch machen und alle Themen, die Sie in der Liebe beschäftigen, daraufhin überprüfen. Inwieweit hilft es Ihnen, sich, den anderen und das Thema ernst zu nehmen, Ihre innere Sicherheit zu stärken, Impulse zu steuern und Risiken richtig einzuschätzen?

Die vier Fähigkeiten im Praxistest

Eine Frau, deren Mann sich im Börsenhype um die Jahrtausendwende verzockt und beiden einen Riesenberg Schulden beschert hatte, befreite sich mit diesen vier Fragen aus ihrer inneren MINDFUCK-Schaukel. In den Jahren davor hatte sie sich wie ein mal hilfloses, mal zorniges Kind gefühlt. Dann wieder beschimpfte sie ihren Mann als *»Loser«* und *»Unglück«*, um sich anschließend wieder überfürsorglich um ihn zu kümmern. Sie hatte bereits die ganze Klaviatur, wie sie später scherzhaft sagte, durchgespielt, als sie zum ersten Mal von MINDFUCK hörte.
In unserem Gespräch lernte sie, das Thema erstmals als real zu betrachten und damit ernst zu nehmen, statt sich darüber aufzuregen oder es immer wieder abzulehnen, als sei nichts geschehen. Das Worst-Case-Szenario zur Stärkung der inneren Sicherheit fiel meiner Klientin nicht schwer. Denn der schlimmste Fall war bereits eingetreten. Aber auch eine Privatinsolvenz hat irgendwann einmal ein Ende, und sie hatten nur noch kurze Zeit zu überstehen. Diese Erkenntnis, dass auch das Schlimmste nicht den Tod bedeutete und dass es bald vorbei sein würde, stärkte sie sehr. Schwieriger war, ihre destruktiven Impulse von den konstruktiven Impulsen zu unterscheiden. Jammern, schimpfen und Phantasien der Hilflosigkeit waren eindeutig destruktiv für sie selbst und die Beziehung. Liebevolle Momente zuzulassen und nicht zu unterdrücken, weil der andere *»bestraft werden müsse«*, war eine Herausforderung für sie. Sobald sie einen liebevollen Moment erlebte, hatte sie sich bisher im Eltern-Ich kritisiert

und dafür geschämt, ihren Mann noch zu lieben, obwohl er ihr *»so etwas angetan«* hatte. Im selbstwirksamen Erwachsenen-Ich konnte sie sich und ihren Mann in einem neuen Licht sehen. Ja, die Liebe hatte trotz allem gehalten. Ja, das ist ein großer Erfolg. Ja, das ist ein Zeichen für das große Potenzial der Verbindung. Aber nur dann, wenn sie wieder als Erwachsene miteinander in einen echten, liebenden Kontakt kommen würden. Und dafür waren die Impulse, die sie bisher unterdrückt hatte, sehr wichtig. Beim Thema Risikoeinschätzung gingen ihr viele Gedanken durch den Kopf. Welche Risiken lagen vor? Auf die Beziehung bezogen, gab es zwei Hauptrisiken: Erstens, dass sie sich infolge chronischer Lieblosigkeit und Jammerei verlieren könnten. Zweitens, dass ihr Partner nichts aus der Misere gelernt hätte und sie ein zweites Mal in eine wirtschaftliche Schieflage bringen würde. Mit dem ersten Risiko konnte sie umgehen. Ab heute wollte sie der Liebe wieder eine echte Chance geben. Das zweite Risiko blieb bestehen. Sie konnte aber für sich handeln, sich von ihrem Partner finanziell unabhängig machen und keine Unterschriften mehr für seine Geschäfte leisten. Das war kein einfaches Thema. Aber auch da entschloss sie sich, ins selbstwirksame Erwachsenen-Ich zu gehen und, statt Angst, Mut zu zeigen und offen mit ihrem Mann zu sprechen. Bisher hatte sie sich bei diesem Thema aus einem alten *Regel*-MINDFUCK heraus in eine Selbstverleugnungs-Situation gebracht. Sie war der Meinung, eine richtige Ehefrau habe alle Geschäfte ihres Mannes voll und ganz zu unterstützen, ihm bedingungslos zu vertrauen und jede Unterschrift zu leisten. Das war unter den gegebenen Umständen reine Selbstsabotage und löste große innere Ambivalenzen bei ihr aus. Insgeheim hasste sie ihren Mann dafür, dass sie sich ihm angeblich unterordnen musste. »Was sagt eigentlich Ihr Mann dazu?«, fragte ich sie. »Der weiß nichts von diesen Überlegungen. Ich habe meine Unterschrift immer von selbst angeboten.« Wir mussten beide lachen. Ja, im MINDFUCK-Modus machen wir manchmal verrückte Dinge.

Partnerschaft im Erwachsenen-Ich hat mit dem, was wir erleben, wenn die Dinge schieflaufen, nicht viel zu tun. Es ist jedoch eine andere Dimension, die sich im Erwachsenen-Ich öffnet. Wir aktivieren gemeinsam unser Bestmögliches und kommen dadurch zu völlig anderen Ergebnissen.

Konsequent für ein erfülltes Leben

Das Erwachsenen-Ich ist vielfältig. Auf einen Punkt gebracht, ist es mit dem Willen und der natürlichen Fähigkeit verbunden, konsequent ein erfülltes Leben anzustreben und nichts anderes mehr zu akzeptieren. Es bedeutet, sich in einer Partnerschaft weder zu klein zu machen noch in den Größenwahn zu verfallen. Es bedeutet, die Kirche auch mal im Dorf lassen zu können, offen, neugierig und großzügig über sich selbst und den anderen nachzudenken. Aus der Perspektive des selbstwirksamen und balancierten Erwachsenen heraus gewinnen die großen Worte, die schon in den Religionen über die Liebe gesagt wurden, einen ganz neuen Charme. Machen Sie einmal den Test: Wie klingen Worte wie »Barmherzigkeit«, »Mitgefühl«, »Achtung«, den anderen »lieben und ehren«, »in guten wie in schlechten Tagen« in Ihren Ohren, wenn Sie sie als selbstwirksamer Erwachsener empfinden? Wie ist es, wenn Sie den Menschen, den Sie lieben, mit »Barmherzigkeit« betrachten und behandeln? Aus dem Erwachsenen-Ich, nicht aus dem fürsorglichen Eltern-Ich heraus? Möglicherweise gewinnen Sie so viel gesunden Abstand, dass Sie den anderen wieder in seiner ganzen Menschlichkeit wahrnehmen können. In seinem eigenen Ringen um ein würdiges und gutes Leben, das Freude macht, in seinen eigenen inneren Kämpfen, Ambivalenzen, Hoffnungen und

Sehnsüchten. Ein echter Mensch eben. Stark und schwach, liebenswert und schwierig.

Wie klingen Worte wie »Mitgefühl« und »Nächstenliebe« im ganz ursprünglichen Sinne, wenn Sie sie nicht aus dem bescheiden-stillen Kind-Ich oder dem Eltern-Ich heraus denken, sondern aus dem Erwachsenen-Ich heraus? Was bedeutet es, sich »in guten wie in schlechten Zeiten zu ehren«? Was kann dieser alte Spruch uns heute noch sagen? Ich meine, sehr viel – wenn wir ihn gründlich entstauben. Früher hieß »ehren«, sich zu unterwerfen. Das wäre natürlich MINDFUCK. Heißt »ehren« aber, den anderen zu respektieren, seinen Selbstwert zu achten und ihn einfach gut zu behandeln, dann ist das Wort sehr zeitgemäß.

Was Menschen erleben, die MINDFUCK überwunden haben

Auf den vergangenen Seiten haben Sie einige Paare kennengelernt, die sich bereits grundlegend verändert haben. Was ist allen gemeinsam? Alle Paare und auch die Singles, die sich von MINDFUCK befreit haben, werden wirksam. Das heißt, sie realisieren etwas, das vorher entweder nicht einmal gedacht wurde, ein echter Streitpunkt war oder unerreichbar schien. Das Leben verändert sich also auf der Ebene der Realität, nicht nur im inneren Dialog mit uns selbst oder im Gespräch mit unserem Partner. Die Paare, die sich von Selbstsabotage befreien, werden tatsächlich tätig. Sie setzen etwas um und verändern ihr Leben sichtbar zum Positiven. Die einen bekommen Kinder. Die anderen planen ihr Traumhaus. Die einen bekennen sich endlich offen zu ihrer großen Liebe. Die anderen machen den lange hinausgezögerten Termin beim Anwalt. Die einen ziehen in den warmen Süden, die anderen kaufen sich einen Oldtimer. Die einen heiraten, die anderen entscheiden gemeinsam, es nicht zu tun. Die einen leben ihre Liebe zu dritt nun offen, die anderen bekennen sich endlich dazu, dass sie überzeugter Single sind und das auch bleiben wollen. Die einen schmeißen endlich den ungeliebten Job hin, die anderen gründen zusammen ein Unternehmen. Themen, die bisher wie ein Korken im Flaschenhals steckten und weder vor noch zurück konnten, lösen sich in einer MINDFUCK-freien Perspektive auf. Weil wir uns endlich erlauben, die Wahrheit als Erwachsene zu sehen, haben wir auch die Kraft, sie ebenso anzugehen. Wir beginnen dann, die Freiheit und die Möglichkeiten, die wir tatsächlich haben, auch zu nutzen.

Ist dann immer alles Sonnenschein? Gibt es dann keine Probleme mehr? Schön wär's. Aber wir sind, wie gesagt, endlich in der Realität. Weder in einem Alptraum noch in einem Märchen. Probleme gibt es natürlich trotzdem, aber wir können sie anders angehen als bisher.

Krisen und Probleme meistern

Paare, die sich von MINDFUCK befreit haben, besitzen die große Fähigkeit, Probleme konstruktiv anzupacken und zu lösen. Wenn zwei erwachsene Persönlichkeiten zusammen sind, kann es immer wieder unterschiedliche Meinungen und Bedürfnisse oder Vorkommnisse geben, die jeden Menschen auf eine harte Probe stellen. Gibt es ein Patentrezept, wie wir es uns so oft wünschen? Ich denke, jein (!). Natürlich gibt es keine Formel, die auf alle Probleme anzuwenden ist, und dennoch habe ich mit einer Adaption der im Coaching bekannten Formel von Timothy Gallwey experimentiert, die ich selbst in schwierigen Lagen sehr hilfreich finde:

Liebe = Potenzial – Störungen

Um Liebe und Potenzial wieder freizusetzen, müssen wir uns ernsthaft um die Störungen kümmern. Manchmal sind die Störungen so groß, dass die Liebe dahinter verschwindet und nicht mehr auftauchen kann. Die erste Frage dabei ist, ob es um eine echte Störung oder um MINDFUCK geht. Ist das, was Sie im Moment vielleicht belastet, eine Folge blockierenden Denkens oder, im Lichte Ihrer erwachsenen Kraft betrachtet, eine echte Störung? Etwas, das durchdacht, angesprochen und geklärt werden sollte? Ist es eine Phantasie, eine unergründliche Angst, etwas aus dem Reich der Hirngespinste? Gibt es ein konkretes, benennbares Problem, das keine Frucht von Bewertung, Selbstverleugnung, Angst, innerem Druck, alten Regeln, Misstrauen oder dem schwankenden Gefühl der Übermotivation ist? Ist es all das nicht, sondern bare Realität? Wie könnte die bare Realität aussehen? Es könnte ein echter Betrug sein. Eine echte, schwere Vertrauensverletzung oder die traurige Gewissheit, dass es einfach nicht mehr miteinander passt, vielleicht sogar die Erkenntnis, dass die Liebe gegangen ist, dass auch beim feinsten Nachfühlen kein Puls mehr zu erspüren ist.

Wenn es einfach nicht passt

Manchmal entdecken Paare, dass sie einfach nicht zusammenpassen. Dass die Kompromisse, die jeder eingehen müsste, zu groß sind. Der eine will Kinder, der andere partout keine – wer soll nachgeben? Das wäre von beiden womöglich zu viel verlangt. Der eine will im Ausland leben und arbeiten, der andere will, wenn er ehrlich ist, unbedingt in der Nähe seines Elternhauses wohnen oder ein beschauliches Leben auf dem Land führen.

Schwierig wird es auch, wenn der eine in Gang kommt, der andere aber stagniert. Wenn einer von beiden immer wieder die gleichen Schleifen dreht und vielleicht sogar aufgibt, ein für beide wichtiges Thema jemals für sich zu lösen. Ich habe einmal mit einer Frau gearbeitet, deren Partner, ein Mann, den sie sehr liebte, nicht aus seiner Arbeitslosigkeit herauskam. Sie ernährte beide, hatte aber immer die Hoffnung und auch seine Zusage, dass er sich um einen Job kümmern und sich beruflich etwas aufbauen würde. Als er auch nach drei Jahren noch immer nur Gelegenheitsarbeiten annahm und die meiste Zeit zu Hause saß und Computerspiele spielte, spürte sie, dass etwas in ihr dieses Leben nicht mehr wollte. Die Störung überlagerte das Potenzial. Liebe braucht echtes Leben, um sich zu entfalten. Gemeinsame Erlebnisse, die beiden zeigen, dass sie gemeinsam eine lebenswerte Zukunft haben. Werden die Asymmetrien und Unterschiede zu groß und leben beide im Grunde auf vollkommen unterschiedlichen Ebenen, dann stellt das auch die größte Liebe auf eine harte Probe. Manchmal ist es dann für beide besser, auch diesen Tatsachen ins Auge zu sehen. Möglicherweise ist es Zeit, Abschied zu nehmen. Es lohnt sich trotzdem, den Versuch zu wagen, gemeinsam Beziehungs-MINDFUCK zu erkennen und zu überwinden.

Konstruktiver Umgang mit MINDFUCK

Als wir die MINDFUCK-Thematik auf der Du-Ebene betrachtet haben, ging ich bereits darauf ein, wie heikel es ist, das eigene Wissen über MINDFUCK, das den anderen betrifft, anzusprechen. Über Selbstsabotage zu reden ist wohl eines der heikelsten Themen, die es unter Menschen gibt. Wenn wir uns vor Augen halten, woher sie kommt, ist es sonnenklar, warum das Thema so heikel ist. Wir rutschen ab in unreife, schwierige Zustände oder veraltete Denkweisen, an denen wir aber im MINDFUCK-Modus festhalten, weil sie uns Sicherheit und Kontrolle versprechen. Sobald wir sie aber in Frage stellen, kann Folgendes passieren: Wir fühlen uns entweder »ertappt« und beschämt, weil eine Menge dazugehört, sich die Spielchen, die wir mit uns und anderen spielen, einzugestehen. Wir müssen dazu bereits im Erwachsenen-Ich sein, uns also grundsätzlich sicher und handlungsfähig fühlen. Es gehört zur unguten Dynamik schwieriger Beziehungen, dass wir uns aber ausgerechnet dann »die Wahrheit« sagen wollen, wenn wir selbst oder der andere eben nicht in seiner vollen Kraft ist. Allzu schnell kann dann der gut gemeinte MINDFUCK-Tipp zu einer neuen MINDFUCK-Spirale in der Beziehung führen: Der eine ist der besserwissende Lehrer, der andere das dumme Kind, das trotzig wird, sich zurückzieht oder ein Drama vom Zaun bricht. Lieber nicht.

Ein gutes, produktives Gespräch über MINDFUCK braucht zwei erwachsene Menschen, die volle Transparenz darüber haben, was gerade passiert. Und die auch darüber reden wollen. Es ist das gute Recht von beiden, nicht über MINDFUCK sprechen zu wollen. Und gleichzeitig gibt es wohl nichts Wirksameres, als wenn beide wissen, worum es geht, und sich auf Augenhöhe in vollem Respekt dabei unterstützen, immer öfter gemeinsam in einem Zustand ohne Selbstsabotage zu sein. Wir werden im nächsten Absatz sehen, welche neue, aufregende und positive Beziehungskultur entsteht, wenn beide MINDFUCK kennen und darüber Bescheid wissen.

Dennoch ist es immer gut, einen eigenen, konstruktiven Umgang mit den MINDFUCKS des anderen zu haben. Auch dann, wenn er oder sie nicht weiß, was MINDFUCK ist und wie man diese Muster überwinden kann. Es gibt einen alten Satz, der lautet: »Alles verstehen heißt, alles verzeihen.« Ich glaube, er geht ein wenig zu weit, und würde ihn heute eher so formulieren: »Alles verstehen heißt, damit umgehen zu können.« Wenn Sie bei dem Menschen, den Sie lieben, MINDFUCKS erkennen, können Sie sich auch einen liebevollen Blick darauf erlauben, ohne sich bedroht fühlen zu müssen. MINDFUCKS sind das ganz intime, alte Sicherheitssystem, das jeder von uns noch wie eine verrostete Alarmanlage »anwirft«, wenn es eng wird im Leben. Sie wissen jetzt, dass diese innere Alarmanlage auch dann scharf gestellt ist, wenn es um etwas eigentlich Gutes, Schönes geht, das man sich aber aus irgendeinem Grund noch nicht erlaubt. Egal, was passiert und wie der andere sich verhält: Sie haben, wenn Sie wahrnehmen, was gerade passiert, die Möglichkeit, in Ihrem selbstwirksamen Erwachsenen-Ich zu bleiben. Und Sie haben auch die Möglichkeit, nicht mit einzusteigen in das Spiel, das vielleicht gerade losgeht. Wenn beispielsweise Ihr Partner anfängt zu schreien und Sie abzuwerten, dann können Sie innerlich einen Schritt Abstand nehmen und überlegen, was passiert. Schreien und Abwertung sind meist Folge von *Bewertungs*-MINDFUCK und *Katastrophen*-MINDFUCK. Der Mensch, der sich dominant aufführt, hat Angst. Er oder sie hat Angst, ohne dieses Verhalten die Kontrolle über die Situation und sein Leben zu verlieren. Es spielt sich innerlich ein Katastrophen-Szenario ab, das er oder sie noch nicht von der Realität unterscheiden kann. Und selbst wenn das, was der andere zutiefst befürchtet, gerade die Wahrheit sein sollte, z. B. weil Sie ihm gerade gesagt haben, dass Sie sich trennen werden, dann hat er oder sie im Moment noch keine Möglichkeit gefunden, damit in einer selbstwirksamen erwachsenen Weise umzugehen. Was passiert, löst eine bedrohliche Vorstellung aus, und alle Weichen stehen auf Verteidigung, Angriff oder Flucht. Müssen Sie das tolerieren? Müssen Sie sich dem aussetzen? Müssen Sie als erwachsenes Gegenüber mitmachen, wenn jemand im MINDFUCK-Modus ausflippt? Sie werden die Antwort darauf sicher wissen. Sie müssen sich dem nicht aussetzen, Sie müssen dafür keinesfalls zur Verfügung stehen. Aber Sie können etwas besser machen, als Sie es vielleicht bisher getan haben. In der Regel reagieren wir, wenn wir nicht aufpassen, auf Angriffe mit Gegenangriffen oder eigener Verteidigung. Wir können das auch sein lassen, in uns selbst gehen, uns auf unsere erwachsene Stärke besinnen und dem anderen, der gerade »abschmiert«, in seiner MINDFUCK-Welt in die Augen sehen. Unabhängig davon, ob der andere laut wird, gemein wird, sich zurückzieht oder »zusammenbricht«. Sie haben Möglichkeiten, dennoch selbst im Erwachsenen-Ich zu bleiben. Sie können sich jederzeit innerlich auf die imaginäre Wolke setzen und sich von außen ansehen, was passiert. Wenn es Ihnen gelingt, dabei auch noch menschlich und fair zu bleiben, können Sie z. B. Folgendes zum anderen oder einfach zu sich selbst sagen: »Ich sehe, was gerade passiert.

Ich sehe, dass es gerade ganz schlimm ist. Sonst würdest du nicht tun, was du gerade tust. Ich weiß aber, dass du auch eine ganz andere Seite hast und dass du diese Seite wiederfindest. Du wirst dich entscheiden, ob und wann du diese Seite wiederfindest.« Ihr Verhalten ist tatsächlich entscheidend. Je öfter es Ihnen gelingt, nicht einzusteigen und einen offenen Blick auf den anderen zu behalten, desto leichter wird es für Sie und für den anderen. Achten Sie aber darauf, nicht in das andere Extrem des überfürsorglichen Elternteils zu verfallen.

Die »Alles verstehen heißt, alles verzeihen«-Logik stammt aus der Liebe zwischen Eltern und Kindern, nicht aber aus der Liebe zwischen Erwachsenen. Sie müssen nicht alles verzeihen. Vielleicht sollten Sie auch nicht alles verzeihen, weil Sie sich sonst eines Tages selbst nicht mehr leichten Herzens verzeihen könnten.

»Als mein Partner nicht mehr aufhörte, meine Tochter aus erster Ehe zu piesacken, wusste ich, dass es keinen Raum mehr für Verzeihen gab. Ich konnte und wollte als erwachsene Frau und als Mutter meiner Tochter nicht mehr tatenlos zusehen.« Das war zum Beispiel die Konsequenz für eine Frau, die sich entschieden hatte, nicht mehr ins MINDFUCK-Rad einzusteigen, und die gleichzeitig begann, die Realität mit den Augen einer Erwachsenen zu sehen. Vielleicht gelangen Sie also, wenn Sie ein Szenario mehrmals durchlebt haben und sich nichts verändert, auch an einen Punkt, an dem Ihnen klar ist, dass die Beziehung keine Chance mehr hat. Auch das ist eine Stunde der Wahrheit, in der Sie sich Ihres wahren Potenzials bedienen. Sie sollten keine Angst davor haben. Vielleicht aber lädt Ihr neues, klares und selbstwirksames Verhalten Ihr Gegenüber auch dazu ein, schneller und leichter selbst wieder in einen besseren Zustand zu finden. Niemals waren Sie dann näher an Ihrem wahren Potenzial als an diesem Punkt. Denn das Erkennen der eigenen Realität und der des anderen, das Erkennen der Spielchen und des wahren Potenzials sind die Schritte zum echten »Wir« in einer Liebe ohne Selbstsabotage.

Niemals Rücksicht auf MINDFUCKS nehmen

Was sich jedoch in jeder Lage zu beherzigen lohnt, ist, niemals aus Rücksicht auf die MINDFUCKS des anderen einzugehen. Zu erwarten, dass sich der Partner mindestens drei Mal am Tag meldet, wenn er nicht zu Hause ist, soll häufig Angst und Misstrauen vorbeugen. Nun im Zweistundentakt »Bericht zu erstatten« würde das MINDFUCK-Rad am Laufen halten, statt es zu stoppen. Die Anpassung des anderen als prophylaktischen Schutz gegen eigene MINDFUCKS zu fordern ist selbst wiederum MINDFUCK und verschlimmert die Lage, statt sie zu lösen. *Aber es geht mir einfach besser, wenn er nicht mit dem Auto, sondern mit dem Zug zum Termin fährt. Dann muss ich mir einfach nicht so große Sorgen machen. Sie hat Angst, dass ich fremdgehe, deshalb bin ich ihr zuliebe nicht mehr Mitglied im Fitnessstudio. Ich glaube, ich muss sie heiraten, obwohl ich das gar nicht möchte. Aber für sie ist das nun mal der Beweis, dass es endlich jemand ernst meint mit ihr.* Rücksicht auf den MINDFUCK zu nehmen heißt, das Spiel mitzuspielen und sich selbst dabei zu sabotieren. Jede Form von Rücksicht, Kompromiss und Gefallen sollten Sie zuerst auf MINDFUCK hin prüfen. Egal, ob dies von Ihnen oder Ihrem Partner kommt. Wir können einem Menschen nicht helfen, indem wir auf seine MINDFUCKS eingehen. Das ist eine sehr wichtige Erkenntnis, die wir wirklich durchdenken sollten. Folgen wir den Szenarien, die sich ein anderer im MINDFUCK-Modus macht, dann tun wir so, als ob der MINDFUCK die Realität wäre. Nach und nach geraten wir dann gemeinsam in eine Scheinwelt, in der eine echte Liebe nicht mehr atmen kann. Wir verlieren uns

und den anderen an eine nicht mehr wahre Welt. Eine Welt von Illusionen. Das brauchen wir wirklich nicht mehr.
Oft wird es bereits in frühen Stadien »wackelig«. Zuerst ist da eine magnetische Anziehungskraft, dann beginnen die Missverständnisse. Typische Aussagen hierfür sind: »Das ist mir zu nah.« Oder: »Ich bin noch nicht so weit.« Der eine will mehr, der andere lieber weniger. »Gib mir Zeit« wechselt mit »Liebst du mich denn wirklich?«. Einer meint, es ohne die Anwesenheit des anderen nicht mehr auszuhalten, und der andere fühlt sich »erdrückt« und »bedrängt«. Die eigenartigsten Beziehungsmodelle werden dem anderen vorgeschlagen. Von *Wir können uns sehen, aber ich möchte mich noch entscheiden, ob ich allein schlafen möchte* bis *Ich sehe dich gerne, aber meine Freunde müssen dabei sein.* Schafft es der »Bedürftigere«, der zwischen hilflos-abhängigem Kind-Ich und bewertendem Eltern-Ich hin und her wechselt, die Beziehung doch noch in seine Bahnen zu lenken, dann hören Spiele dieser Art nicht auf. Jeder Zentimeter Nähe will erobert und verteidigt sein.
Ich arbeitete einmal mit einem Mann, dem das Klammerverhalten seiner Liebsten gehörig gegen den Strich ging. Er fühlte sich im Recht, fühlte sich bedrängt und hatte den Eindruck, die Frau, die er liebte, sei unselbständig und lästig. Dennoch spürte er zwei Seelen in seiner Brust. Auf der einen Seite wollte er gerne mit ihr zusammenleben. Auf der anderen Seite fürchtete er, dann vollends »erdrückt und vereinnahmt« zu werden. Beide hielten es keine ganze Woche zusammen in einer Wohnung aus, dann gab es Streit, und er ergriff die Flucht und fuhr in seine Junggesellenbude, um erst einmal Luft zu holen. Die Frau attestierte ihm »Beziehungsunfähigkeit«, er aber wünschte sich von mir eine Bestätigung für seine Flucht. »Das ist doch nicht auszuhalten. Da muss man doch abhauen!« Ich fragte ihn, was er als selbstwirksamer gestandener Mann dazu sagen würde. Er schwieg lange.

Ich fragte ihn, ob er James Bond mochte. Er nickte. Daraufhin meine nächste Frage: »Was würde James Bond dazu sagen?« Er überlegte, dann hellten sich seine Züge auf. »James Bond wäre gar nicht erst in eine solche Situation gekommen.« – »Das ist mir zu einfach«, konterte ich. »Warten Sie, ich meine das anders, als Sie vielleicht denken.« Nun war ich neugierig geworden. Er fuhr fort: »Ich glaube, unsere Probleme fangen an einem viel früheren Punkt an als dem, an dem es mir reicht. Es fängt damit an, dass wir zu sehr aufeinander fixiert sind und unsere eigenen Themen vernachlässigen. Claudia sagt auch ihre Verabredungen ab und bleibt lieber mit mir zu Hause. Und ich gehe auch nicht mehr zum Sport. Irgendwann fangen wir dann an, in Kindersprache miteinander zu scherzen. Das ist zu Beginn lustig, aber wir finden da irgendwie nicht mehr raus. Dann kippt die Stimmung, und wir sind beide gereizt. Claudia wird dann wie ein kleines Mädchen, das ihre Grenzen austestet. Und ich habe den Eindruck, den Papa spielen zu müssen. Ich kritisiere hier und da, nörgle an allem herum und trage meine miese Laune vor mir her. Im Grunde aber langweilen wir uns. Und dann will ich weg.« Das war das Muster, das zwischen den beiden ablief. Er hatte es erkannt und konnte nun gegensteuern.

Was hat das alles mit James Bond zu tun? Wenn Sie *MINDFUCK. Das Coaching* gelesen haben, wissen Sie bereits, dass Heldenfiguren wie James Bond eine gute Hilfe sind, wenn es darum geht, eine Vorstellung von einem attraktiven Erwachsenen-Ich zu bekommen. Die Helden sind im Grunde nicht wesentlich anders als voll entfaltete erwachsene Menschen mit ein paar außergewöhnlichen Fähigkeiten mehr. Sicherlich hat James Bond eine Art von Nähe-Problem, denn richtig lange hält er es mit keiner aus. Mir geht es aber um das Lebensgefühl eines attraktiven, selbstwirksamen Menschen, der seine Werte, seine Leidenschaften und seine Laster kennt und zugleich mit sich im Reinen ist. Nähe-Distanz-Probleme zeigen sehr deutlich, dass sich zwei Menschen an ganz bestimmten Punkten gehen lassen. Da ist auf der einen Seite eine ungesunde Fixierung, mit der sich ein Mensch mit dem Zusammensein mit dem anderen vollständig identifiziert und sich selbst und sein Lebensgefühl als eigenständige Person aufgibt. Es erinnert tatsächlich an die Phasen der Symbiose, die jeder von uns als sehr kleines Kind erlebt hat. Je stärker der Wunsch nach dieser Art von Nähe ist, desto schwächer wird das selbst erlebte Erwachsenen-Ich. Und desto unbefriedigender wird das Leben. Die volle Portion gibt es nämlich nur in dem Modus, der zu unserem Lebensalter und zu unserer wahren Reifestufe passt. Die gefühlte Sicherheit der Symbiose ist trügerisch, und sie endet eines Tages ebenso, wie die Symbiose mit den Eltern endete. Betrachten Sie den Menschen an Ihrer Seite als Gast in Ihrem Leben, dann gilt die Regel, dass man Gäste nicht zur Symbiose zwingt. Gäste brauchen ihren Freiraum ebenso wie Sie selbst. Wenn Sie wollen, dass ein Gast bleibt, sollten Sie ihn so behandeln, dass er genug vom Leben bekommt und immer wieder zurückkommen möchte. Das gilt für Männer ebenso wie für Frauen.

Der notorische Wunsch nach Distanz gehört ebenso zu einem frühen Stadium unserer Entwicklung, nämlich dann, wenn Kinder hin- und hergerissen sind zwischen der Sicherheit und der Behaglichkeit der elterlichen Nähe und dem Wunsch, die Welt auf eigenen Beinen zu erkunden. Sie wollen dann, sprichwörtlich, vom Schoß herunter und alles »selber machen«. Dieser in jener Phase so wichtige Wunsch löst später in Beziehungen leider eine denkbar schlechte Dynamik aus. Er führt zu den Dramen der Trotzphase, zu den Dramen innerer Ambivalenzen zwischen dem Gefühl von Allmacht und Ohnmacht, die Kinder im Alter von zirka drei Jahren durchmachen. Das ist keine gute Basis für eine Partnerschaft. Der

Partner, der nörgelnd oder dramatisierend mehr Raum für sich beansprucht, fühlt sich meist »im Recht« und reifer als der andere. Das ist aber nur scheinbar der Fall. Denn beide Rollen gehören zusammen wie die berühmten zwei Seiten einer Medaille. Was aber würden Erwachsene zueinander sagen? Wie würden sie miteinander umgehen?
Diese Frage stellte ich meinem Klienten. Und wir kamen gemeinsam zu einem Ergebnis, das ihn wirklich überzeugte. Dies war die Wahrheit, die er seiner Partnerin mitteilte: »Ich liebe dich, und ich will mit dir leben. Und ich habe ein eigenes Leben, das ich liebe. Mir ist wichtig, dass wir gemeinsam das starke Paar sind, das wir wirklich sind. Zwei Erwachsene auf Augenhöhe, die sich wollen, aber nicht in jeder Sekunde brauchen.« Seine Partnerin war erst einmal sprachlos. Doch er erklärte sich ihr in Ruhe und in aller Ernsthaftigkeit, sprach darüber, wie seine Worte gemeint und warum sie ihm so wichtig waren. Dann verließ er die Wohnung und bat sie, sich bei ihm zu melden, wenn sie mit ihm von Frau zu Mann wahrhaftig darüber sprechen wollte. Das war der Beginn einer Beziehung in einer neuen Qualität. Und der erste Schritt in ein wirklich gemeinsames Leben. Das eigene Leben zu behalten, gerade dann, wenn man sich eng bindet, ist ein Rat, den ich tatsächlich oft gebe. Es geht dabei nicht um ein geheimes Doppelleben, sondern um Zeit, die man auch einmal alleine oder mit anderen Menschen als dem Partner verbringt. Es geht um eine Form der fundamentalen emotionalen Unabhängigkeit als das Gegenteil von emotionaler Abhängigkeit. Diese grundsätzlich bewusste Unabhängigkeit ist, wie bereits erwähnt, die Grundlage für eine echte, erwachsene Liebe in unserer Zeit.

Diese emotionale Unabhängigkeit ist übrigens auch eine wichtige Grundlage für diejenigen, die sich im Moment nicht binden wollen oder glauben, es nicht zu können. Ich glaube, dass viele Menschen heute Schwierigkeiten haben, echte, tiefe Verbindungen einzugehen, weil sie sich emotional ausgeliefert, hilflos und manipulierbar fühlen. Da helfen auch die konservativsten Rufe nach der Rückkehr zu alten Werten nicht. Die Zeit lässt sich, zum Glück, nicht zurückdrehen. Jeder Mensch ist jederzeit freiwillig da, wo er ist. In einer Zeit, in der jeder jederzeit gehen kann und jede Art von Beziehung frei und freiwillig ist, besteht die größte Gefahr darin, innerlich abhängig und damit verletzbar zu sein. Wir sind es so sehr gewohnt, in einem Vollkaskoversicherungsmodus zu leben, dass wir den Bereich, der nicht komplett kontrollier- und versicherbar ist, nämlich der persönliche und vielleicht sogar intime Kontakt zu anderen Menschen, die nicht in einem »Dienstleistungsverhältnis« zu uns stehen, sehr schnell als unkalkulierbares Risiko mit höchster Verletzungsgefahr sehen. Was unangenehm ist und dem eigenen Wohlbefinden schadet, wird abgewertet oder ferngehalten. Und leider damit auch die wahre Liebe. Eine Liebe außerhalb der Komfortzone. Die Liebe zu einem echten, lebendigen Mensch. Einem Menschen, der nicht nur atmet, mal hustet, mal was Dummes sagt, sondern auch altert, sich verändert, uns auch einmal brauchen könnte. Vor diesem Hintergrund schotten sich viele lieber ab und suchen in Phantasien und Ersatzbefriedigungen Gefühle, die ihnen »in echt« zu riskant sind. Wir wollen uns heute nicht mehr anderen ausliefern – und das zu Recht. Doch um über die legitime grundsätzliche Autonomie als erwachsene, individuelle Persönlichkeiten hinaus echte, tiefe Begegnungen und wahrhaftige Beziehungen verschiedener Bindungsgrade einzugehen, brauchen wir ein viel höheres Maß an innerem Vertrauen und innerer Freiheit, als vielen inmitten ihrer täglichen Blockaden zur Verfügung steht. Sie quälen sich mit MINDFUCK, mit Ängsten, mit Misstrauen und Bewertungen und vergessen dabei, dass der Anfang des Wunders der Liebe sie selbst sind. Sie selbst in der Einzigartigkeit, die sie ausmacht. Wenn Liebe ohne Selbstsabotage Liebe ohne MINDFUCK ist, dann beginnt sie dort, wo wir aufhören, uns mit destruktiven Gedankenmustern zu stören. Destruktives Denken enthält nicht nur abwertende Gedanken, sondern auch Gedanken, mit denen wir den anderen überhöhen, größer machen, als er oder sie ist. Aus der MINDFUCK-Theorie wissen Sie jetzt, dass das eine nur die Kehrseite des anderen ist und dass Übermotivation der Vorbote von Enttäuschung und Frustration ist.

Ein eigenes Leben haben

Der Rat, ein gehöriges Maß an Unabhängigkeit in jeder Beziehung zu wahren, ist mittlerweile schon Allgemeingut und lässt sich in jeder Frauenzeitschrift finden. Dennoch dringt er nicht zu uns durch, solange wir das Geheimnis der erwachsenen Liebe nicht verstanden haben. Mit den Ohren des Kind-Ichs hören wir nur Verrat, schüren Misstrauen und verstricken uns in alle möglichen MINDFUCKS. Abgerutscht in das Ich des bewertenden oder überfürsorglichen Elternteils, halten wir das ebenfalls für keine gute Idee. Als erwachsener Mensch aber, der wir in Wirklichkeit immer sind, wissen wir, dass es keine Alternative gibt. Vor allem dann nicht, wenn die Beziehung eine Halbwertzeit von drei bis fünf Jahren weit überdauern soll.

Im Laufe der Jahre sind mir immer wieder Männer und Frauen begegnet, die damit zu kämpfen hatten, einen Partner, der sich ihnen tatsächlich wie ein Mühlstein um den Hals gelegt hatte, wieder loszuwerden. Und das einzig und allein deshalb, weil sie ihre Beziehungen vor allem im überfürsorglichen Eltern-Ich verbrachten. Frauen, die ihre Männer ernährten, für sie arbeiteten, sich aufopferungsvoll um sie kümmerten und jede Laune wie bei einem halbwüchsigen

Sohn entschuldigten. »Er kann doch nicht ohne mich. Er würde völlig herunterkommen, wenn ich mich nicht um ihn kümmern würde. Dann steht er wieder vor der Tür mit seinen treuherzigen Augen, und ich kann nicht anders, als ihn reinzulassen.« Männer wie Frauen halten das für Liebe. In Wirklichkeit aber ist es eine sehr konsequente Form der Eltern-Kind-Liebe, die vom Potenzial jedes Erwachsenen weit abfällt. Auch die starken Kümmerer unter den Männern, die Frauen ernähren und »beschützen«, die von einer selbstgemachten Katastrophe in die andere schlittern und sich emotional wie wirtschaftlich aushalten lassen, verlieren irgendwann die Kraft und jede Achtung vor sich selbst und ihrer Partnerin. Aus dieser Eltern-Kind-Liebe herauszufinden ist für manche so anstrengend wie eine Entziehungskur.

»Ich ziehe diese Typen einfach magisch an«, erklärte mir einmal eine Klientin. Im Coaching wie in der Psychologie geht man davon aus, dass auch selbstschädigendes Verhalten einen sogenannten Sekundärnutzen hat. Auf die Frage, was sie von einer Liebe dieser Art bekomme, sagte mir meine Klientin: »Ich muss stark sein. Das tut mir gut. Ich habe Angst davor, mich fallen zu lassen und auch mal schwach zu sein.« Wir experimentierten mit diesem Gedanken. Welche Art von Schwachsein schien ihr so unerträglich? »Ich habe Angst, vollkommen ausgeliefert zu sein und die Kontrolle zu verlieren. Ich habe dann panische Angst.« Wir analysierten: Das war eindeutig ein *Katastrophen*-MINDFUCK aus dem hilflosen Kind-Ich heraus. »Wie fühlt sich Schwachsein und Sich-fallen-Lassen für eine erwachsene Frau an, die ja weiß, dass sie immer auch selbstwirksam sein kann?« – »Nun ja, die ist eben nicht ausgeliefert.« Sie spürte dem Gefühl nach, das jetzt aufkam. Und bekam vor Aufregung rote Fleckchen auf den Wangen. »Nun ja, das fühlt sich sogar irgendwie gut an. Schwach sein dürfen und innerlich wissen, dass man auch stark sein kann. So habe ich das noch nie gesehen.« Ich fragte nach, welche Art von Mann zu diesem Gefühl passen würde. Die Antwort kam wie aus der Pistole geschossen: »Natürlich nur ein Mann, der selbst erwachsen ist. Der keine Angst hat, wenn ich mal schwach bin. Einer, der weiß, dass ich wieder auf die Beine komme.« Die Last, über Jahre eine Elternrolle anzunehmen, ist vergleichbar mit der Last, über Jahre in eine Kindrolle zu gehen. Das eine fühlt sich an wie ein Zentnerrucksack auf dem Rücken. Das andere so, als ob man nach einem Weltraumaufenthalt fast keine Muskeln mehr hat, um selbst aufrecht zu gehen. Die gute Nachricht ist, dass man auch aus diesen Mustern herauskommt. Manchmal schafft es nur einer von beiden, und die Beziehung endet dann. Manchmal aber schaffen es beide und machen sich auf den Weg in ein neues, leichteres Leben mit ganz neuen Aussichten.

Die Lebensqualität einer Beziehung leidet aber auch dann, wenn ein Partner sich daran gewöhnt, alles besser zu wissen und den anderen zu bewerten. Kümmern und abwerten gehen dabei oft Hand in Hand. Ein Betroffener sagte einmal: »Meine Ehe besteht eigentlich darin, dass ich meiner Frau sage, was sie machen soll. Sie ist selbst so unsicher, dass sie mich wirklich alles fragt. Sie fragt mich sogar, was sie frühstücken soll.« Ob er ihr auch darauf eine Antwort gebe, wollte ich wissen. »Ja, auch darauf gebe ich eine Antwort. Und wenn ich sauer bin, beschimpfe ich sie, dass sie nichts auf die Reihe kriegt, ohne mich nicht lebensfähig wäre und überhaupt alles in ihrem Leben ändern müsste.« Es ist eine Sache, die Schwächen eines Menschen zu bemerken. Die andere ist, dafür zur Verfügung zu stehen, diese Schwächen immer wieder zu bewerten und auszugleichen. Als wir das besprachen, fiel er zunächst in das andere Extrem und sah mich mit weit aufgerissenen Augen an: »Aber was soll ich tun? Ich kann sie doch nicht verlassen! Das kann doch nicht die Lösung sein?«

Verlassen ist nicht immer die Lösung. Der erste Weg ist, sich selbst wieder als erwachsenen Menschen und Partner wahrzunehmen und sich und den anderen auch so zu behandeln. Das ist ein großer Schritt, der aber sehr schnell Erleichterung schafft. Mein Klient experimentierte im Gespräch damit, wie er sich in Zukunft verhalten könne, zum Beispiel, wenn seine Frau ihn fragt, was sie frühstücken soll. »Ich halte dann erst einmal einen Moment inne. Dann setze ich mich zu ihr und versuche, sie wirklich anzusehen. Dann möchte ich ihr Folgendes sagen: ›Ich weiß nicht, was du frühstücken sollst, und ich denke, das ist auch keine Frage, die ich beantworten sollte. Denn ich fühle mich dann wie der Vater eines kleinen Mädchens. Du bist eine attraktive, erwachsene Frau. Ich liebe dich. Und ich kann sicher sein, dass du selbst eine Lösung finden wirst. Ob beim Frühstück oder bei anderen Dingen, die dein und unser Leben betreffen.‹« Dann nahm er sich vor, sie bei Dingen, die ihn selbst beschäftigten, auf Augenhöhe nach ihrer Meinung zu fragen. Eine völlig neue Erfahrung, die beide sehr in Bewegung brachte. Der große Durchbruch kam auf leisen Füßen. In einer unserer nächsten Sitzungen berichtete er, sehr bewegt und sichtlich glücklich: »Vor ein paar Tagen ist meine Frau zum ersten Mal in unserer Ehe früher aufgestanden, hat mir einen Kuss an der Tür gegeben und ist rausgegangen, um Behördengänge zu erledigen, die sonst immer ich machen musste. Wir waren so stolz auf unsere Fortschritte, dass wir abends zur Feier zum Italiener um die Ecke gegangen sind.« Was das Schönste für ihn sei, fragte ich ihn. »Dass ich wieder sehen kann, in welche Frau ich mich damals verliebt habe. Ich muss nicht mehr herumkritisieren und alles schultern.«

Ich sage häufig: »Sie lebten bereits vor dieser Beziehung, und Sie würden es auch danach schaffen. Jeder ist freiwillig da, wo er ist. Jeder hat seine eigene Geschichte. Und jede dieser

Geschichten ist in Ordnung, so wie sie ist.« Die Vielfalt im Kopf und im Herzen des anderen wirklich zu sehen und anzuerkennen, wirkt wie ein kleines Wunder und führt uns in der Regel an den Punkt zurück, an dem wir einmal waren, als wir uns verliebt haben. Liebesdinge sind sowohl einfacher als auch komplizierter, als wir denken. Komplizierter ist, dass Menschen emotional nicht funktionieren wie Maschinen. Das aber suggerieren wir uns im MINDFUCK-Modus. Dann verlangen wir einfache Ursachen und eindeutig darauffolgende Wirkungen: *Wenn du mich wirklich lieben würdest, dann …* So einfach ist das größte Wunder der Natur, der Mensch, nicht zu fassen. Wir sind in Wahrheit so unendlich filigraner und sensibler. In uns gibt es eine wunderbare Welt der Assoziationen, der Erinnerungen, der Querverbindungen, Stimmungen, Hoffnungen, Ängste. Das ist komplexer als die komplexeste Flugsimulation. Aber wenn wir das verstanden haben, ist es wieder so einfach, dass man nur staunen kann vor der Genialität der Natur in uns. Sobald wir selbstsicher, offen, frei und neugierig aufeinander zugehen, kann sich alles öffnen, kann alles geschehen. Wachstum ist wieder möglich, weil das Klima im Lebensbiotop stimmt.

MINDFUCKS kann man überwinden

Probleme, die MINDFUCK sind, sind tatsächlich leicht zu beheben. Sie können sich ansehen, was gerade passiert, schmerzende Gedanken klaren MINDFUCKS zuordnen und sich selbst beim Unterwasserballett beobachten. Sobald Sie das tun, können Sie über kurz oder lang nicht anders, als zu lachen oder einfach aufzuhören und sich zu fragen, was Sie als gestandener Mann, als gestandene Frau im Hier und Jetzt darüber denken. Dann hilft ein Gespräch, das beide auf Augenhöhe und strikt im Erwachsenen-Ich miteinander führen.

Vergessen wir nicht: Liebe ist etwas Lebendiges. Alles, was lebt, ist auch verletzbar. Nichts, was lebt, ist unverwundbar. Wunden der Liebe gehören dazu. Alles, was lebt, bewegt sich immer wieder an Grenzen, wenn es wachsen will. Sehen Sie es als Zeichen des Lebens in Ihrer Liebe, wenn es einmal schmerzt. Und als Zeichen Ihrer eigenen Lebendigkeit, wenn Sie sich diesem wundervollsten und vielleicht auch schmerzhaftesten aller Risiken ausgesetzt haben. Manche Schrammen sollten Sie mit Stolz tragen. Mit Sicherheit haben Sie auch sehr viel Aufregendes erlebt, um sie sich einzufangen.
Die Grenzen werden da überreizt, wo die natürliche Lebensgrundlage des einen oder des anderen in Frage gestellt ist. Sei es die körperliche oder seelische Würde und Unversehrtheit, sei es das Recht, ein eigenes Leben zu haben, zu sich und seinen Wünschen und Bedürfnissen zu stehen. Immer dann, wenn Sie den Eindruck haben, sich dauerhaft nicht mehr mit Respekt und Liebe auf Augenhöhe begegnen zu können, ist es Zeit, ernsthaft über Konsequenzen nachzudenken. Das gilt, wenn Sie selbst den Eindruck haben, den Menschen, um den es geht, nicht mehr zu respektieren und wirklich schlecht zu behandeln. Niemand ist ein Heiliger. Aber ein Mensch, der sich selbst ernst nimmt, weiß, wann es genug ist und er vielleicht selbst Hilfe braucht. Sind Sie der- oder diejenige, die mehr einsteckt, als Ihnen möglich ist, wenn Sie sich ernst nehmen? Dann ist der Punkt absoluter Wahrhaftigkeit wie eine Erlösung. Viele Menschen, die vor diesem Punkt stehen, bekommen Angst, fallen zurück ins Hilflose und versuchen manchmal allzu lange, die Augen vor der Wahrheit zu verschließen. Doch je länger Sie das tun, desto schwächer werden Sie.

Abschied ohne Selbstsabotage

Den entscheidenden Schritt tun

Manchmal ist es Zeit, den Rubikon zu überschreiten. Den Grenzfluss, der das alte Leben von einer neuen, einer anderen Zukunft trennt. Dann ist es Zeit, eine ganz grundsätzliche Entscheidung zu treffen. Weitermachen wie bisher? Das wird wahrscheinlich in einem Ende auf Raten münden. Das Ruder herumreißen, MINDFUCK beenden und gemeinsam auf ein neues Level durchstarten? Eine gute Idee. Doch dazu müssen Sie den anderen im Boot haben. Haben Sie das? Sind alle an Bord? Dann nichts wie los!

Manchmal aber ist es Zeit, »Adieu« zu sagen. Wenn Besserung nicht in Sicht ist, wenn Sie sich um die Qualität Ihres einzigartigen Lebens wirklich sorgen müssen. Machen wir uns nichts vor. Es ist niemals leicht. Nicht für den, der geht, und nicht für den, der verlassen wird. Aber es gibt zwei Wege des Abschieds. Einen mit und einen ohne MINDFUCK.

Sie werden es erahnen. Ein Abschied ohne MINDFUCK ist ein Abschied in Respekt auf Augenhöhe. Sie respektieren sich selbst und den anderen, egal, ob Sie den ersten Schritt tun oder darauf reagieren müssen. Sie halten an sich und erlauben sich, in Ihrer grundsätzlichen Stabilität und Würde zu bleiben. Keine Abwertungen, keine Urteile, keine Katastrophen-Szenarien. Keine Selbstverleugnung, keine Opferhaltung, keine Täterreue. Kein Druck, kein Misstrauen, keine Regeln. Die gibt es nicht mehr. Nur noch die des menschlichen Anstands. Sie und der andere sind sich über die gesetzlichen Regelungen oder persönlich getroffene Absprachen hinaus nichts mehr schuldig. Keine Erklärungen, keine Entschuldigungen, keine Wiedergutmachung. Sie sind nicht für die Trauer des anderen zuständig. Keine Übermotivation, keine falsche Sentimentalität, keine emotionale Manipulation, keine nicht ernst gemeinten Wiederbelebungsversuche, aus welcher Laune heraus auch immer. Der Moment und die Zeit danach gehört wohl zu den Phasen, in denen wir noch mehr als sonst als Erwachsene glänzen können. Oder auch nicht. Fest steht, dass Sie nur Ihr eigenes Verhalten unter Kontrolle haben. Und Ihre Reaktion auf das, was von außen kommt. Jede Art von Unterwasserballett verlängert das Leiden. Je entschiedener und klarer Sie mit sich selbst sind und je deutlicher das nach außen wird, desto leichter wird es für beide. Und danach? Wartet eine intensive Zeit auf Sie, in der Sie die gesamte Bandbreite von Gefühlen erleben werden. Heißen Sie diese Gefühle willkommen, ohne sie abzuwerten oder sich selbst unter »Glücksdruck« zu setzen, dann gehören diese Momente zu den besonders wahrhaftigen und bedeutsamen Ihres Lebens. Momente, die Sie reifen und wachsen lassen. Momente, die Ihre Fähigkeit, Ihr Leben fortan noch bewusster und gleichzeitig intensiver zu erleben, nachhaltig stärken. Lassen Sie sich überraschen, was dann passiert. Die Sonne geht oft früher wieder auf als erwartet. Auf jeden Fall beginnt dann der erste Tag Ihres neuen Liebes-Lebens. Mit allen Möglichkeiten, die das Leben bereithält.

Dankbarkeit ohne MINDFUCK

Die Vertreter der Positiven Psychologie raten, in jeder Lebenslage ein ganz bestimmtes Gefühl zu hegen und zu pflegen. Das der Dankbarkeit. Ich habe selbst lange darüber nachgedacht, war mir nicht schlüssig, wie ich diese Theorie finden soll. Müssen wir immer dankbar sein? Auch wenn uns wirklich übel mitgespielt wurde? Gehört es zur besagten nicht enden wollenden To-do-Liste des perfekten Menschen, immer und überall dankbar zu sein? Ich denke, solange wir dankbar im erwachsenen Sinne sind, also im Vollbesitz unserer mentalen und emotionalen Kräfte, ist es niemals verkehrt, den Punkt der Dankbarkeit zu suchen. In allem, was uns widerfährt. Selbst wenn zum Beispiel ein Mensch, der uns nahestand, auf unfassbare Art aus dem Leben gerissen wurde. Es gehört zu den menschlichen Fähigkeiten, auch im Schlimmsten einen Sinn zu erkennen. Nur Sie wissen, wann Sie sich einfach trösten, sich nur etwas vormachen oder eine echte, tiefe Dankbarkeit empfinden.

Jeder hinterlässt eine Spur in uns

Egal, mit wem Sie jemals zusammen waren. Jede Erfahrung hat eine Spur in Herz und Hirn hinterlassen, manchmal auch MINDFUCKS auf den Plan gerufen oder deutlich verstärkt. Die Überzeugung, dass man selbst ohnehin immer gleich bleibt und lediglich die Partner wechselt, teile ich nicht. Sie suggeriert, dass wir mit jedem neuen Menschen die gleichen alten Probleme haben werden, weil wir eben dieselben bleiben. Ich sehe das nicht so. Beziehungen sind wie lebendige Organismen. Und jeder Organismus ist ein Unikat. Es kann sein, dass Sie sich in einer Beziehung als sehr emotional, draufgängerisch und ungeduldig erleben und mit einem anderen Menschen andere Seiten Ihrer Persönlichkeit geweckt und verstärkt werden. Ihren MINDFUCKS bleiben Sie vielleicht treu, bis Sie sich entschieden haben, sie nicht mehr zu brauchen. Aber mit jedem Menschen werden Sie das Glück und auch die schweren Momente anders erlebt haben.
Es gibt eine Vorstellung, die ich sehr bewegend finde – das unsichtbare Netz der Beziehungen in uns. So ungewöhnlich es auch klingen mag: Meine Beobachtung ist, dass zu jedem Menschen, mit dem wir einmal in echter Liebe verbunden waren, eine stille Verbindung existiert, die wirklich nur uns selbst etwas angeht. Sie mag in der äußeren Realität nicht

mehr aktiv sein. Vielleicht ist sie seit Jahren oder Jahrzehnten vorbei. Aber Sie können Ihr Herz nach jedem Menschen, der es je berührt hat, befragen. Es wird Ihnen Antwort geben und verraten, dass es, solange Sie leben und, wenn Sie daran glauben, vielleicht sogar darüber hinaus, einen Funken dieser Liebe bewahrt. Und sei es im entferntesten und stillsten Winkel. Seien Sie also sicher, dass Sie selbst auch in anderen Herzen einen solchen Eindruck hinterlassen haben. Eine romantische Vorstellung? Mag sein. Aber eine schöne. Nicht wahr?

Nachwort

Unabhängig davon, ob es darum geht, sich zu verabschieden, sich zu begegnen oder wiederzufinden: Haben Sie MINDFUCK in Ihrem Leben erkannt und überwunden, halten Sie den Schlüssel in der Hand, der Liebe und Ihrem ganzen Leben eine neue Wendung zu geben. Eine MINDFUCK-freie Sicht auf die Liebe verändert nicht nur die Beziehung selbst, sondern das Leben eines jeden Einzelnen. Singles, die einen Partner suchen, können auf dieser Basis mit frischen Ideen auf eine ernsthafte und sehr erfolgversprechende Suche gehen. Liebe ist unter MINDFUCK-freien Bedingungen ein großes Abenteuer, das auf unzählige Arten gelebt werden kann und gelebt werden will. Paaren empfehle ich, regelmäßig so etwas wie eine MINDFUCK-Inventur zu betreiben. Suchen Sie sich mindestens einmal im Jahr einen oder zwei Tage – vielleicht im Urlaub? –, in denen Sie gemeinsam das vergangene Jahr reflektieren: Wie viel Lebensqualität hatten wir? Wie erfüllend war unsere Zeit miteinander? Welche Herausforderungen gab es, und wie haben wir sie gemeinsam gemeistert? Gibt es irgendwelche MINDFUCKS, die wir angehen sollten? Wo steht jeder von uns mit seinem Leben? Wie nehme ich dich wahr? Wie du mich? Was steht nun an? Welchen Traum sollten wir uns als Nächstes erfüllen?

Lassen Sie uns mitten im Leben wach sein und die wirklich guten Dinge beherzt anpacken. Und kein Leben akzeptieren, das weit unter unseren Möglichkeiten liegt. Ich wünsche Ihnen, dass Sie Ihr volles Potenzial ohne Selbstsabotage entfalten. Und mit Neugier, Vertrauen und Freude an der Erfahrung Ihre ganz persönlichen hundert Prozent Leben in der Liebe verwirklichen.

Adressen

Liebe Leserin, lieber Leser,
weiterführende Informationen über MINDFUCK® und die Autorin finden Sie unter folgenden Adressen:

www.mindfuck-coaching.com
Hier finden Sie u.a. wertvolle Materialien zum Download, die Termine der »Live«-Seminare mit Dr. Petra Bock und eine ausführliche Liste der von ihr ausgebildeten MINDFUCK®-Coachs in Ihrer Nähe.

www.petrabock.de
Die offizielle Website der Autorin mit allen Neuigkeiten und Möglichkeiten, sie persönlich zu Vorträgen, Seminaren oder Coachings zu treffen.

www.dr-bock-coaching-akademie.de
Sie sind Coach oder denken darüber nach, selbst Coach zu werden? Dr. Petra Bock bietet mit ihrem Team international qualifizierte Ausbildungen zum Life-Coach und zum Business-Coach sowie weitere Fortbildungen für Coachs an. Kolleginnen und Kollegen, die mit der geschützten MINDFUCK®-Methode professionell arbeiten möchten, können den Coaching-Ansatz exklusiv an der Dr. Bock Coaching Akademie kennenlernen und eine lizensierte Ausbildung absolvieren.

Dr. Bock Coaching Akademie
Albrechtstraße 14b
D-10117 Berlin
Tel.: 0049-(0)30-30 83 280-0
E-Mail: kontakt@petrabock.de

Dank

Ich bin von vielen großartigen Menschen umgeben, die mein Leben auf unvergleichliche Art bereichern. Mein besonderer Dank gilt:

Madeleine Schwinge, Kara Pientka, Katrin Greve, Sandra Günner, Heidi Dommaschke, Esther Fortmann, Stephan Keulen und David Reitenauer. Es ist eine Freude, mit euch und mit Ihnen zu leben und zu arbeiten.
Ulrich Michel, Edith Forster, Doris Kolesch und Annette Jael Lehmann für Freundschaft und Rat.
Christine Edenstrasser, Sabina Hediger, Eva de Wilde, Dirk Funk, Claudia Deuster, Daniela Thomas und Xenia Schilb. Danke für Ihre Offenheit, Ihr Vertrauen, Ihr beeindruckendes Engagement in unserer großen und schönen gemeinsamen Aufgabe.
Anja Gröschel, Christina Kohorst und Lena Winter für Anregung, Begegnung und Inspiration.
Eva & Adele dafür, dass es sie gibt.
Jon Christoph Berndt für ein wichtiges Gespräch.
Lothar Seiwert für Freundschaft und stete Ermunterung.
Sabine Asgodom für frühe, herzliche Förderung.
Meinen Klienten und Schülern für die Möglichkeit, mit ihnen im, wie ich finde, wunderbarsten Beruf der Welt zu arbeiten.
Den Lieben in meinem Leben für den Funken.

Dieses Buch ist der wunderbaren Irene Pientka gewidmet (1928–2014), einer Menschenfreundin mit einem Herzen wie einem Bergwerk. Irene, wo bist du? Du fehlst.

Über die Autorin

© Constanze Wild

Dr. Petra Bock gehört zu den bedeutendsten Coachs in Deutschland. Für die Tageszeitung »Die Welt« spielt sie in der »Coach-Bundesliga«. Das Magazin »emotion« nannte sie sogar »Deutschlands Top Coach«. Dabei fing alles mit einer persönlichen Krise an, die die auf Veränderungsprozesse spezialisierte Wissenschaftlerin und Beraterin noch vor ihrem dreißigsten Geburtstag völlig aus der Bahn warf. Nach einem doppelten Bandscheibenvorfall aufgrund akuter Überarbeitung stieg sie aus ihrem alten Leben aus und begann ihre Fähigkeiten als Coach dafür einzusetzen, das Leben von Menschen gezielt zu verbessern. Wie ist es möglich, nicht nur beruflich erfolgreich, sondern auch glücklich zu sein? Wie lassen sich Leistung und Lebensqualität wirklich in Einklang bringen? Sie beobachtete dabei, dass wir häufig wissen, was wir wollen, und uns dennoch selbst daran hindern, unsere Ziele zu erreichen. Das betrifft alle Bereiche des Lebens und sorgt dafür, dass wir ein Leben mit angezogener Handbremse führen. Petra Bock entwickelte daraufhin einen eigenen wissenschaftlich fundierten Coaching-Ansatz, der Menschen dabei hilft, Blockaden zu überwinden, ihr eigentliches Potenzial zu entfalten und in ungewöhnlich kurzer Zeit sehr gute Ergebnisse zu erzielen. Dafür wurde sie 2012 mit dem Coaching Award in der höchsten Kategorie »für besondere Leistungen und Verdienste im Coaching« ausgezeichnet.

2008 gründete sie in Berlin die Dr. Bock Coaching Akademie, die heute zu den ersten Adressen in der Aus- und Fortbildung von Coachs im deutschsprachigen Raum gehört. Dr. Petra Bock trat darüber hinaus als Founding Fellow dem Institute of Coaching Professional Association in Boston (USA) bei, das sich der wissenschaftlichen Erforschung von Coaching weltweit widmet. Petra Bock hat bereits zahlreiche auflagenstarke Bücher geschrieben. Ihre beiden Bestseller *MINDFUCK. Warum wir uns selbst sabotieren und was wir dagegen tun können* und *MINDFUCK. Das Coaching* werden in zahlreiche Sprachen der Welt übersetzt.